믿음이 아니라
논리로 풀어야 할 숙제

요한복음의
저자는
누구인가

이시혁 지음

목차

제 3부 | 드러나는 진짜 저자의 정체

제 4부 | 부록 : 못다 한 이야기들

제 1부

요한복음의
저자를 찾아서

1. 서론

　2017년 1월 강원도 원주에서 주스가게를 하나 열었는데, 계절이 계절인지라 찾는 손님이 거의 없었다. 추운 겨울에 시원한 주스 가게라니 손님이 있을 리 만무했다. 무료함을 이기지 못하고 하품만 거푸 토해내던 어느 날, 가게 일을 돕던 예비 대학생이자 둘째 딸인 진명이가 뜬금없이 물었다.

　"아빠, 요한복음은 누가 지었어? 사도 요한이야 아니면 막달라 마리아야?"

　"왜 갑자기 그런 게 궁금해?"

　"응, 교회에서는 사도 요한이라고 가르치는데, 다빈치 코드 같은 소설에서는 마치 막달라 마리아인 것처럼 암시하고, 그런데 또 내 생각에는 어차피 이런 논쟁이 존재하는 것 자체가 요한복음의 저자가 확실치 않다는 반증이니까, 숨겨진 제3의 인물이 또 있지 않을까 해서 말이야….”

“그래? 그럴 수도 있겠네.. 그런데 사도 요한이 요한복음의 저자라고 하는 증거는 주로 어떤 게 있어?”

“글쎄? 사실 그게 이상해. 증거라고 할 만한 것이 딱히 없어. 대신, 사도 요한이 요한복음의 저자라는 사실을 기록으로 남겨서 후대에 전한 사람들은 있어.”

“증거는 없고, 증인만 있다는 이야기구나.”

“그렇지. 그런데 그 증인들도 솔직히 그렇게 신뢰할 만한 존재는 못돼. 왜냐하면, 직접 목격한 사람들이 아니거든.”

“직접 목격한 당사자도 아니고, 단지 다른 사람들의 이야기를 전해 들었다?”

“응. 그것도 시간이 좀 많이 흐른 후에….”

“……”

“신뢰할 수 없는 이유는 이것뿐만이 아니야. 이상한 게 또 있어. 요한복음의 저자가 요한인 건 맞는데, 그 요한이 사도 요한은 아니고 장로 요한이나 또 다른 제3의 요한이라고 주장하는 증인도 엄연히 존재한다는 거야. 그러니까 동명이인의 다른 요한을 두고 옛날 사람들이 제각기 혼동을 했을 가능성도 있다는 거지. 즉, 증언 자체가 그리 신빙성은 없다는 이야기야."

"흠, 이거 뭔가 석연치 않은데… 재밌겠어. 한번 조사해보고 싶다. 하다 보면 뜻밖의 결과가 나올 수도 있겠고. 요새 손님도 없어 무척 심심하던 차인데, 우리 이거나 한번 조사해볼까. 들어보니, 아빠도 엄청 궁금하다. 그런데 네 엄마한테는 비밀이야. 엄마가 알면 속 터져, 가뜩이나 장사도 안 되는데, 알겠지?"

"당연하지! 그런데 이거 우리 능력으로 되겠어?"

"의외로 쉬울 수도 있지. 다른 사람들은 히브리어나 아람어, 꼽트어, 헬라어 등 고대의 수수께끼 같은 언어를 해독하면서 연구를 해야 했지만, 우리는 단지 한글로 된 성경만 읽으면 돼. 성경 속에는 어쩌면 우리가 기대하지 않았던 수많은 힌트들이 숨겨져 있을지도 몰라. 그리고 이건 종교나 신학의 문제가 아니야. 그러니까 고도의 전문지식이나 굳센 믿음까지는 사실 필요 없어. 그보다는 오히려 건전한 상식이나 의심하는 능력이 더 필요할 수도 있지. 조금이라도 이상한 게 있으면 일단 의심부터 하고, 최종 판단은 오직 증거만 보고 하자구. 그러면 답이 나올 거야. 그리고 우리 같은 사람들이 이해하고 납득할 수 있는 답이어야 일반인들도 쉽게 이해할 수 있는 법이거든. 어때, 해볼 거지?"

"당연하지! 알겠어!"

요한복음의 진짜 저자를 찾는 우리 두 부녀의 모험은 이렇게 갑작스럽고 뜬금없이 시작되었다.

우린 우선 성경부터 제대로 탐독해 보기로 했다. 다행히 우린 그 어떠한 종교적 신념이나 편견도 없는 백지상태였으므로, 성경의 내용을 있는 그대로 흡수할 준비가 되어 있었다. 그러나 그렇다고 해서 성경의 내용을 문자 그대로만 이해할 만큼 순진하거나 단순하지도 않았다.

우린 성경의 말씀을 앞뒤 문맥과 연결하여 그 말씀이 정확히 어떤 맥락에서 나온 것인지를 반드시 구분하였고, 똑같은 내용을 다른 복음서와 영어성경에서는 어떻게 기술하였는지도 가능한 빠지지 않고 확인하였으며, 그 말씀이 있을 때의 주위 배경이나 처한 상황은 구체적으로 어떠했는지, 또한 이 말씀이 직설적인 표현인지 아니면 비유적인 것인지, 만약 예언의 말씀이라면 이것이 성취된 것인지 아니면 앞으로 성취되어야 하는 것인지 등을 놓고도 수많은 토론을 거듭하였다.

그 과정에서 우린 복잡하고 어려운 신학 교리나 문학비평 이론은 처음부터 모두 배제하였다. 우리가 받아들이지 못하는 것은 다른 사람에게도 전할 수 없다는 상식 때문이었다.

어쨌든 우리가 성경을 탐독하고 토론을 거듭할수록 점차 한 가지 사실이 분명해졌는데, 적어도 사도 요한은 요한복음의 진짜 저자일 수가 없다는 결론이었다. 이런 결론에 도달하자, 나는 먼저 진명이에게 다음과 같은 증거와 논리로 설명을 시작했다.

2. 몇 가지 기본적인 판단기준

전통적으로 교회에서는 요한복음의 저자와 요한복음서 본문에 익명으로 등장하는 〈예수께서 사랑하시는 제자〉 그리고 예수님의 열두 사도 중 한 명인 요한을 모두 하나의 인물로 동일시한다.

즉, **"요한복음의 저자 = 예수께서 사랑하시는 제자 = 사도 요한"** 인 것이다.

실제로 요한복음 21:24를 보면, 〈예수께서 사랑하시는 제자〉를 가리켜 "이 일들을 증언하고 이 일들을 기록한 제자가 이 사람" 이라고 밝히고 있어, 적어도 **"요한복음의 저자 = 예수께서 사랑하시는 제자"**까지는 성경과 교회의 주장이 일치되는 것 같다.

"이 일들을 증언하고 이 일들을 기록한 제자가 이 사람이라 우리는 그의 증언이 참된 줄 아노라 (요 21:24)"

그러나 이 제자가 곧 사도 요한이라는 주장은 차원이 다른 문제이다.

교회는 지난 2000년간 사도 요한에게 〈예수께서 사랑하시는 제자〉라는 이름을 아무런 합리적 의심도 없이 씌워 주고 있었지만, 사도 요한이 실제로 이 제자와 동일 인물인가 하는 문제는 학자들 간에 여전히 논란이 진행 중인 상태이고, 성경상으로도 이를 입증할 증거는 아직 발견되지 않았다.

이 제자는 익명 뒤에 숨어서 자신의 정체를 계속 감추고 있고, 심지어 요한복음 이외의 다른 복음서에는 이 제자의 존재나 행적에 대한 언급 자체가 없다. 그야말로 수수께끼와 같은 인물이고, 따라서 실존 인물인지 조차도 확신할 수 없는 인물이라 하겠다. 그러니 이 제자가 곧 사도 요한이라는 주장은 교회의 일방적인 희망사항일 뿐, 성경상으로는 전혀 근거가 없다는 것이 현재로서는 가장 정확한 팩트가 된다.

그렇다면 이 제자의 정체를 밝히기 위해 앞으로 내가 해야 할 일은 과연 무엇일까? 나는 이 분야의 초보자이고, 초보자라면 할 수 있는 방법이 어차피 제한적일 수밖에 없는데, 내가 할 수 있는 방법은 도대체 무엇이 남아 있을까? 고민 끝에 나는 모든 초보자가 다 그렇듯이 누구나 뻔히 예상할 수 있는 상투적인 방법을 사용했는데, 그 방법은 이러하다.

먼저 1차적으로 이 제자의 행적을 성경 본문 속에서 다 조사한 후 이를 정리하여 판단의 기준으로 삼고, 이 기준과 완벽히 부합되는 인물을 성경 속에서 고르거나 아니면 이 기준 중에서 단 1개라도 명백히 불부합되는 인물은 걸러내는 방법이었다.

내가 사도 요한을 검증할 때 선택한 방법은 바로 이 후자의 방법이었고, 진짜 저자로 추정되는 한 인물을 검증할 때에는 전자와 후자의 방법을 모두 엄격히 적용하였다. 그리고 나서 2차적으로 전승이나 외경(外經),

상식, 기타 당시의 서적 등을 총동원하여 1차 결과를 검증하고자 했다.

   그리하여 정리해 본 〈예수께서 사랑하시는 제자〉의 요한복음서 본문 내 행적은 대략 다음과 같다. 앞으로 이것들이 요한복음의 진짜 저자를 추적하는 핵심 단서이자 최종 판단기준이 될 것이다. 이름하여 "5가지 판단기준"이다.

(1) 최후의 만찬석에서 예수의 품에 의지하여 주님 주님을 파는 자가 누구오니이까 하고 묻던 자 (요 13:23, 21:20)

(2) 예수께서 십자가에 못 박히실 때 그 십자가 곁에 있었던 자 (요 19:26)

(3) 예수님으로부터 성모 마리아의 아들로 부름받아 그때부터 성모 마리아를 자기 집에서 모신 자 (요 19:27)

(4) 막달라 마리아로부터 예수의 무덤이 비어있다는 얘기를 직접 전해 듣고 시몬 베드로와 함께 달려가서 예수의 무덤이 비어있는 것을 확인한 자 (요 20:2~10)

(5) 부활하신 예수가 디베랴 호수에서 일곱 제자에게 나타내셨을 때 현장에 같이 있었던 자 (요 21:7)

   참고로, 요한복음서 본문에는 또 다른 익명의 제자가 3번 등장(이 제자

가 同一人인지, 아니면 각각 다른 인물인지는 판단할 수 없음) 하는데,

첫 번째는 세례 요한의 두 제자 중 한 명(요 1:35~40)이요,
두 번째는 예수께서 대제사장의 집으로 잡혀가실 때 시몬 베드로와 함
께 한 자(요 18:15~16)요,
세 번째는 부활하신 예수가 디베랴 호수에서 일곱 제자에게 나타내셨을
때 현장에 같이 있었던 자(요 21:2)다.

그러나 이 익명의 제자에 대해서는 〈예수께서 사랑하시는 제자〉라는
표현이 달리 없으므로 일단 논의의 대상에서 제외하는 것이 옳다고 봤다.
다만, 나는 이 익명의 제자에 대해서도 뒷장에서 따로 상술할 계획이다.

자, 그럼 이제 위에서 열거한 5가지 판단기준을 중심으로 사도 요한이
왜 요한복음의 저자가 아닌지를 하나하나 증거를 갖고 설명해 보겠다.

3. 예수님의 증언

마가의 다락방에서 최후의 만찬을 마치신 예수님이 유대인들에게 잡히시기 직전에 열두 사도에게 직접 하신 말씀이 요한복음에는 이렇게 기록되어 있다.

"보라 너희가 다 각각 제 곳으로 흩어지고 나를 혼자 둘 때가 오나니 벌써 왔도다 (요 16:32)"

이 말씀을 곧이곧대로 해석하면, 열두 사도가 모두 예수님이 잡히실 때 예수님을 혼자 내버려 두고 다른 곳으로 다 도망갈 것이라는 뜻이다. 적어도 도망치는 데에는 한 명의 예외도 없다는 뜻이다. 사도 요한도 마찬가지라는 뜻이다.

이러한 말씀은 요한복음 이외의 다른 복음서에도 똑같이 기록되어 있는데, 그 표현이 더욱 노골적이다. 복음서의 기록을 모두 모아서 표로 정리하면 다음과 같다.

요한복음 (16:32)	보라 너희가 다 각각 제 곳으로 흩어지고 나를 혼자 둘 때가 오나니 벌써 왔도다
마태복음 (26:31)	오늘 밤에 너희가 다 나를 버리리라. 기록된 바 내가 목자를 치리니 양의 떼가 흩어지리라 하였느니라
마가복음 (14:27)	너희가 다 나를 버리리라. 이는 기록된 바 내가 목자를 치리니 양들이 흩어지리라 하였음이니라

※ 내가 과문한 탓인지 누가복음에서는 이와 관련된 말씀을 찾지 못했다.

위 표에서 보다시피, 예수님은 "열두 사도가 다 나를 버릴 것이고, 그래서 나는 혼자될 것"이라고 분명히 말씀하시고 있다.

그럼에도 불구하고 열두 사도 중 한 명인 요한을 계속 <예수께서 사랑하시는 제자>와 동일 인물이라고 간주한다면, 앞에서 정리한 5가지 판단 기준 중 (2)번째 기준과 예수님의 이 말씀이 정면으로 충돌한다.

(2)번째 기준에 의하면, 예수께서 사랑하시는 이 익명의 제자는 예수님이 잡히신 이후에도 예수님을 버리지 않고 십자가 현장까지 계속 예수님을 따르고 있다.

그러므로 이 익명의 제자가 만일 사도 요한이라고 한다면, "너희가 다 나를 버리리라" 라고 (다른 사람도 아닌 열두 사도에게 직접) 하신 예수님의 말씀이 모두 헛된 예언으로 전락하게 되는 것이다.

그렇게 되면 우리가 예수님의 말씀을 결과적으로 부정하는 모양새가 된다. 이것은 참으로 딜레마다. 사도 요한을 긍정하면 예수님의 말씀이 부정되고, 예수님의 말씀을 긍정하면 사도 요한이 부정된다.

  그러나 사도 요한이 교회사(史)에서 아무리 중요한 역할을 한 사람이라
고 하더라도 예수님의 말씀과 권위를 부정할 만큼 중요할 수는 없다. 따
라서 이 익명의 제자가 사도 요한이라는 주장은 마땅히 철회되는 것이
옳다고 생각한다.

4. 복음서의 기록

　결론부터 말하면, 예수님이 골고다 언덕에서 십자가에 못 박히실 때 예수님의 곁에는 열두 사도 중 그 어느 누구도 함께 있지 않았다. 따라서 사도 요한은 이 글의 서두에서 정리한 5가지 판단기준 중 (2)번째 기준을 또 충족하지 못하게 된다. 성경의 생생한 기록이 그 증거다.

(1) 공관복음의 기록

　마태, 마가, 누가 등 총 3개의 복음서로 구성된 공관복음은 당시 골고다 언덕에 어지럽게 등장했던 숱한 인물 군상들의 면면을 자세히 다 기록해 놓고 있다. 이를 근거로 당시 상황을 재구성하면 대략 다음 표와 같다.

등장인물들	역할 및 대사
로마군인들	예수님을 희롱하고, 십자가에 못 박고, 지킴
구레네 사람 시몬	예수님의 십자가를 대신 짊어지고 감
강도 둘	예수님의 우편과 좌편에서 같이 십자가에 못 박힘
지나가는 자들	자기 머리를 흔들며 예수님을 모욕함
대제사장들, 서기관들, 장로들	예수님을 고발하고, 희롱하고, 무리를 선동함
갈릴리에서부터 따라온 많은 여자들	멀리서 바라봄

위 표에서 보듯, 공관복음에는 특별하고 중요한 사람들의 기록만 존재하지 않는다. 말없이 그냥 그 자리를 지킨 모든 사람들을 가능한 빠지지 않고 다 기록해 놓았다. 멀리서 그저 바라보기만 했던 갈릴리 여자들에 대한 기록이 그 대표적인 예라고 할 수 있고, 심지어는 그냥 지나가는 사람들의 별 의미 없는 조롱까지도 놓치지 않고 다 기록해 놓았다.

그런데 공관복음이 이처럼 상세하게 거의 모든 기록을 다 남겼음에도 불구하고 유독 사도 요한의 이름만은 전하지 않고 있다.

공관복음의 특성상,[1] 요한이 이 중요한 자리에 나타나기만 했었어도 공관복음은 이를 반드시 기록했을 텐데, 아무리 눈을 씻고 찾아보아도 요한의 이름은 없다. 이름은커녕 그 흔적도 찾을 수 없다.

흔적이 없는 것은 요한뿐만이 아니다. 다른 열두 사도도 흔적이 없기는

---

[1] 공관복음은 요한복음과는 달리 사도 요한의 이야기에 비교적 많은 지면을 할애해 주고 있다. 본서에서도 공관복음과 요한복음의 이러한 차이를 1부의 9편에서 특별히 다루고 있다.

매한가지이다. 그들은 이미 그림자조차 보이지 않게 철저히 숨어버렸다. "너희가 다 나를 버리리라"라고 하신 예수님의 말씀처럼 열두 사도는[2] 이미 흩어져서 종적을 다 감춘 후였다. 이로써 예수님의 예언이 또 한 번 완벽히 성취되었다는 것을 우리는 알 수 있게 된다.

(2) 요한복음의 기록

그럼 이번에는 요한복음의 차례다. 요한복음에서도 사도 요한의 이름은 언급되지 않는다. 열두 사도에 대한 언급도 당연히 없다. 주요 등장인물들도 공관복음과 대동소이하다.

그런데 뜬금없이 〈예수께서 사랑하시는 제자〉라는 정체불명의 캐릭터가 앞뒤 맥락도 없이 불쑥 등장한다. 어디서 갑자기 툭하고 튀어나온 것일까?

아마도 위 표에 열거된 인물들의 무리 속에서 드러나지 않게 섞여 있었던 사람들 중의 한 명일 것으로 추정된다. 예를 들어, 대제사장들이나 서기관들의 무리 속에 함께 있던 '니고데모'나 '아리마대 요셉'과 같은 인물일 수도 있고, 아니면 로마 군인들의 무리 중에 있던 사람으로서 예수님을 하나님의 아들이라고 고백했던 '백부장'과 같은 인물일 수도 있다.

그것도 아니면 예수님을 섬기는 수많은 여인들의 무리 속에 엄마나 누군가의 손을 잡고 따라나선 나이 어린 청소년일 가능성도 있다.

---

2) 김형석 연세대학교 철학과 명예교수의 의견도 이와 일치한다. 김형석 교수는 자신의 책 〈예수〉를 통해 "적어도 베드로를 비롯한 예수의 제자들은 예수가 십자가에서 죽고, 장례를 치르는 금요일에는 공식적으로 나타난 일이 없다"고 결론짓고 있다.

개인적으로 나는 나이 어린 청소년일 가능성에 꽤 많은 심증을 두고 있는데, 어쨌거나 확실한 것 한 가지는 베드로나 요한과 같은 사도들이 아닌 것만은 분명하다.

그렇게 생각한 이유는, 상반되는 두 관점이 서로 충돌하지 않고 묘하게 합치되는 부분이 바로 이 부분이기 때문이다. 상반되는 두 관점이란 열두 사도들의 행적을 어떻게든 성경에 기록해서 온 천하에 널리 알리고자 하는 복음서 저자의 관점과 이와 대립되는 관점으로서 그 제자들을 어떻게든 사로잡아 기어이 발본색원하려고 하는 유대인들의 관점을 말한다.

그런데 그들은 열두 사도들에 대해서는 기록하지도 않고(복음서 저자가), 붙잡지도 않음으로써(유대인들이) 골고다 언덕에서 묘하게 합치되고 있다. 마치 아무 일도 없었던 것처럼 말이다. 만일 이 익명의 제자가 사도 요한이나 베드로와 같은 거물급 제자 중의 하나였다고 가정한다면, 그들은 분명 기록했을 것이고 또한 붙잡았을 것이다.

그런데 그렇지 않았다는 것은 일단 이 제자의 정체가 사도 요한이나 베드로는 아니었다는 강한 반증이며, 그 중량감이나 상징성의 측면에서도 이들보다 훨씬 비중이 떨어지는 인물이라는 것을 의미한다.

그렇다면 이 제자는 과연 어떠한 부류에 속하는 사람일까? 복음서 저자의 관점에서 좀 더 깊숙이 들여다보면, 구약 이래로 성경의 저자들이 곧잘 기록에서 제외하는 인물들이 있음을 상기하게 된다. 그 대상은 주로 여자나 나이 어린 사람들이었다.

실제로 이들은 유대 사회에서 증거능력도 제대로 인정받지 못했고[3] 백성들의 수를 셀 때조차 산정 대상에서 곧잘 제외되어 왔다. 이는 예수의 제자들을 말살하고자 하는 유대인들의 관점에서 보더라도 마찬가지다.

유대인들 역시 여자나 나이 어린 사람은 예수의 제자로 간주하지 않았을 것이고, 구태여 간주한다 하더라도 이들은 말살 우선순위에서 당연히 열두 사도들에게 한참 뒤지는 존재였을 것이다.

따라서 관심 밖의 대상인 이들에 대해서는 유대인들조차 굳이 체포할 필요성을 느끼지 못했을 것이고, 그 덕분에 여자들은 겁에 질려 다 도망친 남성 제자들과는 달리 대부분이 안심하고 그 자리에 참석할 수 있었는데, 그것이 그나마 그 큰 불행에 비해 조금은 다행이라고 할 수 있었다.

(3) 이제 결론으로 돌아와 마무리를 지어보자.

적어도 성경의 기록만 보면, 사도 요한은 골고다에 없었다. 있었다면 4복음서 중 어느 한 곳에서는 반드시 실명으로 기록되었을 것이고, 동시에 유대인들에게도 붙잡혔을 것이다.

그러나 현실은 기록되지도 않았고, 붙잡히지도 않았다. 이것이 현실이

---

3) 부활하신 예수님이 마리아에게 제일 처음 보이신 일도 마리아가 여자라서 그런지 그 증거 능력을 제대로 인정받지 못하고 있다. 요한복음 21:14에 의하면, 예수님이 디베랴 호수에서 제자들 앞에 보이신 것은 부활하신 후 총 3번째라고 한다. 그러나 요한복음의 기록에만 의하더라도, 예수님이 제자들 앞에 보이신 일은 마리아 앞에서 1번, 도마가 없을 때 1번, 도마가 있을 때 1번, 디베랴 호수에서 1번 등 총 4번이었다. 따라서 마리아의 목격담이 횟수 계산에서 통째로 누락된 것을 알 수 있는데, 이는 마리아를 제자로 인정하지 않았거나 아니면 마리아의 목격담 자체에 대해서 그 증거능력을 인정하지 않았다는 의미로 해석된다. 실제로 마가복음 16:11의 말씀을 보면, 예수님의 제자들조차 마리아의 증언을 아무도 믿지 않고 있다.

고, 성경의 기록이다. 만일 요한이 진짜로 붙잡혔다면, 사도들의 행적을 집중적으로 다루고 있는 사도행전에서만큼은 절대로 누락되지 못했을 것이니 사도행전 본문에는 관련 내용이 분명히 언급됐을 것이다. 그러나 아시다시피 사도행전에도 그 비슷한 내용은 존재하지 않는다.

참고로, 덧붙이고 싶은 이야기가 몇 가지 있다.

먼저 마태복음 27:56이다. 이 말씀을 보면 골고다 언덕에 있었던 여자들의 무리 중에 주목할 이름이 하나 발견된다. 바로 사도 요한의 어머니 이름(세베대의 아들들의 어머니로 표기)이다. 나는 이 이름을 대하면서 두 가지 생각이 들었다.

하나는, 사도 요한이 골고다 현장에 참석하는 것을 가장 앞장서서 말렸을 사람이 아마도 요한의 어머니 바로 이분이었겠구나 하는 생각이다. 아들의 안전을 누구보다도 걱정했을 것이고, 또한 당시 현장을 직접 목격했던 사람으로서 현장의 그 살벌한 분위기를 누구보다도 실감했을 것이기 때문이다.

두 번째는, 요한이 당시 그 현장을 정말로 지키고 있었다면, 요한의 어머니 이름까지 잊지 않고 기록해준 성경이 정작 당사자인 요한 본인의 이름은 어떻게 기록에서 빠뜨릴 수 있었을까 하는 의문이다.

그 다음은 요한복음 19:25이다. 이 말씀 속에도 여자들의 이름이 나온다. 그런데 특이한 점은 여기에 등장하는 여자들의 동선과 그다음 구절에 등장하는 〈예수께서 사랑하시는 제자〉의 동선이 완벽히 일치한다는 점이다.

"예수의 십자가 곁에는 그 어머니와 이모와 글로바의 아내 마리아와 막달라 마리아가 섰는지라 (요 19:25)"

"예수께서 자기의 어머니와 사랑하시는 제자가 곁에 서 있는 것을 보시고 자기 어머니께 말씀하시되 여자여 보소서 아들이니이다 하시고 (요 19:26)"

그러니까 25절에 여자들의 이름이 소개되고, 26절에 이 익명의 제자가 깜짝 등장하는데, 이 두 구절이 분리되지 않고 서로 연결될 때 비로소 그 의미가 완성되는 것으로 보아 시간적으로는 같은 시간대임을 알 수 있다.

그리고 25절에 소개된 장소(예수님의 십자가 곁)와 인물(어머니)이 26절에도 똑같이 언급(곁, 자기의 어머니) 된다는 것은 여자들의 무리와 이 익명의 제자가 결국 같은 장소에 위치하고 있다는 것을 의미한다. 따라서 여자들의 무리와 이 익명의 제자는 같은 시간에, 같은 장소에서, 같은 사람들과 처음부터 함께 모여 있었다는 결론이 나온다.

결국 이 말씀에 의하면, 이 익명의 제자는 26절에서 깜짝 등장하기 이전부터 최소한 4명 이상의 여자들과 함께 계속 모여 있었다는 이야기가 되는 것이다.

그렇다면 이 제자는 이 여자들 중 한 명의 손을 잡고 골고다를 찾아왔거나 아니면 이 4명의 여자 모두와 관련된 자로서 처음부터 함께 모여서 골고다에도 함께 왔을 가능성을 배제할 수 없다.

또 특이한 점은, 이 제자가 여자들의 무리와 처음부터 함께하고 있었음에도 불구하고 그 이름이나 존재가 19:25에는 여자들의 이름 속에 묻혀서 밖으로 전혀 드러나지 않았다는 점이다. 이것은 이 제자가 여자들과 동격을 이루는 독립체라기보다는 여자들의 행렬을 따라나선 여자들의 종속체(예를 들어 여자들의 자녀) 일 가능성이 더 크다는 상상을 불러일으키기에 충분하다.

(4) 결론을 요약하면,

이 익명의 제자는 위 표에 열거된 무리들 중에서 제일 마지막 칸에 표시한 갈릴리 여자들의 무리 중에 서 있었던 사람으로서, 사회적으로는 별로 주목받지 못하는 계층(여자나 나이 어린 사람)에 속하고, 또 그때까지는 예수님을 따르는 자나 예수님을 탄압하는 자 중 그 어느 쪽에도 거의 그 존재가 알려진 바 없는 미지의 인물이었을 가능성이 높다.

그리고 이것은 역사의 우연인지는 몰라도 예수님과 가장 대척되는 위치에 있었고 동시에 비슷한 시대를 살았던 로마의 권력자 '4)카이사르'가 그 후계자로 비밀스럽게 내정한 사람이 바로 나이도 어리고 지명도도 완전 무명에 가까웠던 인물 '옥타비아누스'였다는 사실과 묘하게 겹치고 있다.

---

4) 복음서에는 '가이사'라는 이름으로 등장한다. 예수님의 그 유명한 말씀 "가이사의 것은 가이사에게, 하나님의 것은 하나님께"에 나오는 가이사가 바로 이 카이사르이다. 그만큼 세상 권력을 상징하는 인물이 카이사르인 것이다.

5. 만찬장의 자리 배치

성경의 기록만으로는 최후의 만찬에서 예수님의 품에 의지하여 '주님, 주님을 파는 자가 누구입니까' 하고 묻던 제자의 정체에 대해서 확증할 수 있는 것은 아무것도 없다.

그래서 나는 수많은 고민 끝에 질문 자체를 바꾸어 보기로 했다. 질문이 바뀌면 관점이 바뀌고, 관점이 바뀌면 모든 것이 처음부터 새롭게 보일 수 있다는 막연한 기대 때문이었다. 때에 따라서는 관점을 1%만 돌려 봐도 해답이 나오는 경우가 있었다.

이러한 기대를 갖고 나는 "예수님의 옆자리에는 누가 앉았을까?"라는 조금은 판에 박힌 질문을 "예수님은 과연 누구의 옆자리에 앉아야 했을까?"라는 좀 더 판을 깨는 질문으로 바꾸어 보았다. 질문의 내용은 똑같지만, 질문의 관점을 180도 바꾸어 본 것이다. 그리고 예수님의 옆자리보다 예수님 자신의 자리로 질문의 초점을 옮겨 본 것이다.

그랬더니 뜻밖의 인물이 한 명 떠올랐다.

그날 만찬의 최대 후원자(VIP)이자 경우에 따라서는 주최자(HOST)의 자리에 앉았을 가능성도 있는 인물이었다. 그는 바로 만찬장으로 사용된 다락방 건물의 집주인이다. 그날 만찬을 일컬어 소위 '최후의 만찬'이라고 하는 것은 후대에 와서 하는 얘기이고, 성경의 기록상으로는 '유월절 음식'을 먹는 자리가 정확한 표현이다.

아시다시피 유월절 식탁에는 포도주와 떡만 올라가지 않는다. 여러 가지 쓴 나물과 소스 그리고 양고기 등이 반드시 함께 곁들여져야 하는 법이다. 이러한 음식을 누가복음 22:8에서는 예수님이 베드로와 요한을 보내 준비하셨다고 한다.

"예수께서 베드로와 요한을 보내시며 이르시되 가서 우리를 위하여 유월절을 준비하여 우리로 먹게 하라 (눅 22:8)"

그러나 베드로와 요한이 음식재료를 다듬고, 요리하고, 세팅하고, 서빙하는 요리의 전 과정을 다 책임지지는 못했을 것으로 생각한다. 유월절 음식은 요리를 전문업으로 하지 않는 남자 두 명이 남의 도움 없이 자기들의 힘만으로 다 준비하기에는 현실적으로 한계가 있다.

따라서 음식 준비에 누군가의 도움이 반드시 개입되었을 것인데, 아마도 집주인이 그 역할을 했을 것으로 짐작된다. 이것은 유월절이라는 명절의 유래와 그 특성을 감안해보면 더 잘 이해할 수 있다. 유월절은 집안의 모든 누룩들을 제거하는 일에서부터 그 예식이 시작되고, 양을 잡게 되면 그 피를 집 좌우 문설주와 인방에 발라야 하는 등(출 12:7) 유월절 만찬과 집주인의 관계는 뗄래야 뗄 수 없는 관계인 것이다.

더욱이 그 집은 유월절 만찬에서만 일회적으로 사용되는 곳이 아니라 예수님의 승천 후에는 초대교회의 장소로서 더 중요한 쓰임을 계속 받는 곳이기 때문에 집주인의 역할과 정체에 대해서는 우리가 상상하는 것 이상의 어떤 중요한 비밀이 또 있을지는 아무도 모르는 일이다.

어쨌든 집주인이 이렇게 중요한 인물이라는 점을 고려한다면, 그날 만찬장의 자리 배치는 결국 집주인이 참석했느냐, 참석하지 않았느냐로 구분해서 살펴보아야 한다. 집주인의 참석 여부에 따라 예수님의 옆자리는 물론이고, 예수님의 자리 자체도 변경될 수 있기 때문이다.

먼저, 집주인이 참석했을 경우이다. 이 경우에는 당연히 예수님의 옆자리는 집주인의 몫이다. 그게 상식이고 예의이기 때문에 달리 다른 가능성을 생각할 수가 없다. 단지 그 가능성에 조금의 차이가 있다면, 집주인의 후원이 만찬 장소를 빌려준 정도에 지나지 않으면 단순한 후원자(VIP)의 자격으로, 만찬 장소뿐만 아니라 그날 만찬에 사용되는 모든 유월절 음식까지 일괄 후원하는 수준이면 실질적인 주최자(HOST)의 자격으로 참석할 수 있다는 점만 약간 다를 뿐이다.

그런데 만일 집주인이 그날 만찬의 실질적인 주최자(HOST)가 확실하다면, 예수님은 당연히 주최자가 아니라 귀빈으로 그 위상이 변하게 된다. 그렇다면 자리 배치 역시 그 기준이 변할 수밖에 없다. 예수님의 옆에 집주인이 앉는 것이 아니라, 집주인의 옆에 예수님이 앉아야 한다. 그래야만 예수님께서 귀빈에 걸맞은 대접을 받았다고 할 수 있는 것이다.

두 번째는 집주인이 참석하지 않은 경우이다. 이 경우에는 모두 11가지 가능성이 존재한다. 12제자 중에서 베드로 한 사람이 일단 그 가능성에서 제외되기 때문인데, 요한복음 13장 23절과 24절을 보면 베드로는 예수님의 옆자리에 앉지 못한 것이 확실해 보인다.

"예수의 제자 중 하나 곧 그가 사랑하시는 자가 예수의 품에 의지하여 누웠는지라 시몬 베드로가 머릿짓을 하여 말하되 말씀하신 자가 누구인지 말하라 하니 (요 13:23-24)"

베드로가 만일 예수님의 옆자리에 앉아 있었다면, 예수님을 파는 자가 누구인지 자기가 직접 예수님께 물어볼 일이지 〈예수께서 사랑하시는 제자〉를 통해 머릿짓으로 물어볼 일은 아니었다.

생각하기에 따라서는 머릿짓으로 물어보았다는 말 자체에도 큰 의미를 부여할 수 있을 것 같다. 이 말은 베드로가 〈예수께서 사랑하시는 제자〉와도 어느 정도 떨어져서 거리를 두고 있었다는 사실을 시사한다. 두 제자가 바로 옆에 서로 붙어있었다면 머릿짓이 아니라 말로서 의사표시를 주고받았을 가능성이 더 높기 때문이다. 아마도 베드로는 유월절 음식 준비를 책임진 자신의 직분 때문에 주방과 가까운 통로 쪽이나 만찬 식탁의 말석 어디쯤에 앉았을 것이 분명하다.

알려진 바와 같이 만찬 식탁이 ㄷ자 형태였다면, 베드로는 예수님과 대각선 방향으로 떨어져서 마주보는 자리에, 그리고 예수님의 한쪽 옆자리에는 〈예수께서 사랑하시는 제자〉가, 반대편 옆자리에는 가룟 유다가 각각 앉았을 것으로 추측된다. 성경의 기록에 의하면 가룟 유다는 예수님과 같은 그릇에 손을 넣었다(막 14:20)고 하는데, ㄷ자형 식탁의 특성상 가룟 유다가 예수님의 옆자리에 앉지 않았다면 이는 좀처럼 이루어지기 어려운 장면인 것이다.

그런데 중요한 것은, 베드로가 이런 상황에 처해 있었다면 요한 역시 이와 똑같은 상황에 직면할 수밖에 없었을 것이란 점이다. 그 두 사람은 그날 만찬의 음식 준비를 공동으로 책임진 당사자였다.

만찬이 진행되는 과정에서 포도주나 떡이 떨어지면, 이를 계속 보충하거나 주방에 전달해야 할 책임이 베드로와 요한 모두에게 있었던 것이다. 그날 그 두 사람은 공동운명체로 그렇게 묶여 있었던 하루였다. 그러니 요한이 어떻게 언감생심 예수님 옆자리에 앉을 수 있었겠는가?

다시 한 번 결론을 요약해서 정리하면 이러하다.

유월절 만찬석에서 예수님의 바로 옆자리를 차지할 수 있는 가능성은 만찬장으로 사용된 다락방의 집주인이 참석했는지 여부에 따라 차이가 발생한다. 집주인이 참석한 경우라면, 예수님의 옆자리는 당연히 집주인의 몫이었을 것이다. 따라서 이 경우에는 요한이 예수님의 옆자리를 차지할 가능성이 전무하다.

만일 집주인이 참석하지 않은 경우라면, 요한에게도 어느 정도 가능성은 남아있다. 확률로 치면 11분의 1이다. 그러나 유월절 음식 준비를 요한과 공동으로 책임진 베드로가 여러 가지 정황으로 보아 식탁 말석쯤에 앉아야 했던 것을 감안한다면, 요한 역시 그 비슷한 위치에 앉았으리라고 생각된다. 그래야 형평성도 맞고, 그날 맡은 요한의 직분에도 부합된다. 따라서 이 경우 역시 요한이 예수님의 바로 옆자리에 앉았을 가능성은 대단히 희박해진다.

그리고 이러한 결론은 집주인의 참석 여부나 음식 준비에 대한 책임 등을 모두 배제하고 원점에서 생각해보더라도 마찬가지다. 예수님의 수제자로 자타가 모두 공인하는 사람이 바로 베드로인데, 베드로를 건너뛴 채 요한에게만 예수님의 옆자리를 허락한다거나, 요한에게만 〈예수께서 사랑하시는 제자〉라는 다소 과분한 칭호를 부여한다는 것은 신약성경의 일관된 기록과도 일맥상통하지 않고, 무엇보다 베드로의 자존심이 그것을 절대 수용하지 못했을 것 같다.

따라서 사도 요한은 이 글의 서두에서 정리한 5가지 판단기준 중 (1)번째 기준과도 충돌한다. 요한복음의 저자는 사도 요한이 아닌 것이 이로써 또 증명되는 것이다.

6. 성모 마리아를 모신 시기와 장소

이번 장은 5가지 판단기준 중 (3)번째 기준과 관련된 내용이다. 가톨릭 전승에 의하면, 사도 요한이 말년에(또는 로마군의 예루살렘 공격 때) 예수님의 어머니 마리아를 모시고 지금의 터키 땅인 소아시아의 에베소로 가서 마리아의 여생을 봉양했다고 한다.

그러나 이 전승의 사실성을 입증할 객관적 기록이나 역사적 자료는 전무하다. 단지 사람들의 입에서 입으로만 전해 내려올 뿐이다. 기록하기를 좋아하고 편지쓰기가 낙이었던 사도 요한의 제자나 초대교회의 교부들(예를 들어 폴리캅이나 이레네우스)조차 요한에 대한 기록은 남겼으되, 요한과 함께 계셨다고 전해지는 예수님의 어머니 마리아에 대한 기록은 남기지 않았다.

요한이 마리아를 봉양한 것이 사실이라면 그들이 마리아에 대해서 분명 듣고 보았을 것이고, 그들이 듣고 보았다면 당연히 기록으로 남겨 후대에 전했을 것인데, 그들은 기록하지도 않았고 전하지도 않았다. 과연 이 전승이 사실에 기초해서 전해 내려온 이야기인지 아니면 근거 없는 믿음에 기초해서 후대에 만들어진 이야기인지 의심이 갈 수밖에 없는 대목이다. 그래서 나는 이 전승을 믿지 않는다.

그러나 내가 전하고자 하는 메시지는 이것이 아니다. 이 전승이 사실에 기초했든, 맹목적인 믿음에 기초했든 나는 관심이 없다. 왜냐하면, 이 전승 자체가 어차피 성경의 기록과는 관계없기 때문이다. 일단 요한복음 19:27을 먼저 읽어보자. 여기에 두 가지 핵심 단서가 나온다.

"또 그 제자에게 이르시되 보라 네 어머니라 하신대 그때부터 그 제자가 자기 집에 모시니라 (요 19:27)"

두 가지 핵심 단서 중 하나가 예수님의 어머니 마리아를 모시는 시점이다. 성경은 예수님의 십자가 사건을 기록하면서 '그때부터' 곧바로 모셨다고 증언한다. 즉, 〈예수께서 사랑하시는 제자〉가 예수님의 어머니 마리아를 자기 집에 모시기 시작한 것은 마리아의 말년이나 로마군의 예루살렘 공격 때와 같이 먼 장래의 일이 아니라 예수님의 십자가 사건 직후부터 곧바로 시작된 일이라는 것이다.

그런데 이 전승은 예루살렘이 아니라 먼 장래에 에베소에서 있었을 걸로 기대되는 이야기를 전하고 있을 뿐이므로, 이 전승이 아무리 사실에 기초했다 하더라도 요한복음이 증언하는 핵심 내용과는 관계없는 별개의 사건이 될 수밖에 없다.

따라서 요한이 〈예수께서 사랑하시는 제자〉와 동일 인물이라는 믿음을 현실에서 사실로 입증하기 위해선 요한이 자기 집에서 마리아를 모신 시점이 예수님의 십자가 사건 직후부터라는 것을 별도로 입증하여야 한다.

그러나 사도행전을 읽어보면, 오히려 이 전승과 반대되는 사실을 발견하게 된다. 예수님의 어머니 마리아가 그때부터 머문 장소는 따로 있었던 것이다. 그 장소가 어디인지에 대해서는 목차에 따라 당연히 뒷장에서 상술하겠지만, 적어도 이 전승은 요한복음과는 관계없고 사도행전과는 상충되는 내용임이 분명하다. 전승은 어디까지나 전승에 불과한 것이다.

요한복음이 제공하는 두 번째 핵심 단서는 '자기 집'이다. 요한이 마리아를 그때부터 직접 자기 집에 모시기 위해서는 예루살렘에 요한 소유의 집이 따로 있었어야만 가능하다.

그런데 가난한 시골 마을의 어부 출신인 요한에게 과연 그만한 재산이 있었을까? 물론 성경에 명백히 반대되는 언급이 없는 한 요한에게 그만한 재산이 있었을 가능성 자체를 완전히 배제할 수는 없다. 그러나 어느 정도의 가능성을 인정한다 하더라도, 요한이 왜 자기의 주요 활동무대도 아닌 예루살렘에 거의 사용하지도 않는[5] 집을 소유해야 했을까 하는 의문은 여전히 유효하고 강력하다.

혹시 여유자금으로 재테크를 한 것일까? 뿐만 아니라, 요한이 예루살렘에 자기 집을 소유하고 있었다면 왜 성경에서 그 사실을 한 번도 언급하지 않았을까? 특히 최후의 만찬과 같이 중요한 행사를 앞두고 있었을 때 요한은 자기가 먼저 예수님께 자기의 집에서 만찬을 준비하겠다고 말씀드릴 수도 있었다. 예수님을 향한 사랑과 존경이 조금만 있었어도 누구나 당연히 그렇게 했을 것이다.

---

5) 요한은 갈릴리 바닷가에서 어부생활을 하다가 예수님을 만난 이후에는 예수님과만 줄곧 함께 생활해왔기 때문에 예루살렘에 집이 있었다고 하더라도 그 집을 실제로 이용할 시간은 거의 없었을 것이다.

그러나 복음서 어디를 읽어보아도 요한이 자기 집에서 예수님을 모셨다거나 모시려고 애쓴 흔적은 찾아볼 수가 없다. 나는 이러한 의문점들을 종합적으로 고려해 봤을 때 요한이 예루살렘에 자기 집을 가지고 있었을 가능성은 거의 제로에 가깝다고 생각한다.

다시 한 번 결론을 요약해서 정리하면 이러하다.

가톨릭의 전승은 요한이 마리아를 모셨다는 사실을 강조하고 싶었을 것이나, 마리아를 모신 시점에 대해서는 요한복음의 기록과 많은 차이가 있다. 따라서 이 전승이 사실에 기초했다 하더라도 요한복음이 증언하는 그 사건과는 별개의 다른 사건이라고 봄이 타당하다.

더욱이 이 전승이 입에서 입으로만 전해 내려올 뿐 역사적이고 객관적인 입증자료가 전무하다는 점에서 그 진실성조차 의심스러운 것이 또한 사실이다.

특히 무엇이든 기록하고 전하기를 좋아하는 요한의 제자들조차 요한이 모셨다고 전해지는 마리아에 대해서는 아무런 기록도 남기지 않았다. 그들이 듣고 보았으면 마땅히 그것을 기록으로 남기고 사방팔방 자랑했을 텐데, 그렇지 않았다는 것은 그들조차도 마리아에 대해서는 듣지도, 보지도 못했다는 사실을 반증한다. 이러한 반증만으로도 이 전승의 진실성은 상당 부분 붕괴되기에 충분하다.

아울러 사도행전의 기록까지 살펴보면 이 전승의 진실성은 완벽히 붕괴된다. 사도행전의 저자는 마리아가 예수님의 승천 직후에 머물던 곳을 소개하고 있는데, 그곳은 요한의 집과는 아무런 관계도 없는 제3의 장소였던 것이다. 따라서 이 장소의 주인(또는 그 장소를 대표하는 자)이 〈예수께서 사랑하시는 제자〉일 수밖에 없으므로, 요한은 자동적으로 그 대상에서 탈락되어야 한다.

그리고 요한이 그 대상에서 탈락될 수밖에 없는 이유가 또 한 가지 있다. 예루살렘과 동떨어진 갈릴리 시골 마을의 어부 출신인 요한에게 예루살렘에 집이 있었을 가능성은 너무나 희박하다. 그런데 예루살렘에 요한의 집이 없다면, 요한은 예수님의 어머니 마리아를 모실 수 있는 기본적인 자격조차 갖추지 못한 것이 된다. 따라서 요한은 어떠한 이유로도 그 대상에서 당연 탈락될 수밖에 없는 운명인 것이다.

이상의 모든 가능성을 종합하면, 요한은 절대 〈예수께서 사랑하시는 제자〉가 될 수 없다는 것이 나의 판단이다. 그럼에도 요한을 그 익명의 제자로 계속 믿고자 한다면, 그 믿음은 성경과는 관계없는 맹목적인 믿음에 불과할 뿐이다. 앞에서 정리한 5가지 판단기준 중 (3)번째 기준과도 요한이 또 충돌하는데, 이것이 바로 그 증거라고 보면 되겠다.

7. 예수님이 어머니를 부탁하신 이유

십자가에 매달리신 예수님이 죽음을 맞이하기 직전에 자신의 어머니를 자신의 사랑하는 제자에게 부탁하시는 장면은 너무나 장엄하고 슬퍼서 도저히 다른 생각이 파고들 여지가 없을 정도로 사람의 마음을 압도한다. 그런데 나는 이 장엄한 장면 앞에서도 불경스러운 의문이 계속 들어 마음이 혼란했다.

첫 번째 의문은, 예수님이 왜 이런 부탁을 일부러 하신 것인지 그 이유나 필요성을 모르겠다는 것이다. 제자들이 예수님의 어머니를 봉양하는 일은 예수님의 부탁이 있고 없고를 떠나서 당연히 해야 할 일이지, 예수님의 부탁이 꼭 있어야 할 수 있는 일은 분명 아니기 때문이다.

그것은 인간적인 도리로도 그렇고, 제자 된 자의 의무로서도 그렇다. 따라서 예수님이 이런 부탁을 일부러 하실 정도이면 이 익명의 제자는 아직 예수님과의 관계가 그리 절대적이지는 않았다는 반증으로 볼 수 있다. 적어도 십자가 사건 직전까지는 말이다.

절대적이기는커녕 아마도 '갈릴리 출신의 제자들' 무리에도 속하지 않는 사람이었을 확률이 더 높다. 그러니 예수님이 이런 부탁을 일부러 하셔야만 했을 것이다.

참고로 이 익명의 제자와 사도 요한이 정말로 동일 인물이라고 한다면, 예수님이 이런 부탁을 하시기 전에 요한이 먼저 이 일을 자청하거나 아니면 진작에 이 일을 실제행동으로 이미 실천하고 있었어야 했다.

그런데 요한복음 19:27에 의하면 예수님의 부탁이 있고 나서야 비로소 그때부터 마리아를 자기 집에 모셨다고 하니, 모실 능력은 있어도 모실 의사는 당초 없었던 이 제자는 이 때문에라도 사실상 사도 요한일 가능성은 없다고 봐야 한다.

두 번째 의문은 마태복음 13:55 때문이다. 이 말씀에 따르면 성모 마리아에게는 예수님을 제외하고도 4명의 아들이 더 있었다고 하는데, 그렇다면 공식적인 부양의무자만 무려 4명이나 된다는 이야기다.

 "이는 그 목수의 아들이 아니냐 그 어머니는 마리아, 그 형제들은 야고보, 요셉, 시몬, 유다라 하지 않느냐 (마 13:55)"

따라서 예수님이 성모 마리아에 대한 봉양 의무를 아들이 아닌 제자에게 떠넘기신 것 자체가 도저히 이해되지 않는 것이다. 장자인 예수님이 죽으시면 남은 4형제가 어머니의 봉양을 책임지는 것은 너무나 당연한 그들의 의무이자 영광인데 말이다. 더욱이 갈라디아서 1:19에 의하면, 이 4명의 아들 중 야고보는 '의인 야고보' 또는 '주의 형제 야고보' 로도 불리며 예루살렘 교회의 실질적인 리더로 활약하는 거물 중의 거물이었다고 한다.

"그 후 삼 년 만에 내가 게바를 방문하려고 예루살렘에 올라가서 그와 함께 십오 일을 머무는 동안 주의 형제 야고보 외에 다른 사도들을 보지 못하였노라 (갈 1:18-19)"

이렇게 걸출하고 능력 있는 아들을 놔두고 굳이 다른 사람에게 성모 마리아를 부탁하실 이유가 또 무엇이 있었을까? 분명 자연스럽지 않은 일이다. 그러나 이것은 다른 사람도 아닌 예수님이 직접 결정하신 일이다. 그렇다면, 필시 그럴만한 이유가 따로 있었을 것이 분명하다.

아마도 이 익명의 제자는 예수님의 형제들이나 다른 제자들에게는 없는 특별한 능력이나 신분의 소유자였을 가능성이 있다.

예컨대, 경제적으로는 예루살렘에 적당한 크기의 집을 소유하고 있어 갈 곳 없는 예수님의 그 많은 제자들을 한꺼번에 수용할 수 있고, 정치적으로는 로마 시민권과 같은 특권을 보유하고 있어 로마군으로부터 제자들의 안전을 지켜줄 수 있으며, 사회적으로는 제사장의 가문 등과 가까워 유대인들의 탄압을 최대한 피할 수 있게 해주는 자라면 더할 나위가 없는 것이다.

그런데 사도 요한은 이런 측면에서도 이 익명의 제자일 가능성은 분명 제로에 가깝다. 단 한 가지 조건도 요한과 맞는 것이 없기 때문이다.

그리고 마지막 의문이다. 요한복음을 읽어보면, 예수님께서는 이 익명의 제자에게 구체적으로 무엇을 부탁하지 않고 단지 어머니에게 제자를, 제자에게는 어머니를 소개만 해주고 있다. 왜 그랬을까?

그 장면이 너무나 함축적이고 간결해서 예수님의 속마음을 천만 분의 1도 다 이해할 수는 없지만, 최소한 성모 마리아와 이 익명의 제자가 서로 친밀한 관계가 아니라는 사실만은 분명히 알 수 있다. 어쩌면 그 두 사람은 그날 골고다에서 생전 처음으로 만난 생면부지의 관계였을지도 모를 일이다.

그 두 사람이 서로 친숙하고 잘 아는 사이라면 이렇게 '소개하고 인사시키는 방식'으로 예수님이 자신의 어머니를 부탁하지는 않았을 것이기 때문이다.

따라서 3년 이상이나 예수님을 모셔온 사도 요한과 예수님의 어머니 마리아는 서로 모를래야 모를 수 없는 관계이고, 서로 친숙하지 않을래야 친숙하지 않을 도리가 없는 관계이므로, 이런 측면에서도 요한은 절대 이 익명의 제자가 될 수 없다고 본다. 참고로, 요한복음 19장 26절과 27절을 다시 한 번 읽어보자.

"예수께서 자기의 어머니와 사랑하시는 제자가 곁에 서 있는 것을 보시고 자기 어머니께 말씀하시되 여자여 보소서 아들이니이다 하시고 또 그 제자에게 이르시되 보라 네 어머니라 하신대 그때부터 그 제자가 자기 집에 모시니라 (요 19:26-27)"

마지막으로 위 내용을 다시 한 번 정리해보면,

예수께서 사랑하시는 이 익명의 제자는 성모 마리아와는 거의 초면에 가깝고, 예수님과의 관계에서도 아직 절대적인 믿음이 형성되지 못한 상태인 반면, 그 신분이나 능력적인 측면에서는 예수님의 가족이나 예수님의 제자들을 보호하거나 지원할 수 있는 능력이 충분히 겸비되어 있는 사람으로 추측된다. 이렇게 추측한 이유는, 그래야만 예수님께서 이 익명의 제자에게 성모 마리아를 굳이 부탁하셔야 했던 의미를 찾을 수 있기 때문이다.

  그런데 사도 요한은 이 모든 조건과 단 한 가지도 부합하지 아니하므로, 예수께서 사랑하시는 이 익명의 제자라고 단정하기에는 거리가 너무 먼 것이 이로써 또 입증된다. 사도 요한은 (3)번째 기준과는 전혀 어울리지 않는 사람인 것이다.

※ 성모 마리아를 모실 수 있는 사람들

예수님의 부탁이 없더라도 당연히 모셔야 하는 사람들	1순위	의인 야고보 등 성모 마리아의 자녀들이자 예수님의 형제들
	2순위	베드로, 요한 등 예수님의 열두 제자들
	3순위	막달라 마리아 등 성모 마리아와 사이가 각별한 여자들
예수님의 부탁이 꼭 있어야 모실 수 있는 사람들	4순위	예수님과의 관계가 아직 절대적이지 못한 제자나 무리들

8. 요한의 개인적인 특성

이번 장은 5가지 판단기준 중 (4)번째 기준과 관련된 내용이다. 이 익명의 제자는 예수의 무덤이 비어있다는 얘기를 막달라 마리아로부터 전해 듣고 시몬 베드로와 함께 예수의 무덤으로 달려갔다. 그런데 이 대목에 대한 성경의 묘사가 필요 이상으로 디테일하고 구체적이다. 굳이 이렇게까지 그 내용을 조목조목 설명할 필요가 있을까 싶을 정도로 구체적이다.

"베드로와 그 다른 제자가 나가서 무덤으로 갈새 둘이 같이 달음질하더니 그 다른 제자가 베드로보다 더 빨리 달려가서 먼저 무덤에 이르러 구부려 세마포 놓인 것을 보았으나 들어가지는 아니하였더니 시몬 베드로는 따라와서 무덤에 들어가 보니 세마포가 놓였고 또 머리를 쌌던 수건은 세마포와 함께 놓이지 않고 딴 곳에 쌌던 대로 놓여 있더라 그 때에야 무덤에 먼저 갔던 그 다른 제자도 들어가 보고 믿더라 (요 20:3-8)"

위 기록의 세밀한 묘사를 보면, 복음서 저자의 의도를 충분히 짐작할 수 있을 것 같다. 이 익명의 제자가 허구의 인물이 아니라 역사적으로 실존했던 예수님의 진짜 사랑받는 제자임을 강조하고 싶었던 것이다. 어쨌든 그 덕분에 우리는 〈예수께서 사랑하시는 제자〉의 특징 두어 가지를 발견할 수 있게 된다.

첫째는 이 제자가 베드로에 비해 체력이 더 우수하다는 점이다. 둘이 같이 달렸는데, 베드로보다 이 제자가 먼저 도착했다고 한다. 베드로도 뱃사람 출신으로서 체력은 보통이 아닐 터인데 이러한 베드로보다 체력이 더 좋으니, 아마도 이 제자는 베드로보다 훨씬 나이도 젊고 혈기도 왕성한 사람이었을 것이 분명하다.

둘째는 이 제자가 대단히 예의 바르고 공손하다는 사실이다. 무덤에는 비록 먼저 도착했지만, 무덤 안에 먼저 들어갈 권리는 베드로에게 순순히 양보했다. 자기를 낮추고 베드로를 높인 것이다. 이 역시 이 제자가 베드로보다 더 젊은 손아래 사람이라는 것을 시사한다. 그러나 이 제자가 단지 나이만 더 젊다고 해서 베드로를 이리 우대하지는 않았을 것이다. 나이뿐만 아니라 경력적인 측면에서도 이 제자는 필시 베드로보다 더 늦게 제자들의 무리에 합류한 후배제자였을 가능성이 있다.

이상에서 살펴본 바와 같이 이 두 특징에는 공통점이 하나 있는데, 그것은 이 익명의 제자가 베드로보다 더 나이 어린 사람이라는 것이다. 이 것은 사도 요한의 실제 특징과도 다소 부합하는 측면이 있다. 우리가 익히 알기로는 열두 사도 중에서는 요한의 나이가 제일 어렸다고 한다. 그러니 이 두 가지 특징의 공통점과 사도 요한은 얼핏 일치하는 면이 있는 것 같기도 하다.

그러나 결정적으로 다른 점이 하나 있다. 공관복음에 나타난 사도 요한의 성격과 이 제자의 성격이 다르다. 얼마나 다르냐 하면, 하늘과 땅만큼 다르다.

마가복음에 의하면, 예수님께서는 세베대의 아들들인 야고보와 요한을 가리켜 '보아너게' 즉 우레의 아들이라고 불렀다고 한다. 그만큼 요한의 성격이 과격하고 급했다는 뜻이리라. 그뿐만 아니라 마태복음에서는 이 두 형제가 자신의 어머니까지 앞세워 예수님께 다른 제자들보다 더 좋은 자리를 구하는 로비 장면까지 기록되어 있다.

"또 세베대의 아들 야고보와 야고보의 형제 요한이니 이 둘에게는 보아너게 곧 우레의 아들이란 이름을 더하셨으며 (막 3:17)"

"그 때에 세베대의 아들의 어머니가 그 아들들을 데리고 예수께 와서 절하며 무엇을 구하니 예수께서 이르시되 무엇을 원하느냐 이르되 나의 이 두 아들을 주의 나라에서 하나는 주의 우편에, 하나는 주의 좌편에 앉게 명하소서 (마 20:20-21)"

그러므로 한번 생각해보자.

예수님이 인정할 정도로 그 성정이 과격하고 급한 요한이 베드로가 올 때까지 과연 무덤 안에 먼저 들어가지 않고 차분히 기다릴 수 있었을까? 그리고 자리 욕심과 남보다 더 높아지고자 하는 본능으로 가득 찬 요한이 자기가 먼저 무덤 안에 들어갈 수 있었는데도 그 권리를 순순히 포기하고 베드로를 이처럼 예우할 수 있었을까?

단언컨대, 나는 아니라고 생각한다. 절대로 그럴 수 없다고 생각한다. 성격은 하루아침에 변하지 않기 때문이다. 예수님이 꾸짖고 관리하실 때에도 변하지 않던 게 요한의 성격이었다. 그런데 이제와서 어떻게 그 성격이 갑자기 변할 수 있다는 말인가? "오늘 내가 도(道)를 깨쳐도 성격은 쉽게 변하지 않는다." 고 하는 불교의 속설은 괜히 나온 말이 아닌 것이다.

물론, 나 같은 범인이 귀하디 귀한 예수님의 제자를 함부로 판단할 수는 없다. 하지만 공관복음에 기록된 요한과 요한복음에 기록된 이 익명의 제자가 완전히 상반되는 성격의 소유자임은 적어도 부인할 수 없을 것 같다. 요한의 성정은 (4)번째 기준과도 전혀 맞지 않는 것이다.

요한의 실제 성격에 대해서 이왕 얘기가 나온 김에, 다음 장에서는 공관복음에 기록된 요한의 특성과 요한복음에 기록된 이 제자의 특성을 좀 더 심층적으로 비교, 분석해보고자 한다. 그러면 그 차이를 더욱 확연하게 구별할 수 있을 것이다.

9. 요한복음과 공관복음

흔히 하는 말 중에 '붕어빵에 붕어가 없다' 라는 말이 있다.

요한복음이 딱 그런 식이다. 요한복음에는 요한이 없다. 너무 기막힌 반전 아닌가? 공관복음에는 요한의 이야기가 많은데, 정작 요한복음에는 요한의 이야기가 없다. 그래서 어떤 사람들은 요한복음에서 요한을 찾다가 요한이 없어서 세례자 요한을 사도 요한으로 오해하는 경우도 있다고 한다. 나도 처음 읽을 때는 그랬었다. 요한복음에 요한이 없으리라고는 상상도 하지 못했던 것이다.

그러나 또 어떤 측면에서는 이러한 반전 때문에 오히려 요한복음의 저자가 사도 요한이라는 주장이 설득력을 가지는 것인지도 모르겠다. 또한 이러한 반전이 공관복음과 구별되는 요한복음만의 특징 중 하나인 것도 부인할 수 없는 사실이다. 그러나 어쨌든 이러한 반전 때문에 요한복음을 통해서는 사도 요한의 실체를 확인할 수 없다는 사실만은 확실하다.

따라서 사도 요한의 실체에 접근하기 위해서는 역설적이지만 오로지 공관복음을 통해야만 그 접근이 허락될 수 있다. 다른 선택의 여지는 없다. 그렇다면 공관복음에 기록된 사도 요한의 특징은 무엇일까? 요한복음에 묘사된 〈예수께서 사랑하시는 제자〉는 상당히 지적이고 온유하며 사랑이 넘치는 인물로 추정되는데, 과연 공관복음에 기록된 사도 요한의 모습에서도 이러한 특성이 발견되는 것일까?

그러나 뜻밖에도 공관복음에서 찾아낸 사도 요한의 기록은 악평 일색이다. 사랑이 넘치기는커녕 성질이 과격하고 상당히 폭력적이며 위험스럽기까지 한 그런 모습만 확인된다.

예를 들면, 마가복음에서는 세베대의 아들들인 야고보와 요한을 가리켜 예수님이 '보아너게' 즉, 우레의 아들이라고 불렀다는 기록이 전한다(막 3:17). 그만큼 급하고 과격한 성격의 소유자였음을 암시한다. 심지어 이들은 어떤 마을에서 예수님을 받아들이지 않자, 하늘에서 불을 내려 마을을 멸하자는 위험천만한 소리를 서슴없이 하고 있다(눅 9:54).

그뿐만이 아니다. 이들은 자신들의 어머니까지 앞세워 장차 올 예수님의 왕국에 대비해 예수님께 직접 로비를 하다가 다른 열두 제자와의 사이에 심각한 갈등을 빚기도 하였다(마 20:20, 막 10:35). 그리고 또 이런 일화도 있다. 예수님을 따르지 않는 어떤 자가 예수님의 이름으로 귀신 내쫓는 것을 보고 요한이 금하였는데, 예수님은 오히려 요한의 잘못된 열심을 책망했다고 한다(막 9:38, 눅 9:49).

요한복음에 요한이 없는 것도 반전이지만, 공관복음에 기록된 사도 요한의 실체는 더더욱 반전이다. 실명과 익명도 양립할 수 없지만, 실명 속의 사도 요한과 익명 속의 〈예수께서 사랑하시는 제자〉 역시 도저히 양립할 수 없는 이미지를 가지고 서로 충돌하고 있다. 사도 요한에게서 〈사랑의 사도〉나 〈예수께서 사랑하시는 제자〉와 같은 거룩한 이미지는 떠오르지 않는다. 오히려 트러블메이커나 문제아가 연상될 뿐이다.

예수님께서 중요한 곳을 가실 때에는 항상 베드로, 야고보와 더불어 요한을 대동하셨는데,[6] 그것은 이들을 특별히 사랑해서가 아니라 이들이 예수님 없을 때 또 분란 일으킬 것을 우려해서 다른 제자들과 격리시킬 목적은 아니었는지 의심될 정도이다.

그러나 공관복음의 이러한 기록은 끝까지 외면한 채 여전히 요한을 〈사랑의 사도〉라고 믿고 변호하는 사람들이 있다. 이 사람들 주장의 요지는, 요한이 나중에는 성령의 도움을 받아 사랑이 충만한 사도로 완전히 바뀌었다는 것이다. 그러니 〈사랑의 사도〉가 맞다는 것이다. 〈예수께서 사랑하시는 제자〉의 이미지와도 결코 다르지 않다는 것이다.

그러나 이것은 오히려 요한이 〈예수께서 사랑하시는 제자〉가 아님을 공식적으로 인정하는 말로 들릴 뿐이다. 왜냐하면, 요한이 나중에 변해서 이 제자의 이미지와 비슷해졌다는 이야기는 결국 요한이 이 제자와 동일 인물이 아니라는 뜻과 진배없기 때문이다. 이해를 돕기 위해 글 대신에 수학 방정식으로 이 말을 정리하면 다음과 같다.

① 요한 + 변화 = 예수께서 사랑하시는 제자
② 요한 = 예수께서 사랑하시는 제자 - 변화
③ 요한 ≠ 예수께서 사랑하시는 제자

상식적으로 생각해 봐도 결론은 똑같다. 요한이 성령의 도우심으로 변했다 하더라도 그것은 복음서 이후의 일이고, 〈예수께서 사랑하시는 제자〉의 활동은 복음서 당시의 일이므로 이 둘은 비교의 대상 자체가 되지

---

6) 예수님께서 변화산에 가실 때(마 17:1, 막 9:2, 눅 9:28), 회당장 야이로의 딸을 소생시키실 때(막 5:37, 눅 8:51), 그리고 겟세마네 동산에서 기도하실 때(마 26:37, 막 14:33) 이 3명의 제자만 데리고 가셨다.

못한다.

 정히 비교를 하자면, 변하기 전의 모습이 기록된 공관복음 본문의 요한
과 요한복음 본문의 〈예수께서 사랑하시는 제자〉를 직접 비교해야 앞뒤
가 맞는다. 그럼에도 굳이 변한 후의 요한과 변하기 전의 이 제자를 비교
한다는 것은 이 두 사람이 결국 동일 인물이 아니라는 것을 스스로 인정
하는 결과가 될 뿐이다.

 그리고 요한이 나중에 정말로 사랑이 충만한 〈사랑의 사도〉로 변해서
이 요한복음을 저술했다 하더라도, 요한복음 본문에 기록할 요한의 본 모
습은 성령을 받기 전 과격하고 성미 급했던 그 모습이어야 한다. 그래야
그 기록이 진실되다고 인정할 수 있다. 변한 후의 모습(성형 후 얼굴)을
변하기 전 모습(성형 전 얼굴)인 양 포장하는 것은 사기일 뿐, 진실된 기
록이라고 할 수는 없는 것이다.

 따라서 요한의 성정이 나중에 변했든, 변하지 않았든 그것은 문제의 본
질과 하등의 상관이 없는 엉뚱한 주장에 불과할 뿐이고, 오로지 변하지
않는 사실은 사도 요한의 젊었을 당시 성품은 〈예수께서 사랑하시는 제
자〉의 그것과는 완전히 상반된다는 사실뿐이다.

10. 실명과 익명

5가지 판단기준 중 제일 마지막인 (5)번째 기준과 관련된 증거다. 요한복음 21:2에 의하면, 부활하신 예수님이 디베랴 호수에 나타나셨을 때 현장에 있었던 7제자는 베드로, 도마, 나다나엘, 야고보, 요한 그리고 이름을 알 수 없는 또 다른 제자 둘이었다고 한다.

"시몬 베드로와 디두모라 하는 도마와 갈릴리 가나 사람 나다나엘과 세베대의 아들들과 또 다른 제자 둘이 함께 있더니 (요 21:2)"

그런데 사도 요한이 〈예수께서 사랑하시는 제자〉와 동일 인물이라고 가정한다면, 이 이름을 열거하는 방식에 문제가 있다.

요한복음 21:2 이전까지는 계속 요한의 존재를 익명으로 기록해 왔는데, 이 구절에선 느닷없이 세베대의 아들들이라고 그 존재를 실명으로 밝히고 있는 것이다. 기록 방식에 갑자기 변화가 생긴 것일까? 아니면 일관성의 유지를 포기했나? 그도 아니면 마지막 반전을 시도한 것인가?

그러나 요한복음 21장을 더 읽어가다 보면 이것은 변화도 아니고, 일관성의 포기도 아니며, 그렇다고 반전은 더더욱 아님을 알게 된다. 왜냐하면 21:7이나 21:20에 여전히 〈예수께서 사랑하시는 제자〉가 익명으로 등장하고 있기 때문이다.

이를 보면, 복음서 저자의 의도를 어느 정도 눈치 챌 수 있을 것 같다. 〈예수께서 사랑하시는 제자〉의 정체를 익명 뒤에 숨기고자 하는 마음은 변치 않고 계속 일관된 것이었다.

그렇다면 복음서 저자는 왜 21:2에서만 유독 요한의 존재를 실명으로 밝힌 것일까? 그것은 사도 요한이 〈예수께서 사랑하시는 제자〉의 진짜 정체가 맞는다면 도저히 이해할 수 없는 대목이다. 나는 이 대목을 수없이 읽어보고 큐티도 해보았지만 복음서 저자의 의도를 끝내 이해할 수 없었다.

그러나 이해할 수 없는 것을 이해할 수 있는 방법이 전혀 없는 것은 아니다. 마지막 결과가 도저히 이해할 수 없는 내용이라면, 그것은 최초의 가정이 원천적으로 잘못된 것임을 의미한다. 출발이 잘못되면 도착이 잘못될 수밖에 없듯이, 최초의 가정이 잘못되면 그 중간과정이 아무리 옳았다고 해도 마지막 결과는 당연히 엉뚱할 수밖에 없는 것이다.

따라서 이 이해할 수 없음이 오히려 사도 요한과 이 익명의 제자가 동일 인물이라고 하는 최초의 가정이 오류였음을 반증하는 증거가 되겠다.

그리고 더 나아가 이러한 증거를 더욱 확대 적용하면, 요한복음 21:2에서 그 실명이 구체적으로 거론된 5명의 제자는 모두 이 익명의 제자가 될 수 있는 자격을 상실하게 된다.

그 결과, 이 익명의 제자는 7제자 중에서 베드로, 도마, 나다나엘, 세베대의 아들들인 야고보와 요한을 뺀 나머지 2명으로 자동 압축된다. 즉, 여전히 익명 속에서 보호받고 있는 "또 다른 제자 둘" 중에서 한 명이 예수께서 사랑하시는 이 익명의 제자가 틀림없는 것이다.

결론만 다시 요약하면,

요한복음 21:2에서 실명으로 등장하고 있는 사도 요한은 실명으로 등장했다는 그 이유 하나만으로도 예수께서 사랑하시는 이 익명의 제자가 될 수 없다. 실명과 익명은 양립할 수 없기 때문이다. 혹시 추리소설이라면 양립이 가능할지도 모르지만 말이다.

11. 요한복음과 요한계시록

유세비우스의 교회사 제7권 제25장에 인용된 3세기 교부 디오니시우스의 글을 읽어보면, 당시에 이미 요한계시록의 저자와 요한복음의 저자가 각각 다른 사람일 수 있다는 주장이 다양하게 제기되고 있었음을 알 수 있다.

디오니시우스 역시 요한계시록은 요한복음의 저자인 세베대의 아들 요한의 것일 수가 없다고 주장하는데, 그 이유가 양자의 취지, 구성의 형태와 특성, 그리고 이 책 전체의 솜씨로 비추어 볼 때 그렇다는 것이다.

그는 요한계시록 본문에서 이 책의 저자가 요한임을 스스로 밝히고 있으므로 이 책의 저자가 요한이라는 사실은 믿을 수밖에 없지만, 그 요한이 어떤 요한인지는 확실치 않다고 썼다. 그러면서 그는 에베소에 있던 어떤 두 명의 요한을 요한계시록의 진짜 저자로 추측하고 있다.

그런데 디오니시우스의 글을 계속 읽다 보면, 그의 합리적 의심에는 감탄을 금할 수 없으면서도 그의 일방적이고 단순한 결론에는 쉽게 동의할 수 없게 된다. 두 책의 저자가 무시할 수 없는 몇 가지 증거 때문에 동일한 한 사람일 수 없다는 그의 의심은 분명 합리적이라고 생각한다. 그런 의심을 했다는 사실만으로도 디오니시우스가 얼마나 유연하고 열린 사고를 하는 사람인지 짐작할 수 있을 정도이다.

그러나 그의 결론은 그 엄청난 의심에 비해 너무나 단순하고 비합리적이다. 두 책의 저자가 서로 다른 인물일 수 있다고 의심했다면, 그런 의심 하에서 나올 수 있는 경우의 수가 최소한 3가지 이상임을 알았을 터인데도 디오니시우스는 처음부터 오로지 1가지 가능성만 계속 염두에 두었기 때문이다.

가능성 (1)	요한계시록의 저자는 사도 요한(A), 요한복음의 저자는 다른 요한(B)
가능성 (2)	요한계시록의 저자는 다른 요한(B), 요한복음의 저자는 사도 요한(A)
가능성 (3)	요한계시록의 저자는 다른 요한(B), 요한복음의 저자는 또 다른 요한(C)

즉, 디오니시우스는 무조건 가능성 (2)만 존재하는 것처럼 전제하고 주장했다. 그 결과 몇 가지 문제점이 불가피했는데,

그 첫 번째가 요한계시록의 저자가 사도 요한일 가능성 자체가 원천적으로 차단당했다는 점이다. 전해져 내려오는 전승이나[7] 저자가 자기를 스스로 밝히는 방식[8] 등을 종합하면, 요한복음보다는 차라리 요한계시록의 저자가 세베대의 아들 요한일 가능성이 더 높은 것이 사실이다.

실제로 요한계시록을 요한복음과 분리해서 이 책 하나만 살펴보면 그

---

7) 요한이 소아시아에 속한 에베소에서 살았다는 전승이나, 유세비우스의 교회사에 기록된 바와 같이 요한이 도미티안의 박해 때 밧모섬에 유배되었었다고 하는 전승은 모두 요한계시록의 저자가 요한이라고 하는 주장에 유리한 증거로 작용한다.
8) 요한복음 본문에서는 요한이 저자라고 밝히는 내용이 없으나, 요한계시록 본문에서는 요한이 그 저자라고 스스로 밝히고 있다.

저자가 요한일 가능성은 상당하고, 그 반면에 요한이 저자가 아닐 가능성
이나 증거는 오히려 찾아보기 힘든 실정이다.

그런데 요한계시록을 요한복음과 묶어서 한 묶음으로 살펴보면, 공교롭
게도 꼭 요한계시록의 저자만 사도 요한이 아닐 수 있다는 예정된 결론
에 도달한다. 물론 이렇게 되는 이유는 간단하다. 사도 요한이 요한복음
의 저자라는 믿음이 요한계시록의 저자라는 믿음보다 사람들의 마음속을
먼저 선점했기 때문이다. 이른바 선점 효과가 작동한 것이다. 이러한 선
점 효과 때문에 사람들은 의심을 해도 모든 것을 원점에서 새롭게 의심
하지 못하고, 꼭 선점된 믿음 안에서만 의심을 하게 된다.

따라서 어떠한 책이 요한복음과 유사하면 (예를 들어 요한서신) 그 저
자는 당연히 요한이 되고, 요한복음과 상이하면(예를 들어 요한계시록)
그 저자는 요한일 가능성이 의심받는다.

이것을 다소 불경스럽지만, 알기 쉽게 비유로 설명하면 다음과 같은 이
야기가 된다. 밀폐된 방 안에서 사건이 일어났는데, 그 방안에는 마침 A
와 B 두 사람만 있었다. 모든 객관적 증거물은 한결같이 A가 범인이 아
님을 암시하고 있었지만, 사람들의 믿음은 B가 절대 범인일 리가 없다고
확신했다. 따라서 사람들은 특별한 조사도 없이 A를 범인으로 단정했는
데, 그 논리라는 것이 "B가 범인일 리가 없기 때문에 A가 범인"이라는
것이었다. 그 이후에도 사람들은 B가 범인이 아닌 이유에 대해서는 따로
설명하지 못했고, A에게 유리한 증거물에 대해서도 논리적으로 반박하지
않았다.

이 비유와 같이 디오니시우스는 요한계시록의 저자가 사도 요한이 아니

라는 독립적이고도 객관적인 증거는 제시하지도 못했을 뿐만 아니라 그의 주장과 명백히 반대되는 증거에 대해서도 끝내 반박하지 않았다.

　두 번째 문제점은 두 책의 저자가 각각 다른 사람이라는 증거로 디오니시우스가 직접 제시한 각종 증거와 그의 결론이 서로 모순된다는 점이다.

　예를 들어 디오니시우스는 요한복음의 저자에 대해서는 어법과 논지와 구성이 대단히 우아하다고 칭찬하면서도, 요한계시록의 저자에 대해서는 "그의 말투와 언어는 그다지 정확한 희랍어가 아니며, 또 이국의 관용적 표현을 사용하고 있으며, 때로는 문법에 어긋나는 어법을 사용하고 있다" 라며 냉혹하게 비판한다.

　그런데 세베대의 아들 사도 요한이 아람어를 쓰는 갈릴리 시골 마을의 어부 출신인 점을 고려한다면, 그의 교양과 학식은 특별한 이변이 없는 한 동시대 사람들의 평균 수준에도 미치지 못했을 것은 어쩌면 너무나 당연한 추측이다.

　따라서 요한이 자신에게는 외국어에 해당하는 희랍어를 정확히 사용하지 못하고 문법에도 어긋나게 사용할 가능성은 그렇지 않을 가능성보다 오히려 더 높을 수밖에 없다.

　그러므로 디오니시우스가 제시한 이러한 증거에 의해서도 요한이 요한복음의 저자일 가능성은 낮아지고, 그 반면에 요한계시록의 저자일 가능성은 더욱더 높아지게 된다. 디오니시우스가 제시한 증거는 그가 당초 의도한 바와는 정반대되는 곳으로 우릴 인도하고 있는 것이다.

세 번째 문제점은 논의의 범위를 요한계시록의 저자 문제로 한정했기 때문에 근본적인 문제 해결은 어차피 처음부터 난망할 수밖에 없었다는 점이다. 문제의 원인은 지금까지 계속 일관되게 설명한 바와 같이 요한복음의 저자가 잘못 알려진 데에 있었다고 나는 믿는다.

그런데 디오니시우스와 같은 사람들은 요한복음이 아닌 요한계시록의 저자에 대해서만 오로지 문제를 삼고, 논의의 범위도 항상 그 주변을 벗어나지 못한 채 제자리만 계속 맴돌 뿐이다.

그러나 디오니시우스 등의 접근 방식이 정말로 합당했다면, 2천 년이 지난 지금쯤은 아마도 의혹의 상당 부분이 다 해소되고도 남았어야 한다. 인류의 지혜로 수천 년 동안이나 풀지 못한 난제가 별로 없었기 때문이다. 그런데 이 문제는 의혹 해소는커녕 디오니시우스 이래로 지금까지 단 한 발자국도 나아가지 못했을 뿐만 아니라 현대에 와서는 오히려 다빈치 코드와 같은 각종 음모론의 소재로 악용되는 지경에까지 이르렀다.

따라서 이제는 문제의 원인을 엉뚱한 곳에서 잘못 찾았던 것은 아닌지 한 번쯤 반성해 볼 필요가 있다. 지금이라도 이 문제에 대해 격의 없이, 그리고 성역 없이 자유롭게 논의한다면 의혹 해소는 의외로 간단한 일일지도 모른다.

예를 들어 디오니시우스가 요한계시록의 저자일 가능성을 언급했다가[9] 금방 그 가능성을 철회한 인물이 있다. 철회한 이유가 요한계시록의 기록 장소가 아시아 지역으로 알려져 있는데, 이 인물은 아시아에서 살았다거

---

9) 유세비우스의 교회사 제25장 제7권에 인용된 디오니시우스의 글에서 언급되고 있다.

나 아시아로 갔다는 기록이 전무하기 때문이라고 한다.

단순히 요한계시록 하나만 살펴보면 디오니시우스의 이 식견은 탁월하다. 충분히 그렇게 생각할 수 있다. 그러나 그것으로 만족하고 끝냈기 때문에 결국 퍼즐이 다 완성되지 못한 것이다. 이 인물이 요한계시록 대신 요한복음의 저자일 가능성에 대해서도 퍼즐을 마저 맞춰보았어야 했다.

그러니까 이 인물은 요한복음의 자리로, 사도 요한은 요한계시록의 자리로 서로 자리를 맞바꾸어서 퍼즐을 맞추어 보았다면 못다 맞춘 퍼즐과 잘못 맞춘 퍼즐을 모두 완성할 가능성도 있었다. 뒷장에서 곧 밝히겠지만, 나는 디오니시우스가 포기한 이 인물을 요한복음의 진정한 저자라고 확신하고 있다.

결론만 다시 요약하면 이러하다.

디오니시우스와 같은 사람들이 주장하는 것처럼 요한복음의 저자와 요한계시록의 저자가 정말로 각각 다른 사람이라면, 요한계시록의 저자가 사도 요한일 가능성과 사도 요한이 아닐 가능성에 따라 크게 다음과 같은 차이가 난다.

만약 요한계시록의 저자가 사도 요한이 맞는다면, 요한복음의 저자는 당연히 사도 요한이 아니게 된다. 왜냐하면, 두 성경의 저자가 각각 다른 사람이라는 전제가 이미 있기 때문이다.

그러나 만일 요한계시록의 저자가 사도 요한이 아니라면, 요한복음의 저자는 사도 요한일 수도 있고, 또 다른 제3의 요한일 수도 있는 등 경우의 수가 좀 더 복잡해진다. 이러한 경우의 수에 대해서는 이미 앞에서 표로 일목요연하게 정리해서 보여드린 바가 있다.

그런데 요한계시록의 저자가 요한계시록 본문에서 자기를 요한으로 직접 소개하고 있는 점과 요한이 밧모섬에 유배되었었다고 하는 사실에 대해 교회의 전승과 요한계시록의 기록이 일치하는 점 등을 감안하면 요한계시록의 저자가 사도 요한일 가능성은 대체로 의심할 여지가 없어 보인다.

더욱이 사도 요한이 갈릴리 시골 마을의 어부 출신인 점까지 고려하면 (당연히 편견에 사로잡힌 생각이긴 하지만 특별한 이변이 없는 한) 사도 요한은 그리 높은 교양과 학식의 소유자는 아닐 것이므로, 대부분의 성서 학자들이 비평하는 것처럼 어법과 논지와 구성의 수준이 요한복음보다 상대적으로 떨어지는 요한계시록의 저자일 가능성이 현실적으로도 훨씬 더 높은 것이다.

그 반면에 사도 요한이 요한계시록의 저자가 아닐 가능성이나 증거는 아직 듣지도, 보지도 못한 상태이므로 현 단계에서는 요한계시록의 저자가 요한임은 전혀 반박할 수 없는 사실이 되겠다.

이와 같이 요한계시록의 저자와 요한복음의 저자가 각각 다른 사람이라는 전제 하에서 요한계시록의 저자가 사도 요한임이 분명해진다면, 요한복음의 저자는 당연히 사도 요한이 아닌 것이 이로써 또 증명된다.

12. 요한의 알리바이

요한행전 같은 책은 믿을 수 없고 불경스러운 책이라고 폄훼해도 나는 달리 항변할 말이 없다. 그 말이 어느 정도는 사실이기 때문이다. 나도 인정한다.

그러나 그럼에도 나에게는 너무나 소중한 책이다. 왜냐하면, 나의 오랜 목마름을 해갈해 준 책이 바로 이 요한행전의 증언이기 때문이다. 2000년 동안 그 누구도 궁금해 하지 않았고, 그 누구도 묻지 않았는데 이 책은 신기하게도 그 증언을 미리 준비하고 있었다.

나는 사도 요한이 요한복음의 진짜 저자가 아니라고 지금까지 일관되게 주장하고 있고, 그 주장의 일환으로 예수님의 십자가 사건 때 그 곁에는 요한이 없었다고 증명한 바 있다.

그렇다면 "그때 요한은 과연 어디에 있었을까?"하는 의문이 남는다. "오늘 밤에 너희가 다 나를 버리리라" 라고 하신 예수님의 말씀이나, 실제로 제자들이 다 도망가 버리고 없는 골고다 언덕의 삭막한 모습을 기록한 성경만으로는 사도 요한이 예수님 곁에 없었다는 직접적인 증거는 될 수 없다.

왜냐하면, 성경이 요한을 콕 찍어서 그날 골고다에 없었던 자라고 분명히 밝힌 것도 아니고, 예수님의 말씀 또한 예수님을 제대로 믿지 않는 사람들에게는 성경에 기록된 수많은 예언 중 하나에 불과할 뿐 그 예언이 실현된 것인지 여부는 확증되지 않았다고 무시하면 그뿐이기 때문이다.

따라서 우리에게는 이제 보다 확실하고 직접적인 증거가 필요하다. 구구절절 긴 설명과 논증이 따로 필요 없는 그런 증거 말이다. 예를 들어, 요한이 그때 예수님의 곁이 아닌 제3의 장소에 있었음을 분명히 증명할 수 있는 알리바이와 같은 증거라면 딱 좋겠다.

그런데 이런 나의 소망에 응답해 준 것은 세상에서 오로지 이 한 권의 책, 요한행전이 유일했다. 다시 말하면, 요한행전이 바로 요한의 알리바이를 증언하고 있다는 뜻이다.

요한행전에 의하면, 요한은 그때 올리브산의 한 동굴 속에 숨어 있었다고 한다. 〈숨겨진 복음서 영지주의〉[10]라는 책에서 인용하고 있는 요한행전의 관련 대목을 그 증거로 소개하면 다음과 같다.

《요한행전》은 체포를 예상한 예수가 전날 저녁 겟세마네에서 제자들과 함께 시간을 보냈다는 이야기로 넘어간다.

"주께서 우리들과 함께 춤을 추신 후에, 나의 사랑하는 형제들이여, (고난을 겪기 위해)밖으로 나가셨다. 그리고 우리는 놀라움으로 멍해지거나 갑자기 깊은 잠에 빠진 사람들 같았고, 사방팔방으로 도망쳤다. 그리하여

---

10) 일레인 페이절스 著, 루비박스 출판, 관련 대목은 131페이지에 서술되어 있다.

나는 그가 고난을 겪는 모습을 보았고, 그의 고난을 함께 하지 않고 올리브 산으로 도망가 흐느껴 울었다........ 그리고 주께서 금요일에 (십자가에) 매달리셨을 때, 그날 여섯 시에 온 세상이 암흑으로 덮였다" "

13. 요한의 신앙

아시다시피 요한복음은 예수님에 대한 신앙고백으로 시작한다. 예수님은 태초부터 계셨던 '말씀'이시고, 이 '말씀'은 곧 하나님이시라는 것이다. 이 것은 또한 요한복음의 저자인 <예수께서 사랑하시는 제자>의 개인적 신 앙고백이기도 하다.

"태초에 말씀이 계시니라 이 말씀이 하나님과 함께 계셨으니 이 말씀은 곧 하나님이시니라 (요 1:1)"

그런데 <예수께서 사랑하시는 제자>가 위와 같은 신앙고백을 복음서 본문이 아닌 산헤드린 공회 앞에서 직접 했다면 어떻게 됐을까? 예수님은 인간으로 오신 '말씀'이시고, 이 '말씀'은 또한 삼위일체 중의 한 격이신 하나님 바로 그분이라고 말이다.

그랬다면 이 제자는 십중팔구 신성 모독이나 우상숭배라는 죄목으로 잡 혔을 것이고, 죽음을 면치 못했을 것이다. 이것은 결코 과장된 말이 아니 다. 의심할 여지가 없는 사실이다. 유대인들에게 유일신 하나님은 이 세 상 그 무엇과도 바꿀 수 없는 지극히 존엄한 가치이다. 그런데 유대인들 앞에서 이러한 가치를 훼손하거나 부정했다면, 그 결과는 보지 않아도 알 수 있다. 그 대가는 죽음, 그것도 가차 없는 죽음뿐이다.

하물며 유대인들의 최고 의결기관이자 종교재판소인 산헤드린 공회 앞에서 이런 고백을 했다면 도저히 죽음은 피할 도리가 없는 것이다. 그 생생한 실례가 바로 예수님이 받으신 고난(마 26:65)이고, 스데반이 받은 고난(행 6:11)이다. 이 두 고난은 모두 산헤드린 공회에서 신성 모독을 빌미로 내린 판결의 결과였다.

"이에 대제사장이 자기 옷을 찢으며 이르되 그가 신성모독하는 말을 하였으니 어찌 더 증인을 요구하리요 보라 너희가 지금 이 신성모독하는 말을 들었도다 너희 생각은 어떠하냐 대답하여 이르되 그는 사형에 해당하니라 하고 (마 26:65-66)"

"사람들을 매수하여 말하게 하되 이 사람이 모세와 하나님을 모독하는 말을 하는 것을 우리가 들었노라 하게 하고 백성과 장로와 서기관들을 충동시켜 와서 잡아가지고 공회에 이르러 거짓 증인들을 세우니 이르되 이 사람이 이 거룩한 곳과 율법을 거슬러 말하기를 마지 아니하는도다 (행 6:11-13)"

그러므로 요한이 〈예수께서 사랑하시는 제자〉가 맞는다면, 그는 산헤드린 공회 앞에서 자신의 신앙을 실제로 검증받았을 때 절대로 무사히 풀려나지는 못했어야 한다. 하나님을 믿는 자에게 자신의 신앙은 결코 속이거나 감출 수 있는 문제가 아니다. 따라서 요한은 공회 앞에 섰을 때도 위 요한복음의 서문과 같은 신앙고백을 그대로 되풀이했을 것이고, 그랬다면 요한은 반드시 죽었어야 하는 운명이다. 그런데 성경이 전하는 결과는 뜻밖이다. 요한이 죽지 않고 무사히 풀려난 것이다.

이 내용을 수학의 방정식과 같은 방식으로 정리하면 다음과 같다.

① "요한 = 예수께서 사랑하시는 제자" 이면 "요한의 신앙 = 예수께서 사랑하시는 제자의 신앙" 이다.

② 그리고 "예수께서 사랑하시는 제자의 신앙 = 사형" 이므로 "요한의 신앙 = 사형" 이어야 한다.

③ 그런데 실제로는 "요한의 신앙 ≠ 사형"이라는 결과가 나왔다. 요한이 죽지 않고 무사히 풀려났기 때문이다. 그렇다면 "요한의 신앙 ≠ 예수께서 사랑하시는 제자의 신앙" 이라는 결과가 도출된다.

더구나 그 과정에서 율법학자 가말리엘의 도움까지 받았다고 한다. 예수님을 하나님이시라고 고백하는 것은, 당시는 물론이고 현재도 유대인들의 관점에서 보면, 율법에서 대단히 어긋나는 일이다. 그런데 오히려 율법학자의 도움까지 받았다고 하니, 상식적으로 있을 수 없는 일이 일어난 것이다.

이 내용 역시 동일한 방식으로 정리하면 다음과 같다.

① "요한 = 예수께서 사랑하시는 제자"이면 "요한의 신앙 = 예수께서 사랑하시는 제자의 신앙"이다.

② 그리고 "예수께서 사랑하시는 제자의 신앙 = 율법에 저촉"이므로 "요한의 신앙 = 율법에 저촉"이다.

③ 그런데 실제로는 "요한의 신앙 ≠ 율법에 저촉"이라는 결과가 나왔다. 율법학자 가말리엘로부터 공격을 받은 것이 아니라 오히려 도움을 받았기 때문이다. 따라서 이 경우에도 역시 "요한의 신앙 ≠ 예수께서 사랑하시는 제자의 신앙"이라는 결과가 불가피하게 도출된다.

그 증거가 사도행전 4장과 5장의 기록이다.

기록된 말씀에 따르면, 요한은 다른 제자들과 함께 무려 2번이나 산헤드린 공회 앞에 끌려갔었다고 한다. 그리하여 제자들은 자신들의 신앙을 공회 앞에서 소상히 밝히고 설명할 기회가 있었는데, 이때 제자들은 예수님을 '임금과 구주'로 고백했을 뿐 단 한 번도 하나님 그분이라고는 말하지 않았다(행 5:31). 그리고 그 과정에서 바리새인이자 율법학자인 가말리엘의 도움까지 분명히 받았다(행 5:34-35).

그 덕분이었을까? 제자들은 모두 무사히 살아서 풀려났다. 그리고 제자들은 그 이후에도 계속 공회 앞에 섰을 때와 다르지 않는 일관된 믿음을 보여줬다. 예수님을 여전히 '그리스도'로만 가르치며 전도한 것이다(행 5:42). 다른 믿음은 없었다.

"이스라엘에게 회개함과 죄 사함을 주시려고 그를 오른손으로 높이사 임금과 구주로 삼으셨느니라 (행 5:31)"

"바리새인 가말리엘은 율법교사로 모든 백성에게 존경을 받는 자라 공회 중에 일어나 명하여 사도들을 잠깐 밖에 나가게 하고 말하되 이스라엘 사람들아 너희가 이 사람들에게 대하여 어떻게 하려는지 조심하라 (행 5:34-35)"

"그들이 날마다 성전에 있든지 집에 있든지 예수는 그리스도라고 가르치기와 전도하기를 그치지 아니하니라 (행 5:42)"

어쨌든 요한은 살아서 공회를 걸어 나왔다. 그것도 한 번이 아니라 무려 두 번이나 그랬다. 이 사실은 요한의 실체를 가장 극명하게 보여주는 증거가 된다. 요한이 가지고 있었던 믿음은 〈예수께서 사랑하시는 제자〉의 믿음과는 분명 다른 것이었다. 사도행전이 바로 이것을 증명하고 있다. 〈예수께서 사랑하시는 제자〉의 믿음은 요한을 비롯한 열두 사도의 믿음보다는 어쩌면 바울의 신학 쪽에 더 가까운 것이 아니었을까 하는 생각이 든다.

14. 예수께서 사랑하시는 제자의 출신 지역

〈예수께서 사랑하시는 제자〉는 요한복음 13장에서 처음으로 그 존재를 드러낸다. 장소는 예루살렘 성안에 위치한 마가의 다락방이고, 배경은 예수님이 최후의 만찬을 드시는 자리, 시간은 예수님의 공생애가 끝나기 바로 전 날의 저녁이다.

그 이전에는 이 제자에 대한 기록이 없다. 물론 1:35에 이 익명의 제자로 자주 오인 받는 한 인물이 있기는 하다. 베드로의 형제 안드레와 함께 등장했던 세례 요한의 두 제자 중 한 명이다.

"또 이튿날 요한이 자기 제자 중 두 사람과 함께 섰다가 (중략) 요한의 말을 듣고 예수를 따르는 두 사람 중의 하나는 시몬 베드로의 형제 안드레라 (요 1:35-40)"

그러나 이 또 다른 익명의 제자에 대해서는 '예수께서 사랑하시는' 이라는 수식어가 붙어있지 않다. 그냥 익명의 제자일 뿐이다. 그러니 이 제자를 〈예수께서 사랑하시는 제자〉와 같은 인물이라고 볼 만한 근거는 아무것도 없다. 따라서 이 제자를 사도 요한이라고 주장하는 것은 가능할지 몰라도, 〈예수께서 사랑하시는 제자〉라고 주장하는 것은 지극히 비성경적이다.

　아무튼, 이 장면 외에도 <예수께서 사랑하시는 제자>가 등장하는 장소는 대부분 예루살렘이다. 예외가 있다면 21장에 기록된 디베랴 호수에서의 일화가 유일하다. 그리고 보면, 요한복음의 주요 무대 자체도 예루살렘이다. 공관복음의 주요 무대가 갈릴리와 그 주변지역인 점과 크게 대비되는 것이다. 그뿐만 아니라 이 제자의 집도 예루살렘에 있다. 이 글의 서두에서 정리한 5가지 판단기준 중 (3)번째 기준 자체가 그 증거다.

　그렇다면 <예수께서 사랑하시는 제자>의 출신 지역은 아무래도 예루살렘이라고 보는 것이 타당할 것이다. 그리고 이 제자와 예수님의 만남도 예수님의 공생애 기간 3년 중 예루살렘에서의 최후의 이틀이 전부였던 것 같다. 그러니 예수님의 공생애 시작부터 예수님과 관계를 맺어온 갈릴리 지역의 어부 출신인 사도 요한은 이 제자와 너무 큰 차이가 있다.

15. 소결론

우리는 지금까지 총 열두 개의 증거를 확인해보았다. 이 열두 개의 증거를 통해 우리가 확인할 수 있었던 것은 사도 요한과 이 글의 서두에서 정리한 5가지 판단기준이 모두 충돌하거나 모순된다는 사실이다. 5가지 판단기준 중 단 한 가지도 예외 없이 말이다.

그뿐만 아니라 사도 요한의 성격이나 경력, 배경, 신앙 등 개인적인 특성도 〈예수께서 사랑하시는 제자〉와는 모두 맞지 않는다는 사실을 거듭 확인하였다. 전승이나 외경 등을 통해 확인해본 결과 역시 이와 다르지 않았다. 아무리 타인이라도 이토록 공통점이 없을까 싶을 정도로 이 두 사람은 완벽히 불일치한다.

만일 요한이 〈예수께서 사랑하시는 제자〉와 일치할 확률이 99%라 하더라도, 명백히 반대되는 증거 단 한 개 때문에 99%는 0%와 같은 의미가 될 수도 있다. 그런데 요한은 시종일관 0%였다. 그러니 더 이상의 증거 제시가 도대체 무슨 필요가 있겠는가?

그럼에도 뒷장에서는 사도 요한이 〈예수께서 사랑하시는 제자〉가 아니라는 더욱 확실하고 명백한 증거가 또 제시될 수밖에 없을 것 같다. 왜냐하면, 드디어 진짜가 등장하기 때문이다. 가짜임을 입증할 수 있는 가장 확실한 증거는 바로 진짜를 보여주는 것이다.

<예수께서 사랑하시는 제자>의 진짜 정체에 대해서는 사실 앞장에서도 이미 많은 힌트를 남겼다. 조금만 주의 깊게 이 글을 읽은 독자라면 누구라도 그 힌트를 찾을 수 있었을 것이다. 그러나 사실 편견이나 선입견만 없다면, 이런 힌트 따위는 애당초 필요도 없는 법이었다. 상식적으로 생각하고 논리적으로 풀어보면, 답은 언제나 가까운 곳에 있기 때문이다.

제 2부

아빠와 딸의
논쟁

1. 서론

3월이 되자 진명이는 대학생활을 위해 전주로 떠났고, 주스가게는 비로소 제철을 맞아 바빠지기 시작했다.

한동안 가게 일로 정신이 없어서 요한복음에 대한 생각은 까마득히 잊어버렸다. 4월에는 아내도 직장에서 퇴직하고 주스가게에 합류했다. 그 때문에 가게에서 느긋하게 햇살을 받으면서 커피 한 잔에 성경 한 구절을 큐티할 수 있는 여유는 상상하기 어려워졌다. 아내는 우리 가족 중에서 가장 독실한 신자이지만, 성경은 가게가 아닌 교회에서만 읽어야 한다는 입장이었다.

그런데 주스가게의 최대 성수기로 잔뜩 기대를 모았던 2017년의 여름은 유별나게 긴 장마로 우리의 기대를 무참히 짓밟아 버렸다. 정말 길고도 지루한 장마였다. 그러나 나는 마침 이때다 싶어 다시 성경책을 손에 잡고자 했고, 이런 나를 못마땅해 하던 아내는 나를 공인중개사 시험 학원으로 쫓아내다시피 해서 몰아냈다.

그해 10월의 공인중개사 시험을 목전에 두고 갑자기 공부를 시작한 나는 울며 겨자 먹기 식으로 또다시 성경책을 내려놓고, 민법이니 부동산학개론이니 세법이니 하는 이상한 책들을 손에 잡아야 했다. 그러다가 어찌어찌하여 용케도 그 해의 공인중개사 시험에 덜컥 합격하고 나서, 겨울방학을 맞아 원주로 내려온 진명이와 드디어 요한복음에 대한 2차 토론을 재개할 수 있게 되었다.

그동안의 연구성과를 다 듣고 난 진명이는 자못 진지한 투로 내게 말했다.

"내 생각에는 나사로의 누이 마리아가 진짜 저자일 것 같아, 아빠."

"나사로가 아니고?"

"응."

"막달라 마리아도 아니고?"

"응. 나사로의 누이, 그것도 둘째 누이 마리아 말이야."

"의외인데, 왜 그런 생각을 했어? 한번 설명해봐."

나는 내심으로는 곧바로 진명이의 주장에 반대 의견을 표시하고 싶었지만, 일단은 진명이의 주장을 끝까지 들어보기로 했다. 대학생활을 통해 진명이가 얼마나 성장했는지도 시험해 보고 싶었거니와, 무엇보다 내가 실수나 자만심으로 인해 간과했던 부분은 혹시 없었는지 타인의 관점에서 점검해 보고 싶은 계산도 있었다.

더구나 진명이가 지목한 인물은 내게 너무나 의외였다. 막달라 마리아도 아니고 나사로의 누이 마리아라니. 지금껏 그 누구도 이런 생각을 한 사람은 없었던 것 같다. 대부분의 경우 막달라 마리아에게 관심을 두면 두었지, 나사로의 누이 마리아에게 이렇듯 주목한 경우는 없었다.

그리고 또 하나 의외인 것은, 이번 연구과정에서 새로이 알게 된 사실 중의 하나인데, 생각했던 것 이상으로 많은 사람들이 사도 요한의 요한복음 저작설을 불신하고 있다는 점이다. 그리고 이런 불신자들의 대다수가 요한복음의 진짜 저자일 가능성이 가장 높은 사람으로 "죽었다가 4일 만에 다시 살아난 나사로"를 1순위로 꼽고 있었다.

그런데 진명이가 지금 그 나사로의 둘째 누이 마리아를 지목하고 나왔으니, 나는 더욱 놀랍고 신기할 수밖에 없었다. 진명이는 감성이 풍부한 소녀 특유의 안목으로 특히 사랑이라는 표현에 민감하게 반응하면서 자신이 나사로의 누이 마리아를 지목한 이유에 대해 조목조목 설명을 시작했다.

2. 딸의 주장

진명이는 공식적으로 인정된 요한복음 저자의 별칭이 〈예수께서 사랑하시는 제자〉이므로, 성경 속의 인물 중 예수께서 가장 사랑하셨던 인물을 찾으면 요한복음의 진짜 저자도 찾을 수 있을 것이라고 기대했다. 그리하여 나름 각고의 노력 끝에 찾아낸 인물이 바로 나사로의 누이 마리아였던 것이다. 다음은 진명이가 마리아를 지목한 이유이다.

(1) 예수님께선 특별히 3남매를 사랑하셨다

요한복음 11:5에 이런 말씀이 있다.

"예수께서 본래 마르다와 그 동생과 나사로를 사랑하시더니 (요 11:5)"

아마도 예수님이 어느 특정 인물을 사랑하신다고 성경을 통해 밝히신 경우는 이 구절이 유일할 것 같다(진명이의 능력으로는 더 이상 다른 곳에서 이런 표현을 찾지 못했다고 한다). 그러니까 예수님의 사랑을 성경 속에서 공인받은 사람은 이 3남매가 유일하다는 뜻이다.

따라서 예수님이 특별히 사랑하시는 제자는 마르다일 수도 있고, 그 동생 마리아일 수도 있으며, 그 오빠인 나사로일 수도 있다. 참고로, 예수님이 아닌 일반 사람들로부터는 나사로가 가장 많은 사랑과 관심을 받았다. 그 이유는 죽었다가 4일 만에 다시 살아난 전력도 단연 최고의 화제였지만, 무엇보다 3남매 중 유일한 남성이었기 때문이다.

(2) 그런데 이 3남매 중에서도 마리아를 더욱 사랑하셨다

요한복음 11:35에 또한 이런 말씀도 있다.

"예수께서 눈물을 흘리시더라 (요 11:35)"

대부분의 사람들은 그 눈물의 의미를 오해하고 있다. 그들은 예수님이 나사로의 죽음을 슬퍼하셔서 눈물을 흘리신 것으로 생각한다. 심지어 당시의 유대인들조차 그렇게 생각했던 것 같다. 11:36에 있는 "이에 유대인들이 말하되 보라 그를 얼마나 사랑하셨는가 하며"라는 기록이 그런 생각들을 잘 보여주고 있다.

그러나 당시의 사람들은 앞뒤 상황을 전혀 알지 못했던 탓이고, 현대인들은 성경의 앞뒤 문맥을 전혀 고려치 않고 해석한 탓이다. 예수님은 나사로가 병들었다는 소식을 듣고서도 일부러 이틀을 더 지체하신 분이다 (요 11:6).

"나사로가 병들었다 함을 들으시고 그 계시던 곳에 이틀을 더 유하시고 (요 11:6)"

나사로가 죽을 것을 이미 아셨고, 나사로가 다시 살아날 것도 이미 아셨던 분이다. 따라서 나사로 때문에는 예수님이 눈물을 흘리실 하등의 이유가 없는 것이다. 실제로 예수님은 나사로가 죽었다는 얘기를 전해 듣고서도 슬픈 기색은 전혀 없으셨다. 아니, 오히려 나사로의 죽음을 기뻐하셨다고 한다(요 11:15).

"내가 거기 있지 아니한 것을 너희를 위하여 기뻐하노니 이는 너희로 믿게 하려 함이라 그러나 그에게로 가자 하시니 (요 11:15)"

뿐만 아니라 나사로의 죽음을 조문 와서 제일 먼저 만난 마르다 앞에서도 예수님은 변함이 없으셨고, 초연하셨다. 그런데 마리아를 위문할 때부터 예수님이 달라지셨다.

"심령에 비통히 여기시고 불쌍히 여기사 (요 11:33)"

비로소 예수님의 마음에도 감정의 변화가 생기신 것이다. 그런데 예수님은 왜 마리아의 슬퍼하는 모습에서만 유독 감정이입이 되신 것일까? 혹시 연민이나 감정이입 외에 다른 이유가 또 있었던 것은 아닐까?

어떤 사람들은 나사로의 부활을 의심스러워하는 마리아의 믿음 없는 모습을 보시고 분노하셔서[11] 그리 우셨다고 해석하기도 한다. 그러나 상식적으로 분노와 눈물은 연결 짓기가 어려운 관계이다. 더구나 그 분노와 눈물의 주체가 예수님이신 경우에는 더더욱 연결 짓기가 어렵다. 예수님의 입장에서는 사람들의 믿음 없음을 한두 번 겪은 것도 아닌데, 이제 와

---

11) "비통히 여기다"의 헬라어 원어는 "분노하셨다"라는 뜻이라고 한다.

서 새삼스럽게 그런 일로 분노하고 눈물까지 흘리셨다고 하는 해석은 너무 수긍하기가 어렵다.

그러나 해석을 어찌하든, 예수님이 눈물을 흘리신 결정적인 계기가 마리아 때문인 것만은 분명해 보인다. 그것이 마리아의 슬퍼하는 모습 때문이든, 아니면 마리아의 믿음 없는 모습 때문이든 말이다.

참고로, 성경에는 예수님이 우셨다고 하는 기록이 3번 전한다. 한 번은 장차 멸망할 예루살렘 성의 앞날을 보시고 우셨다고 하고(눅 19:41), 또 한 번은 겟세마네 동산에서 기도하실 때 십자가라는 사명을 감당하시기 위해 우셨다고 한다(히 5:7). 그리고 방금 요한복음 11장에서 읽은 바와 같이 마리아 앞에서 또 한 번 우셨는데, 예수님이 사람의 일로 우셨다는 기록은 이때가 유일하다. 그러니 마리아에 대한 예수님의 사랑이 얼마나 각별했는지는 이것 하나만 보더라도 충분히 짐작할 수 있다.

성경에는 또한 이런 표현도 있다.

"마리아에게 와서 예수께서 하신 일을 본 많은 유대인이 그를 믿었으나 (요 11:45)"

'예수께서 하신 일'이란 나사로를 살리신 일을 말하는 것이리라. 그리고 이 일은 예수님이 나사로의 죽음을 조문 와서 하신 일이다. 따라서 이 일은 예수님이 '나사로에게 와서 하신 일'이라고 표현하거나, 아니면 유족을 대표하는 첫째 누이 '마르다에게 와서 하신 일'이라고 표현하는 것이 보다 합당할 것이다.

그럼에도 성경은 '마리아에게 와서 예수님이 하신 일'이라고 굳이 표현하고 있다. 이는 예수님의 의중을 은연중에 드러낸 표현이 분명하다고 생각한다. 예수님은 나사로 3남매 중에서도 마리아를 더욱 사랑하셨기 때문에 이런 표현이 가능했을 것이다.

(3) 그리고 언제나 마리아의 편이셨다.

마르다와 마리아는 '현실 자매'가 보통 그렇듯이, 사소한 일로도 곧잘 다투었을 것이다. 실제로 이런 일화가 전해진다.

예수님이 방문하셨을 때 마르다는 대접 준비로 분주하였으나, 마리아는 마르다를 거들지 않고 오로지 예수님의 발 앞에 앉아 예수님의 가르침만 들으려 했다. 그러자 마르다가 마침내 폭발하고야 말았다. 그러나 이때 예수님께서는 마르다를 위로하기보다는 일방적으로 마리아의 편을 들어주셨다.

"마르다야 마르다야 네가 많은 일로 염려하고 근심하나 몇 가지만 하든지 혹은 한 가지만이라도 족하니라 마리아는 이 좋은 편을 택하였으니 빼앗기지 아니하리라 (눅 10:41-42)"

뿐만 아니라, 이런 일화도 전해지고 있다. 유월절 엿새 전 베다니 마을에서 예수님을 위한 잔치가 있을 때였다. 이때 마리아는 지극히 비싼 향유 곧 순전한 나드 한 근을 가져다가 예수님의 발에 붓고 자기의 머리털로 예수님의 발을 닦아 주었다.

그러자 제자들이 보고 분개하여 이 향유를 비싼 값에 팔아 가난한 자들을 도울 수도 있는데, 왜 이렇게 허비하느냐고 따져 물었다. 그러자 이번에도 역시 예수님은 제자들 대신 마리아의 입장을 일방적으로 두둔하고 나오신다.

"너희가 어찌하여 이 여자를 괴롭게 하느냐 그가 내게 좋은 일을 하였느니라 가난한 자들은 항상 너희와 함께 있거니와 나는 항상 함께 있지 아니하리라 (마 26:10-11, 막 14:6-7, 요 12:7-8)"

그리고 또 이런 일화도 찾을 수 있었다. 시몬이라 불리는 한 바리새인이 예수님께 청해 자기의 집에서 함께 잡수실 때였다. 이때 그 동네에 죄를 지은 한 여자가 역시 향유 담은 옥합을 가지고 찾아왔는데, 시몬이 "이 사람이 만일 선지자라면 이 여자가 죄인인 줄을 알았으리라"라며 마음속으로 예수님을 시험하였다(눅 7:39).

그러자 그 마음속을 알아차린 예수님께서는 사회적으론 존경받았지만 실제로는 무례하고 인색했던 바리새인 시몬을 책망하시고, 그 반면에 사회적으로는 지탄받는 처지였지만 실제로는 너무나 신실하고 희생적이었던 이 여자에 대해서 칭찬을 아끼지 않으셨다.

"이 여자를 보느냐 내가 네 집에 들어올 때 너는 내게 발 씻을 물도 주지 아니하였으되 이 여자는 눈물로 내 발을 적시고 그 머리털로 닦았으며 너는 내게 입맞추지 아니하였으되 그는 내가 들어올 때로부터 내 발에 입맞추기를 그치지 아니하였으며 너는 내 머리에 감람유도 붓지 아니하였으되 그는 향유를 내 발에 부었느니라 이러므로 내가 네게 말하노니 그의 많은 죄가 사하여졌도다 이는 그의 사랑함이 많음이라 사함을 받은

일이 적은 자는 적게 사랑하느니라 (눅 7:44-47)"

이 일화[12]는 누가복음에만 기록되어 있는 내용인데, 이상하게도 죄지은 여자의 정체는 요한복음에서 대신 공개하고 있다. 그녀의 정체는 다름 아닌 나사로의 누이 마리아였던 것이다.

"이 마리아는 향유를 주께 붓고 머리털로 주의 발을 닦던 자요 병든 나사로는 그의 오라버니더라 (요 11:2)"

마가복음 14:3을 보면, 나사로의 누이 마리아가 향유를 부은 장소와 죄지은 여자가 향유를 부은 장소가 우연인지는 몰라도 모두 시몬의 집이라는 공통점이 있다. 그리고 마가복음 14:3과 동일한 내용이 요한복음에서는 12장에서 최초 소개되고 있으므로, 그 앞장에 별도로 기록된 요한복음 11:2의 이 내용은 마가복음 14:3의 내용이 아닌 또 다른 사건, 즉 누가복음 7장의 사건을 언급하는 것으로 보아야 한다.

더구나 4복음서를 통틀어 요한복음 11:2보다 앞서 기록된(사건이 발생된 순서가 아니라 성경을 기록한 시기 순) 내용 중 '향유를 주께 붓고 머리털로 주의 발을 닦던 자'와 일치하는 대목은 누가복음 7장의 죄지은 여인이 유일하다. 즉, 다른 대목은 모두 주님의 발이 아닌 머리에 향유를 부었다고 표현하고 있다.

---

12) 누가복음에 기록된 내용은 나사로가 병들기 전 예수님과 마리아가 최초로 만나시게 된 때의 일화이고, 요한복음 12장의 내용은 나사로가 병들어서 죽었다가 4일만에 부활한 후에 생겨난 일화로 추정된다.

(4) 심지어 사람으로서는 더 이상 들을 수 없는 극찬을 마리아에게 주셨다

사람이 예수님께 받을 수 있는 칭찬 중에서 이보다 더한 극찬이 있을 수 있을까? 예수님께서는 마리아가 행한 일로 인해 온 천하가 다 마리아를 기억할 것이라며 제자들 앞에서 대놓고 극찬하셨다.

"이 여자가 내 몸에 이 향유를 부은 것은 내 장례를 위하여 함이니라 내가 진실로 너희에게 이르노니 온 천하에 어디서든지 이 복음이 전파되는 곳에서는 이 여자가 행한 일도 말하여 그를 기억하리라 (마 26:12-13)"

(5) 예수님의 입장에서도 마리아는 예수님을 이해한 유일한 제자였다

마리아는 당대의 다른 여성 제자들에게 없는 독보적인 특징이 두 가지 있는데, 그 하나가 예수님을 섬기고 시중들기보다는 예수님의 말씀 듣기를 더 좋아했다는 점이다.

대표적인 예가 앞에서 서술한 마르다와 마리아 간의 다툼이 되겠다. 성경의 기록을 보면 마르다는 항상 예수님의 대접 준비로 분주했었고(요 12:2, 눅 10:40), 반면에 마리아는 다른 사람들의 견제와 눈총을 받아 가면서도 이에 굴하지 않고 오로지 예수님의 발치에서 예수님의 말씀 듣는 것을 더 즐거워했다고 한다(눅 10:39, 요 12:2~3).

이러한 특징은 마르다뿐만 아니라, 마리아와는 동명이인이고 후대의 사람들에게는 더욱 널리 알려진 그 유명한 막달라 마리아와 비교할 경우에도 역시 두드러지는 특징이 되겠다. 막달라 마리아는 그 헛된 명성[13]에 비해 성경 속 실제 모습은 대부분 섬기고 봉사하는 일로 그 역할이 제한되어 있었기 때문이다(눅 8:2~3).

두 번째 특징은, 그나마 제자들 중에서 유일하게 예수님의 장례를 준비해서 향유를 발라 드렸다는 점이다. 예수님께서도 마리아가 "힘을 다하여 내 몸에 향유를 부어 내 장례를 미리 준비하였느니라" 라고 말씀하심으로써 마리아의 지혜와 헌신을 높이 평가하셨다(막 14:8).

이는 막달라 마리아를 포함한 다른 여성 제자들이 향품을 준비해서 예수님의 무덤까지 갔지만 예수님이 이미 부활하셨기 때문에 그 뜻을 이루지 못한 사실과 너무나 대조되는 장면이기도 하다(막 16:1~8). 따라서 우리는 나사로의 누이 마리아야말로 예수님의 가르침을 제대로 이해하고 실천한 단 한 명의 제자가 아니었나 하는 생각을 감출 수 없게 된다.

당시 여성에 대한 사회적 편견과 억압을 마리아는 예수님의 힘이나 후광에 의존하지 않고 오로지 그 가르침에 의지한 채 자신의 노력과 의지로 돌파해 나갔고, 예수님의 가르침을 배우고 공부하는 데에는 남성 제자들 못지않게 헌신하고 진력했으며, 남성 제자들과 여성 제자들을 모두 통틀어 예수님의 죽음과 함께 그 죽음의 진정한 의미까지 이해하고 준비한 제자는 오직 마리아 한 사람 뿐이었다.

따라서 마리아는 예수께서 특별히 사랑하시는 제자임이 분명하다.

---

13) 막달라 마리아가 유명하게 된 가장 중요한 계기는 부활하신 예수님이 자신을 제일 먼저 나타내 보이신 대상이 막달라 마리아였기 때문이다. 그러나 예수님께서 부활 후 제일 먼저 막달라 마리아에게 자신을 나타내 보이신 것은 그 곳이 예수님이 묻히셨다가 부활하신 장소이기 때문이지, 막달라 마리아라는 사람을 특정해서 일부러 찾아오셨다고 단정할 근거는 없는 것이다. 즉, 예수께서 부활 후 최초로 나타나셔야 할 필연적인 장소에 막달라 마리아가 우연히 거기에 있었을 뿐, 그 이상도 그 이하의 의미도 부여할 필요는 없다고 생각한다.

3. 아빠의 반론

　진명이가 심어준 나사로의 누이 마리아의 이미지는 마치 한편의 영화 속 비련의 여주인공처럼 아련하고 애잔했다. 마리아는 안타깝게도 다른 동명이인의 마리아들과는 달리 예수님의 마지막을 함께 하지 못한 것으로 추정된다.

　골고다 언덕을 지켰던 수많은 여인들의 명단 그 어디에도 나사로의 누이 마리아의 이름은 발견되지 않았기 때문이다. 나는 무엇보다도 이 부분이 가장 안타깝고 이상했다. 예수님의 사랑을 그 누구보다도 많이 받았던 마리아였고, 그녀가 살았던 베다니 마을 역시 예루살렘과 가까워 마음만 먹으면 언제든 예수님의 곁으로 한 걸음에 달려갈 수 있었던 마리아였다.

　그런데도 마리아는 결국 그러지 못했다. 왜 그랬을까? 나사로의 누이 마리아라는 존재가 혹시 인위적으로 꾸며낸 허구의 인물이라면 모를까, 실존했던 인물이 맞는다면(또 그 인물과 예수님 간에 있었던 감동적인 일화가 모두 사실이라면) 절대 그럴 수가 없는 캐릭터인데 말이다.

　모든 사람들이 다 예수님을 버리고 도망갈지라도 이 마리아 한 사람만은 그래도 예수님의 곁을 끝까지 지켜줄 것이라고 믿어 의심치 않았다. 그런데 무슨 이유에선지 여자 제자들 중에서는 오히려 이 마리아 한 사람이 이례적으로 그 역사적 현장을 외면한 것이다.

어차피 부활하실 예수님이라고 미리 확신을[14] 했기 때문일까? 조금만 기다리면 곧 부활하실 예수님인데, 굳이 그곳에 가서 울부짖고 괴로워하는 것은 의미도, 실익도, 믿음도 없는 바보같은 짓이라고 생각한 것일까?

설사 그렇게 생각했다 하더라도 그것은 변명의 여지가 없는 말이다. 마리아는 죽음의 고통과 싸우고 계신 예수님을 어떻게든 찾아뵙고 그 고통을 함께 나누었어야 했다.

그게 제자 된 자의 마땅한 도리였고, 예수님의 사랑에도 보답하는 길이었다. 뿐만 아니라, 예수님께 의지만 하던 인생에서 도리어 예수님께 의지가 되는 인생으로 전환될 수도 있었던 기회였다. 그런데 이 소중한 사명과 기회를 마리아가 외면한 것이다. 그간 마리아가 보여준 믿음의 행동들과 비교하면, 도저히 이해할 수 없는 행동이 분명했다.

그러나 그렇다고 해서 마리아가 변심해서 그리했을 거라고는 결코 생각하지 않는다. 무언가 다른 이유, 예를 들면 마리아 스스로도 어찌할 수 없는 불가항력적인 어떤 이유가 따로 있었던 것은 아닐까? 나는 이 문제를 놓고 또 오랫동안 고민을 거듭해 보았다. 그러다가 비로소 이 문제의 실마리를 요한복음 12:10의 기록에서 찾을 수 있었다.

"대제사장들이 나사로까지 죽이려고 모의하니, 나사로 때문에 많은 유대인이 가서 예수를 믿음이러라 (요 12:10-11)"

---

14) 마리아는 오라버니인 나사로가 4일만에 다시 살아난 사건을 현장에서 직접 목격한 자이므로, 이러한 경험이 학습효과로 연결돼 예수님의 부활도 충분히 확신할 수 있었을 것으로 추정된다. 더욱이 마리아는 예수님께 향유를 부어 예수님의 장례를 미리 준비할 정도로 예수님의 죽음에 대해서는 깊은 이해를 가졌던 자이므로, 이러한 추정은 더욱 신빙성을 가지게 된다.

이 말씀의 진정한 의미는 행간에 숨어있다. 말씀 자체도 대단히 짧고 함축적이지만, 이 말씀 이후로는 나사로 3남매에 대한 기록이 성경에서 완전히 사라져 종적을 감추었기 때문이다. 따라서 나사로 3남매에 대한 모든 비밀과 정보는 이 말씀 하나에 다 응축되어 있다고 보아도 무방할 것으로 생각한다. 따라서 이 말씀은 그 의미를 하나하나 풀어서 읽을 필요가 있다.

예를 들어 나는 이 말씀을 이렇게 풀어서 읽었다.

먼저, 나사로까지 죽이려는 모의가 성사되었는지에 관해서다. 이 말씀을 보면, 나사로를 죽이려고 모의는 했으나 결과적으로 어쨌든 그 모의가 성사되지는 못했다는 뜻이 함축되어 있다. 나사로가 죽임을 당했다면, 성경은 이와 같이 에둘러 표현하지 않고 나사로가 죽었다는 표현을 보다 명확히 했을 것이기 때문이다.

그다음으로는, 모의가 왜 성사되지 못했는지 그 이유에 관해서다. 성경에 대제사장들의 모의가 버젓이 기록될 정도이면, 예수님께서도 이 모의에 관해서는 이미 잘 알고 계셨다는 방증이 된다. 그렇다면 예수님께서 대제사장들의 모의를 모른 척 그냥 수수방관하지만은 아니하셨을 것이다. 따라서 이 말씀에는 나사로에 대한 예수님의 신변보호 대책이 별도로 가동되었다는 뜻도 함께 함축된 것으로 보아야 한다.

이것을 달리 말하면, 예수님께서 나사로를 포함한 3남매 모두를 어떻게든 안전한 곳으로 대피시켰을 것이란 뜻이다. 그리고 그 시기는 아마도 예수님이 잡히시기 직전이었을 것으로 추정된다.

그렇다면 예수님은 십자가에 못 박히시기 전에는 나사로 3남매에 대한 안전대책을, 못 박히신 후에는 성모 마리아에 대한 안전대책을 각각 강구하신 것이 된다. 그로 인해 마리아는 예수님의 십자가 사건 때에 예루살렘이 아닌 다른 지역으로 대피하는 과정 중에 있었을 가능성이 높고, 그 때문에 마리아는 예수님의 곁으로 가고 싶어도 갈 수 없었던 불가항력적인 상황에 절망하고 있었을지도 모른다.

실제로 나사로 3남매에 대한 이 이후의 이야기는 여러 버전의 다양한 전설들로 만들어져 지금까지 우리에게 전해지고 있는데, 가장 대표적인 것이 프랑스 마르세유 지방의 전설이다. 참고로, 프랑스 마르세유 지방에 전해 내려오는 전설의 내용은 이러하다.

"동생들과 함께 망망대해에서 표류하던 나사로는 하나님의 인도하심을 받아 현재의 마르세유 지방에 도착하였다고 한다. 당시 마르세유 일대의 프로방스 지방은 예수 그리스도를 알지 못하고 우상을 숭배하는 사람들이 살고 있었는데, 나사로 일행이 마르세유에 도착하자 원주민들은 이들을 위협하며 배척하였다.

막달라 마리아(프랑스에서는 나사로의 누이 마리아를 막달라 마리아로 믿었던 것 같다)가 뛰어난 웅변으로 이들에게 예수 그리스도의 복음을 전하자 원주민들은 모두 회개하고 그리스도의 복음을 받아들이게 되었다.

이후 마리아는 생 보메(성 동굴)에서 금식하며 고행에 정진하였는데, 이 때 마리아의 건강을 걱정한 천사들이 매일 하늘로부터 내려와 마리아를

데리고 다시 하늘로 올라가서 마리아의 식사를 시중들었다고 한다. 마리아는 죽음이 가까이 왔을 때 천사들의 도움을 받아 동굴에서 생 막시맹 수도원으로 옮겨왔다. 이곳에서 마리아는 생 막시맹이 건설한 작은 예배당에 안치되었다.

그리고 마르다는 처음에는 아비뇽에 정착했다가, 얼마 후에는 타라스콘으로 옮겨 세상을 떠날 때까지 살았다고 한다. 그런데 타라스콘에는 무서운 용 한 마리가 주민들을 두렵게 만들고 있었다.

마르다가 용을 찾아가 용에게 성수를 뿌리자 용은 단번에 꼬리를 내리고 복종하였다. 마르다는 용의 목을 수건으로 매어 마을로 끌고 왔다. 사람들은 무서운 용을 단번에 굴복시킨 마르다를 놀라움으로 경배하였다. 이로부터 프랑스에서는 막달라 마리아와 함께 마르다도 성녀로서 크게 존경하게 되었다고 한다.″

지금까지 나는 마리아의 이야기를 장황하게 늘어놓았다. 진명이의 주장을 반박하기긴커녕 오히려 가세해서 새로운 이야기를 보태기까지 했다. 그러나 이것이 진명이의 주장에 동조한다는 의미는 아니다.

실제로는 그 반대다. 내가 지금까지 장황하게 늘어놓은 이야기가 실상은 나의 반론인 것이다. 내 이야기의 요점은 마리아가 예수님의 마지막을 함께 하지 못했다는 것이다. 이것은 그 자체로 마리아가 요한복음의 진짜 저자가 아니라는 강력한 증거가 된다.

골고다 언덕에서 예수님과 함께 있지 않았던 자는 요한복음의 진짜 저자로 인정받을 수 없다. 이 글의 서두에서 정리한 5가지 판단기준 중 (2)번째 기준과 (3)번째 기준을 충족하지 못하기 때문이다.

뿐만 아니라, 마리아는 여성의 신분이라서 '아들'이라는 호칭을 감당할 수 없다. 비유로라도 들을 수 없는 호칭이다. (3)번째 기준을 충족하지 못하는 또 다른 이유가 된다.

더욱이 마리아가 처한 특수한 상황은 여러모로 (3)번째 기준과 부합하기 어렵다. 마리아는 나사로 3남매의 일원으로서 스스로 안전을 위협받는 처지인데, 어떻게 남의 여생까지 책임질 수 있다는 말인가? 감당할 수 없는 일이다. 예수님도 분명히 그렇게 생각했을 것이라고 나는 믿는다. 따라서 예수님은 성모 마리아의 여생을 마리아에게 절대 부탁하지 않았을 것이다. 만일 부탁했다면, 성모 마리아에게 나사로의 누이 마리아는 큰 울타리가 아니라 오히려 큰 짐이 되었을 것이다.

나머지 (1), (4), (5)번째 기준도 확률적인 측면에서는 마리아와 부합하기 어렵다. 마리아가 여러 남성 제자들이 지켜보는 가운데 예수님의 품에 의지하여 누웠다거나, 여러 남성 제자들과 어울려 디베랴 호수에서 물고기를 잡는다는 것은 당시 유대의 풍습이 어떠했는지를 떠나서 좀처럼 상상하기 힘든 모습이다.

그리고 마리아가 베드로와의 달음질에서 무덤에 먼저 도착할 가능성도 실제 남녀의 체력 차이를 감안하면 현실성이 많이 떨어진다.

베드로는 남성 중에서도 특히 강인한 남성의 상징인 뱃사람 출신이다. 그리고 예수님을 따라 유대와 갈릴리 지역을 바람처럼 수없이 오갔던 사람이다. 때로는 걸었을 것이고, 때로는 뛰었을 것이다. 그러니 강철같은 체력의 소유자였음은 두말할 필요가 없는 일이다. 이러한 베드로가 예수님의 무덤이 비어있다는 말을 전해 들었으니, 그 놀랍고 급한 마음에 또 얼마나 미친 듯이 내달렸을까? 보지 않아도 상상이 간다. 그런데 마리아보다 무덤에 늦게 도착했다니, 절대 그런 일은 일어날 수 없다고 나는 확신한다.

그리고 또 하나 덧붙일 이야기가 있다. 마가복음 14:17을 보면, 예수님이 최후의 유월절 만찬에 데리고 간 제자는 정확히 12사도뿐이다.

"저물매 그 열둘을 데리시고 가서 (막 14:17)"

따라서 그 만찬에 참석할 수 있는 최대 인원은 13명+α이다. 13명은 예수님과 12사도를 합한 숫자이고, α는 예수님과 관계없이 그 만찬에 참석할 수 있는 인원이다.

α에 포함될 수 있는 사람의 구체적인 예를 들면, 처음부터 그 만찬장에 살고 있었던 사람이 대표적이다. 즉, 그 만찬장의 집주인이거나 집주인의 식구를 말한다.

집주인의 입장에서는 예수님과 같은 귀빈이 자기 집을 방문하는데 오든지 말든지 신경도 쓰지 않고 나 몰라라 하지는 못했을 것이다. 마땅히 최고의 예를 갖춰 나가 맞이했을 것이고, 만찬의 원활한 진행과 격식을 위해서라도 만찬 도중에 수시로 출입해서 필요한 것들을 계속 챙겼을 것이다(최소한, 만찬이 시작될 때와 끝날 때에는 집주인이 참석해서 인사하는 것이 예의이다).

따라서 13명은 손님으로 온 예수님의 일행을 말하고, α는 예수님의 일행을 맞이한 만찬장의 건물 주인들이다.

그런데 마리아는 이 13명에도 포함되지 않았고, 만찬장의 건물 주인도 아니었다. 만찬장으로 사용된 다락방은 예루살렘15) 성내에 위치했는데, 마리아의 집은 예루살렘 외곽의 베다니 마을에 위치했기 때문이다. 그렇다면 마리아가 최후의 만찬에 참석하지 못한 것은 부인할 수 없는 사실이므로, 마리아가 <예수께서 사랑하시는 제자>가 아니라는 것은 이로써 명확히 입증되는 것이다.

---

15) 마가복음 14:13을 보면, 예수님이 제자 중의 둘을 보내시면서 예루살렘 성내로 들어가서 만찬장으로 사용할 장소를 찾도록 지시하시는 대목이 나온다. 이에 따라 제자들이 예루살렘 성내로 들어가서 예수님의 말씀대로 그 장소를 찾아 유월절 음식을 준비하는 장면이 역시 마가복음 14:16에 기록되어 있다.

4. 막달라 마리아에 대하여

막달라 마리아가 요한복음의 진짜 저자가 아닌 이유는 너무나 간단하다. (4)번째 기준과 관련된 이 말씀 때문이다.

"안식 후 첫날 일찍이 아직 어두울 때에 막달라 마리아가 무덤에 와서 돌이 무덤에서 옮겨진 것을 보고 시몬 베드로와 예수께서 사랑하시던 그 다른 제자에게 달려가서 말하되 사람들이 주님을 무덤에서 가져다가 어디 두었는지 우리가 알지 못하겠다 하니 (요 20:1-2)"

이 말씀에 의하면, 요한복음의 진짜 저자인 〈예수께서 사랑하시는 제자〉를 찾아가 예수님의 무덤이 비어있다는 사실을 전한 장본인이 바로 막달라 마리아라는 것이다.

그러니까 〈예수께서 사랑하시는 제자〉와 막달라 마리아는 절대 동일 인물일 수 없다는 뜻이다. 이것은 (4)번째 기준과 상충하는 정도가 아니라, (4)번째 기준 자체가 마리아가 요한복음의 진짜 저자가 아니라는 완벽한 증거가 된다. 더 이상의 다른 증거가 필요 없을 정도이다.

(3)번째 기준도 결정적이다. 막달라 마리아 역시 나사로의 누이 마리아

처럼 '아들'이라는 호칭이 적합하지 않은 여성의 신분이다. 그러므로 (3)번째 기준과도 완벽히 불부합한다. 그리고 (1)번째나 (5)번째 기준과도 부합하지 못하는데, 그 이유는 나사로의 누이 마리아의 경우와 동일하다.

 (2)번째 기준만이 예외에 해당하겠다. 막달라 마리아는 골고다 언덕을 지켰던 수많은 제자 중에서도 가장 대표적인 사람이다. 이 점이 나사로의 누이 마리아와 차별화되는 대목이긴 하다. 그러나 어차피 큰 의미는 없다. 막달라 마리아가 요한복음의 진짜 저자가 아니라는 사실은 이미 확정적이므로, 이에 대해서는 더 이상 아무런 영향을 끼칠 수 없기 때문이다.

5. 나사로에 대하여

나사로가 〈예수께서 사랑하시는 제자〉의 진짜 정체로 각광받는 이유는 크게 두 가지다. 그중 하나가 요한복음 21:23 때문이다.

"이 말씀이 형제들에게 나가서 그 제자는 죽지 아니하겠다 하였으나 예수의 말씀은 그가 죽지 않겠다 하신 것이 아니라 내가 올 때까지 그를 머물게 하고자 할지라도 네게 무슨 상관이냐 하신 것이러라 (요 21:23)"

위 말씀과 같이 이 제자에 대해서는 죽지 않을 것이라는 주변의 기대가 있었다. 그런데 이러한 기대가 나사로의 전력(前歷)과 절묘하게 맞아떨어진 것이다. 왜냐하면, 나사로에게는 이미 한번 죽었다가 살아난 전력이 있어서 다시는 죽지 않을 것이라는 주변의 기대치가 이미 높게 형성돼 있었기 때문이다.

그러나 이것은 앞뒤가 안 맞는 측면이 있다. 이 제자와 나사로는 모두 주변으로부터 같은 기대를 받았지만, 사실 그렇게 된 이유는 전혀 다르다.

일단 위 성경 말씀은 이 제자에 대한 기대가 오해였음을 먼저 밝히고 있다. 예수님의 말씀 속에는 이 제자가 죽지 않을 것이라고 하는 말이 어디에도 없다. 복음서 저자도 이 점을 거듭 강조하고 있다. 그러니까 이러한 기대는 형제들이 예수님의 말씀을 잘못 이해한 데에서 비롯된 해프닝이었던 것이다. 즉, 처음부터 근거가 전혀 없는 오해였다는 의미이다.

그렇다면 오해의 책임은 예수님의 말씀을 확대해석한 형제들에게 귀속된다. 그러나 내가 보기에는, 예수님의 말씀 자체에도 오해의 소지가 약간 있었기 때문에 그 책임은 서로 조금씩 나누는 게 옳다고 생각된다.

반면, 나사로에 대한 오해는 그의 전력 때문에 비롯된 것이다. 이것이 〈예수께서 사랑하시는 제자〉의 경우와 크게 다른 점이다. 나사로는 죽었다가 4일 만에 다시 살아난 전력이 있다. 따라서 사람들로부터 불사신이라는 기대를 한껏 받았을 것이다. 그러니 죽지 않을 것이라는 기대치가 당연히 높을 수밖에 없었다. 따라서 나사로의 경우에는 조금은 실체가 있는 기대였고, 예수님의 말씀과는 처음부터 무관하였다.

그러나 어쨌든 결과적으로는 두 사람 모두 죽었다. 한때 각각 다른 이유로 죽지 않을 것이라는 오해를 모두 받았지만, 결국 죽음은 피할 수 없는 것이었다. 이 두 사람에게 진짜로 공통점이 있다면 결국은 죽었다는 사실 하나뿐이다.

나사로가 〈예수께서 사랑하시는 제자〉의 진짜 정체로 각광받는 두 가지 이유 중 또 다른 하나는 바로 요한복음 11:3 때문이다. 이 말씀 속에는 〈예수께서 사랑하시는 제자〉의 별칭과 대단히 유사한 표현이 등장한다.

"이에 그 누이들이 예수께 사람을 보내어 이르되 주여 보시옵소서 사랑하시는 자가 병들었나이다 하니 (요 11:3)"

위 말씀을 보면, 나사로의 누이들이 나사로를 일컬어 '사랑하시는 자' 라고 칭한다는 것을 알 수 있다. 요한복음 저자의 별칭인 <예수께서 사랑하시는 제자>와 너무나 흡사한 표현이 아닐 수 없다. 그러니 나사로를 이 익명의 제자로 의심하는 것도 크게 무리는 아닌 것이다.

그러나 앞장에서도 살펴보았듯이(이 글 2부의 "딸의 주장" 편 참조), 예수님께서 사랑하시는 자는 나사로 이외에도 많다. 아니, 오히려 나사로보다 더 사랑하시는 듯한 사람들도 있어 보인다. 이에 대해서는 상기한 "딸의 주장" 편에서 충분히 설명했다. 그리고 예수님께서 사랑하신다고 하는 표현 자체도 나사로 3남매에게만 한정된 것이 아니다. 예수님께서는 자신의 제자들을 이와 같이 다 사랑하신 것이다. 요한복음 13:1이 그 증거 중 하나다.

"유월절 전에 예수께서 자기가 세상을 떠나 아버지께로 돌아가실 때가 이른 줄 아시고 세상에 있는 자기 사람들을 사랑하시되 끝까지 사랑하시니라 (요 13:1)"

이와 같이 예수님이 사랑하신다고 하는 표현은 대단히 일반적으로 쓰이고 있는 말들 중에 하나다. 따라서 이런 유의 말들에 대하여 하나하나 다 특별한 의미를 두고 확대해석할 필요까지는 없다고 생각한다. 그리고 중요한 것은, 나사로와 <예수께서 사랑하시는 제자> 간에는 공유되는 공통점보다 서로 구별되는 차이점이 더 많다는 사실이다.

나사로가 〈예수께서 사랑하시는 제자〉와 다른 차이점, 즉 나사로가 〈예수께서 사랑하시는 제자〉가 아니라는 구체적인 증거는 다음과 같다.

첫째. 나사로는 예수님의 열두 사도에 포함되지 않는다. 그리고 나사로는 최후의 만찬이 열린 만찬장의 건물 주인도 아니다. 만찬장으로 사용된 건물은 예루살렘 성 안에 위치하고 있는데, 나사로의 집은 예루살렘 성 밖에 위치하고 있기 때문이다. 그러니 나사로는 어떠한 이유로도 최후의 만찬에는 참석할 수가 없었다. 따라서 이 글의 서두에서 정리한 5가지 판단기준 중 (1)번째 기준에서 명백히 벗어난다.

둘째. 나사로는 요한복음에서 실명으로 등장하고 있다. 예수께서 사랑하시는 제자가 시종일관 익명으로 등장한다는 사실과 대비된다. 따라서 실명으로 등장하는 나사로는 이 익명의 제자가 될 수 없다. 실명과 익명은 빛과 어둠처럼 도저히 양립할 수 없는 성질이기 때문이다.

셋째. 나사로는 스스로 그 목숨을 위협받는 처지이다. 요한복음 12:10에 따르면, 대제사장들이 나사로까지 죽이려고 모의를 했다고 한다. 그러니 스스로 목숨을 위협받는 사람이 어떻게 다른 사람의 안전까지 책임질 수 있다는 말인가? 이것은 나사로가 성모 마리아를 모실 수 없는 분명한 이유가 된다. 나사로는 성모 마리아를 지키는 울타리가 되기는커녕 오히려 성모 마리아의 안전을 위협하는 큰 골칫거리가 됐을 것이다.

넷째. 나사로의 이름은 골고다 현장을 지킨 그 수많은 사람들의 명단에 없다. 나사로가 예수님의 곁에 있었다면 성경은 반드시 이를 기록했을 텐데, 그 이름은 4복음서 어디에서도 발견되지 않는다. 그리고 위 셋째 이유에서 (요한복음 12:10에 따라) 대제사장들이 나사로까지 죽이려고 모의했다는 사실을 분명히 적시한 바 있다. 그렇다면 나사로는 골고다에 오고 싶어도 올 수 없었던 상황이 된다. 왜냐하면, 나사로가 골고다에 참석했다면 대제사장들에게 반드시 체포될 수밖에 없었기 때문이다. 당시 골고다 현장에는 예수님의 처형을 집행하거나 감독하기 위해서 대제사장들의 무리도 대거 참석해 있던 상황임을 꼭 상기해야 한다.

다섯째. 나사로의 이름이 요한이 아니기 때문이다. 나중에 상세히 설명하겠지만, 요한복음의 저자는 당연히 요한이어야 한다. 지금껏 발견된 요한복음의 고대 사본에는 〈요한복음〉이라는 제목 외에 다른 제목은 단 한 번도 발견된 적이 없다고 한다. 이것이 어쨌든 역사적으로 부인할 수 없는 사실이라고 한다면, 요한복음의 저자는 아무래도 요한일 수밖에 없는 것이다. 단지 문제는 그 요한이 어떤 요한이냐 하는 것만 숙제로 남는다고 하겠다. 따라서 나사로는 그 이름 때문에라도 요한복음의 저자인 〈예수께서 사랑하시는 제자〉는 될 수 없다고 생각한다.

제 3부

드러나는
진짜 저자의
정체

1. 서론

역시 겨울은 주스가게의 무덤이었다.

2018년 1월로 접어들자 주스가게에는 사 먹으러 오는 손님보다 놀러 오는 동네 지인들이 더 많았다. 어떤 날은 파는 주스보다 지인들에게 대접하는 주스가 더 많을 정도였다. 반면에, 바로 옆의 피자가게는 제철을 맞아 진짜 부러워 죽을 정도로 성황을 이루었다. 한심한 일이지만, 할 일이 없을 때는 옆 가게에 오는 손님들의 수를 대신 세거나, 그들이 테이크아웃해서 들고 가는 피자의 포장 수를 곁눈질로 누가 빨리 알아맞히는 가로 아내와 경쟁했다.

그렇지만 그런 상황 속에서도 요한복음의 진짜 저자를 찾는 일은 중단하지 않았다. 아니 오히려 손님이 뜸한 추운 겨울이라서 토론에 몰입하기가 더 좋았던 것 같다. 유리문 밖으로 눈이 내릴 때나, 따뜻한 라떼 한 모금으로 목을 축이고 난 후의 토론은 행복 그 자체였다. 하루 24시간이

지겹지 않았다. 이런 순간에는 차라리 오는 손님이 더 얄밉고 귀찮을 정도였다.

그런 우리를 아내는 못마땅해 했고, 나중에는 지겨워했다. 오죽하면 나와 진명이의 근무시간을 따로 분리해 둘을 떼어 놓으려는 심술까지 부렸을까? 그러나 우리의 토론은 이미 막바지 고비를 넘어섰고, 요한복음의 진짜 저자가 누구인지에 대해서도 거의 의견의 일치를 본 상태였다. 따라서 이제는 토론보다 글로서 그간 토론의 결과물을 정리할 때였다. 이러한 때에 아내의 심술은 결과적으로 이 글을 편안히 쓸 수 있도록 글 쓰는 시간과 공간을 배려해 준 꼴이 되었다. 이 지면을 빌어 아내의 의도치 않았던 배려에 깊은 감사를 드린다.

자, 그럼 지금부터 요한복음 진짜 저자의 정체를 공개하기로 하겠다. 이 인물은 이 글의 서두에서 밝혔던 5가지 판단기준을 대부분 충족하거나, 최소한 이 5가지 판단기준 중에서 단 한 가지라도 벗어나는 것이 없는 사람이다. 이 인물의 이름은 요한복음을 요한복음답게 하는 이름, 바로 요한이다.

그러면 과연 어떤 요한을 말하는 것인지, 그리고 그 증거는 또 무엇인지 자못 궁금할 것이다. 이제부터 하나하나 설명해 보겠다.

2. 유력한 인물들의 명단

요한복음은 왜 그 제목이 요한복음일까? 그리고 사도 요한은 왜 아무런 근거도 없이 처음부터 요한복음의 저자로 간주되었을까?

사람들이 복음서의 저자를 사도 요한이라고 먼저 오인했기 때문에 그 제목을 요한복음이라고 나중에 정한 것인지, 아니면 복음서의 제목이 처음부터 요한복음이라고 명시되어 있었기 때문에 그 저자를 요한이라고 나중에 추정한 것인지 도대체 정답을 모르겠다. 마치 닭이 먼저인지, 달걀이 먼저인지와 같은 딜레마다.

그러나 닭과 달걀에 관한 딜레마는 과학(실증)적 측면에서만 딜레마일 뿐, 성경적으로는 이미 정답이 존재한다.

"하나님이 큰 바다 짐승들과 물에서 번성하여 움직이는 모든 생물을 그 종류대로, 날개 있는 모든 새를 그 종류대로 창조하시니 하나님이 보시기에 좋았더라. 하나님이 그들에게 복을 주시며 이르시되 생육하고 번성하여 여러 바닷물에 충만하라 새들도 땅에 번성하라 하시니라 (창 1:21-22)"

이 말씀에 의하면, 하나님께서 태초에 새들을 포함한 모든 생물을 그 종류대로 먼저 만드셨고, 생육하고 번성하라는 축복은 나중에 주셨다. 그러니 닭이 먼저 창조되었고, 달걀은 나중에 생육하고 번성하는 과정에서 그 수단으로 허락된 것임을 알 수 있다.

그러나 요한복음의 문제는 그렇게 간단치가 않다. 제목이 먼저인지, 저자가 먼저인지에 대해서는 내게 실증적으로 접근할 방법도, 성경적으로 접근할 방법도 없다. 이 문제는 고고학이나 신학의 영역이다. 그럼에도 굳이 내 의견을 누가 묻는다면, 나는 내 추측을 말해 줄 수는 있다. 어디까지나 추측 말이다.

내 추측에는 요한이 그 저자라고 믿은 사람들이 요한복음이라는 제목을 나중에 붙였을 것 같다. 만일 요한복음의 진짜 저자가 복음서의 원본에 처음부터 그 제목을 요한복음이라고 명시했다면, 저자와 주인공을 익명으로 처리하지는 않았을 것이기 때문이다. 한번 생각해 보시라. 제목에는 저자의 실명을 표시했는데, 정작 본문에는 저자와 주인공이 익명이라니 뭔가 모순되지 않은가?

그리고 관련 자료[16]를 계속 찾다 보니 이 복음서의 저자일 가능성이 꾸준히 제기돼 온 인물이 요한 이외에도 몇 명 더 있었는데, 대표적 인물이 바로 나사로나 니고데모 같은 이들이다. 그런데 요한복음의 제목이 처음부터 요한복음이었다면, 나사로나 니고데모 같은 이들은 그 이름이 요한이 아니라는 이유로 처음부터 거론 대상에서 당연히 배제되었어야 마땅하다.

---

16) 일례로, 기독교문사에서 1984년에 총 16권으로 발행한 기독교대백과사전이 있다. 이 책 제12권의 97페이지와 112페이지에서는 시대를 따라 요한복음의 저자로 거론되어 온 인물로 나사로, 니고데모, 에베소의 장로 요한, 마가가 예수께서 잡히시던 밤에 벌거벗은 채로 달아났다고 기록한 청년(막 14:51~52), 2세기의 미지의 신비주의자, 사도 요한, 마가 요한을 꼽고 있다.

그럼에도 이들이 복음서의 저자로 계속 거론될 수 있었던 사실 자체가 처음에는 그 제목이 요한복음이 아니었다는 강한 반증이 된다. 즉, 요한복음의 최초 원본에는 제목이라고 할 만한 것이 존재하지 않았다는 이야기다.

그러나 다시 한 번 강조하지만, 이것은 어디까지나 나의 추측에 불과하다. 나는 정확한 사실관계를 확인하지 못했고, 확인할 능력도 없다. 나는 단지 대중들에게 일반적으로 공개된 지식과 자료의 범위 안에서만 상식적으로 생각하고 논리적으로 추론할 수 있을 뿐이다. 따라서 다음과 같은 변수가 작용할 경우에는 얼마든지 나의 추측은 무력해질 수밖에 없다.

첫째. 요한복음의 원본이 발견되는 경우. 이 경우에는 원본이 제시하는 증거에 무조건 따라야 한다. 다른 추측과 가설은 존재할 수 없다.

둘째. 요한복음의 고대 필사본 중 그 제목이 〈요한복음〉이 아닌 것이 발견되는 경우. 이 경우에는 그 저자가 요한이 아닐 수 있다는 가능성을 인정해야 한다. 그러나 이와는 반대로 그런 필사본이 지금껏 전 세계에서 단 한 개도 발견되지 않았다면, 이 경우에는 요한복음의 제목이 처음부터 요한복음이었을 가능성을 역지사지의 자세로 인정해야만 한다.

셋째. 요한복음의 제목은 실명인데, 본문은 익명인 이유가 설득력 있게 제시될 경우. 예를 들어 요한복음의 진짜 저자가 사도 요한과 동명이인의 인물(제3의 요한)이라면, 사도 요한이나 세례 요한과의 혼동을 방지하기 위해 별도의 존칭을 사용했을 가능성도 충분하다.

실제로 요한복음을 보면, 세례 요한도 별도의 수식어 없이 그냥 요한이라고만 칭해지고 있다. 따라서 <예수께서 사랑하시는 제자>의 이름도 만약 요한이라면, 이 요한이 세례 요한인지 아니면 사도 요한인지 그도 아니면 예수께서 사랑하시는 제자 요한인지 우리는 정말로 구분하기가 어렵게 된다.

어쨌든, 요한이 아닌 다른 이름의 소유자가 요한복음의 진짜 저자로 밝혀진다면 이 복음서의 제목은 장차 그 변경이 불가피할 것이다.

이는 하나님께 예배드리는 곳에 '절' 이라는 간판을 단다면 어떻게 되는지, 영화 주인공은 슈퍼맨인데 영화 제목이 '타잔' 이라면 또 어떻게 되는지를 생각해보면 자연스레 이해될 일이다. 이런 경우에는 무조건 간판과 제목을 바꾸어야 한다. 그 실체와 부합하지 못하는 간판과 제목은 존재할 이유가 없기 때문이다.

그러나 이쯤에서 나는 다시 한 번 초심으로 돌아가려 한다. 요한복음의 제목이 먼저인지, 저자가 먼저인지에 대한 상기 내용은 이미 내가 누차 밝혔듯이 나의 추측에 불과하다. 내게는 이를 과학적으로 실증할 방법도, 성경에서 확인할 방법도 없다. 그러니 내가 해야 할 일은 이 모든 경우에 다 대비하는 것이리라.

그래서 준비해 보았다.

이 모든 경우에 다 대비할 수 있는 자료를 말이다. 이 자료는 내가 앞으로 소개하고자 하는 요한복음의 진짜 주인공뿐만 아니라 오랜 시간 시대를 따라 여러 사람들에 의해서 요한복음의 저자로 꾸준히 거론돼 온 인물들이 모두 포함된 명단이다.

이 명단은 '요한복음의 제목이 먼저인 경우'와 '저자가 먼저인 경우'를 다 망라해서 그 대상자를 선정하였으며, 또한 한 번의 작업으로 완전히 확정되는 것이 아니라 새로운 증거가 나올 때마다 점점 압축될 수도 있고 더욱더 확장될 수도 있도록 하였다.

따라서 이런 과정이 몇 번 반복되다 보면 언젠가 이 명단 속에 홀로 남겨진 요한복음의 진짜 저자와 운명적인 조우가 가능할 것으로 기대한다. 그러므로 이 명단 속 인물들이 앞으로 어떻게 등장하는지 또 어떻게 사라지는지가 주요한 관전 포인트가 될 것이다.

그럼 우선, 요한복음의 제목이 먼저인 경우다. 이는 요한복음의 제목이 처음부터 요한복음이었던 경우가 되겠다. 이 경우에 부합되는 성경 속 인물은 총 5명이다. 사도 요한, 세례 요한, 마가 요한(행 12:12), 대제사장 요한(행 4:6), 베드로의 아버지 요한(요 1:42)으로 모두 그 이름에 '요한'이 들어가 있다.

그런데 이 5명 중에서 사도 요한은 이미 요한복음의 진짜 저자가 아니라는 사실이 이 글의 1부에서 상세히 입증된 상태이고, 세례 요한 역시 예수님보다 먼저 죽으셨기 때문에 고려 대상에서 자동으로 배제된다. 결국, 최후에 남는 인물은 마가 요한을 비롯한 3명이다. 만일 요한복음의 제목이 처음부터 요한복음이었다면, 현 단계에서 그 저자일 가능성은 이

3명의 요한으로 압축될 수 있다.

다음으로, 요한복음의 저자가 먼저인 경우다. 즉, 요한복음의 제목이 나중에 인위적으로 덧붙여진 경우가 되겠다.

이 경우에는 학계의 전통적인 의견대로 나사로, 니고데모, 2세기 미지의 신비주의자, 예수께서 잡히시던 밤에 벌거벗은 채로 달아났다고 마가복음에 기록된 청년 등 그 이름이 요한이 아닌 인물들도 모두 유력한 후보자에 포함될 수 있다. 그런데 이 중에서 나사로는 이미 이 글의 2부에서 요한복음의 진짜 저자가 아니라는 사실이 입증된 상태이므로 후보자의 명단에서 삭제하였다.

그렇다면 결국 현 단계에서 요한복음의 저자일 가능성이 가장 유력한 인물들의 명단은 다음 표와 같게 된다. 이 표를 편의상 〈1차 명단〉이라고 하겠다. 이 표는 논의가 진전되는 대로 장차 계속 업데이트될 예정이다.

〈 1차 명단 〉

구분	저자로 거론되는 유력한 인물들
요한복음의 제목이 처음부터 요한복음이었던 경우	마가 요한, 대제사장 요한, 베드로의 아버지 요한
요한복음의 제목이 나중에 인위적으로 덧붙여진 경우	니고데모, 2세기 미지의 신비주의자, 예수께서 잡히시던 밤에 벌거벗은 채로 달아났다고 마가복음에 기록된 청년

※ 마가의 히브리식 이름은 요한이고, 로마식 이름은 마가다 (행 12:12)

3. 요한복음이라는 제목

〈요한문서 탐구〉라는 책을 접하게 된 것은 "요한복음의 제목이 먼저인지 아니면 저자가 먼저인지"에 대한 나의 끝 모를 호기심이 정점에 달해서 며칠 밤을 불면으로 뒤척이며 끙끙거리고 고통받던 때였다.

이 책은 요한복음을 비롯한 이른바 요한문서에 관한 연구 분야에서 가장 탁월하고 권위 있다고 평가받는 마르틴 헹겔(Martin Hengel) 교수가 저술한 책으로서, 국내에서는 절판된 지가 이미 오래된 상태였다. 따라서 이 책을 구하기란 여간 어려운 일이 아니었다. 나도 백방으로 노력했지만, 결국 이 책을 구할 수는 없었다.

그러나 다행인 것은, 우리나라가 바로 IT 강국 코리아라는 사실이다.

오래전에 절판된 이 책을 국립중앙도서관에서는 디지털 자료로 구축해서 보관하고 있었고, 이 사실을 알게 된 나는 만사를 제쳐 두고 서울부터 먼저 올라가려고 집을 나섰다. 그런데 고속버스를 타기 직전에 둘째 딸 진명이로부터 반가운 전화를 받게 되었다. 원주에 가만히 앉아서도 국립중앙도서관의 자료를 마음껏 열람할 수 있다는 것이다. 그것도 무료로 말이다.

나는 주스가게 바로 인근에 위치하고 있는 원주평생교육정보관으로 부리나케 달려갔고, 거기에서 드디어 그렇게도 기대해 마지않았던 헹겔 교수의 책과 온라인으로 마주할 수 있게 되었다.

그런데 이런 복잡한 과정과 수고를 거쳐 만나게 된 〈요한문서 탐구〉라는 책은 놀랍게도 요한복음의 저작권을 에베소에 살았던 '장로 요한'이라는 전혀 뜻밖의 인물에게 돌리고 있었다. 장로 요한은 성경에도 등장하지 않는 완전 미지의 신비한 인물로서, 유세비우스의 교회사 등 교부들의 저작이나 서신에서만 왕왕 그 존재가 언급되는 정도였다.

헹겔 교수의 일관된 주장에 따르면, "요한계시록을 포함해서 모든 요한의 문서 배후에는 요한이라는 이름의 그 장로가 그 학당에서 자신의 문하생들과 더불어 토론했고, 외부로부터의 위협에 대처한 구두의 가르침이 놓여 있다"는 것이다.

그러나 헹겔 교수는 이와 관련된 명확한 증거는 제시하지 않고 있다. 적어도 내가 보기에는 그랬다. 증거라고 인정할 만한 것이 딱히 없었다. 심지어 헹겔 교수 자신도 자신의 주장이 가설에 불과한 단계임은 부인하지 않고 있다.

헹겔 교수는 기본적으로 사도 요한이 요한복음의 저자라는 초대 교회 교부들의 주장을 대부분 그대로 수용하는 입장이었다. 단지 차이점이 있다면, 그 교부들이 동명이인의 장로 요한을 사도 요한으로 혼동했을 것이라고 보는 정도이다. 따라서 헹겔 교수는 "사도 요한이 에베소에서 요한복음을 저술했다"는 교회의 기존 입장과 그 맥은 같이 하되, 결론만 조금 바꾸는 방식을 택했다.

이 주장을 대하면서, 나는 2012년에 개봉한 영화 〈광해〉가 떠올랐다. 국내에서 1200만 명 이상의 관객이 봤다는 이 영화는 조선왕조실록에 기록된 어느 시기의 '광해'가 사실은 '광해'가 아니라 '광해'를 꼭 빼닮은 다른 인물이었다는 것이 그 주된 줄거리이다. 마치 헹겔 교수의 주장처럼 말이다. 헹겔 교수의 주장이나 이 영화의 시나리오는 역사기록의 모호한 구석을 약간 비틀어 버림으로써 역사적 진실이라고 알려졌던 한 인물을 다른 인물로 대체하는 데 성공했다는 공통점이 있다.

아무튼 중요한 것은, 헹겔 교수 덕분에 요한복음의 저자로 유력시되는 인물을 우리가 한 명 더 알게 되었다는 사실이다. 이것은 대단히 소중한 성과다. 더구나 이 인물의 이름이 다름 아닌 요한이라 하니, 결코 무시하고 넘어갈 수는 없다. 따라서 우리는 이 이름을 앞장에서 정리한 1차 명단에 당연히 추가해야 할 것이다.

아울러 헹겔 교수는 내가 꿈속에서까지 찾아 헤맸던 '요한복음의 제목'에 관한 진실도 밝혀주고 있는데, 그의 오랜 연구결과는 다음과 같은 문장 속에 압축되어 있었다.

"요한복음의 제목이 요한복음의 본문에 속해 있다는 사실을 잊지 말아야만 한다. 이 제목은 후대에 주어진 것이 아니라, 그 학당의 지도자가 죽은 뒤 그의 문하생들에 의해 그 작품이 편집되고 공동체들에 유포될 당시 그들이 붙인 것이다. 예배를 드릴 때 그 복음서를 실제로 사용하기 위해서는 제목이 필수적이었다. 제2세기라는 이른 시기에 이미 이 복음서에 대한 증거물들이 널리 분포되어 있음에도 불구하고 여러 다양한 제목

들이 없다는 점에서 이러한 초기의 기원이 추정된다."

위 주장에 따르면, 요한복음의 제목은 후대에 인위적으로 붙여진 것이 아니라는 것이다. 요한복음의 고대 필사본 중에서 지금껏 요한복음이라는 제목 이외의 다른 제목이 거의 발견되지 않고 있는 것이 그 증거 중 하나라는 것이다. 또한 요한복음이라는 제목은 예배를 드리거나 다른 복음서와의 구별을 위해서도 처음부터 당연히 필요했다는 것이다.

실제로, 나사로나 니고데모와 같은 인물이 이 복음서의 진정한 저자라면, 나사로복음이나 니고데모복음이라는 제목의 필사본이 마땅히 널리 유포되었어야 한다. 아니 백보를 양보해서, 나사로복음이나 니고데모복음과 같은 제목이 널리 유포되지는 못했다 하더라도 일부 지역에서는 그런 필사본이 한두 권쯤은 존재했어야 한다. 그런데 그런 증거들은 지금껏 발견되지 않고 있다. 예배를 드리거나 다른 복음서와의 구별을 위해서라도 그 제목은 반드시 필요했을 텐데 말이다.

그렇다면 이제 우리는 요한복음의 저자는 현실적으로 요한일 수밖에 없다는 사실을 어쩔 수 없이 인정해야 한다. 달리 다른 대안은 생각할 수가 없기 때문이기도 하지만, 이 사실을 인정할 때 비로소 이 저자의 이름이 본문 속에서 왜 익명으로 등장하는지 그 이유를 가늠할 수 있기 때문이다.

장로 요한이든, 마가 요한이든, 대제사장 요한이든, 베드로의 아버지 요한이든 상관없이 그 저자의 이름이 진짜 요한이라면, 이 저자의 이름이 본문에 등장할 때마다 사람들은 이 저자와 사도 요한과의 혼동이 불가피했을 것이다.

더욱이 요한복음에는 사도 요한이 21장을 제외하고는 전혀 등장하지 않는다. 사도 요한은 21:2에서 유일하게 세베대의 아들들이란 명칭으로 다른 여섯 제자와 함께 공동 출연하고 있다. 이러한 상황에서 세례 요한이나 사도 요한도 아닌 제3의 요한이 등장하면 필연적으로 사람들은 그의 존재를 사도 요한으로 오인할 수밖에 없는 구조인 것이다.

그러니 그 이름을 차라리 생략하고, <예수께서 사랑하시는 제자>와 같은 별칭을 부여하는 것이 더 바람직하다는 판단을 요한 공동체에서 했을 가능성이 높다. 따라서 내가 그토록 궁금해 했던 오랜 난제, "요한복음의 제목이 먼저인지 아니면 저자가 먼저인지"에 대한 해답은 자연스럽게 요한복음의 제목이 먼저인 것으로 귀결된다.

이에 따라 앞장에서 정리한 1차 명단의 조정은 불가피하다.

이번 장의 내용을 반영해서 명단에 장로 요한을 새로이 추가하고, 그 대신 그 이름이 요한이 아닌 인물들은 모두 삭제해야 한다. 그 이름이 요한이 아닌 인물들은 어차피 최후의 만찬에 참석할 수 있는 가능성도 전무하다.

예수님의 열두 사도에도 포함되지 않고, 만찬장의 건물 주인도 아니기 때문이다. 따라서 5가지 판단기준 중 (1)번째 기준과 명백히 충돌한다. 그러니 그 어떤 경우에도 그 이름이 요한이 아닌 인물들은 명단에서 삭제될 수밖에 없는 운명이다.

현 단계에서 명단을 다시 조정하면 다음과 같이 된다. 2차 명단이다.

< 2차 명단 >

구분	저자로 거론되는 유력한 인물들
요한복음의 제목이 처음부터 요한복음이었던 경우	마가 요한, 대제사장 요한, 베드로의 아버지 요한, **에베소의 장로 요한** (추가)
요한복음의 제목이 나중에 인위적으로 덧붙여진 경우	(그 이름이 요한이 아니므로 전부 삭제)

4. 베드로와의 관계

이 글의 서두에서 정리한 5가지 판단기준을 보면, 제일 먼저 베드로와 성모 마리아가 생각난다. 이들이 이 제자와 짝을 이뤄 차례로 등장하기 때문이다. 그런데 이 중에서도 베드로가 더 많이 생각난다. 더 많이 등장하기 때문이다. 따라서 이번 장은 베드로에 대해서, 다음 장은 성모 마리아에 대해서 각각 살펴보고자 한다.

(2), (3)번째 기준은 열두 사도들이 모두 도망가고 없는 상황이다. 따라서 이때는 이 제자와 베드로의 관계를 설명할 수 없다. 그러므로 (2), (3)번째 기준은 논외다.

하지만 (1),(4),(5)번째 기준은 다르다. 베드로가 어김없이 등장하여 이 제자의 상대역 역할을 톡톡히 해주고 있는 것이다. 그런데 그 모습이 대등하고 독립적인 관계로는 보이지 않는다는 특징이 있다. 베드로는 이 제자를 리드하거나 걱정해주는 것이 마치 윗사람과 같고, 이 제자는 또한 베드로를 예우하는 것이 아랫사람과 같다.

예컨대, (1)번째 기준은 최후의 만찬과 관련된 상황인데, 이때 베드로는 이 제자에게 예수님을 배신하는 제자가 누구인지 알아보도록 머릿짓을 하고 있다(요 13:24). 머릿짓으로 얘기한다는 것 자체가 흔한 케이스가 아니다. 이것은 보통 윗사람이 아랫사람을 대할 때나 취하는 태도이고, 그것도 지시하거나 명령할 때 많이 사용하는 방법이다.

그리고 (4)번째 기준에서는 베드로가 이 제자와 함께 예수님의 빈 무덤으로 달려갔고(요 20:3), 무덤에는 이 제자가 먼저 도착했다(요 20:4). 그런데 이 제자는 무덤에 먼저 들어가지 않고, 베드로가 도착할 때까지 기다렸다가 베드로에게 순서를 양보하고 있다(요 20:8). 이를 보면, 이 두 사람 간에는 넘볼 수 없는 어떤 서열관계가 존재하는 것처럼 느껴진다. 이 제자는 베드로를 최대한 예우해 주고 있는 것이다.

(5)번째 기준에서는 디베랴 호수를 배경으로 베드로가 예수님께 이 제자의 운명이 어떻게 될 것인지를 묻고 있다(요 21:21). 마치 형이나 아버지라도 된 것처럼 베드로가 이 제자를 걱정하고 있는 장면이다.

이에 따라 대부분의 사람들은 이 제자와 베드로의 관계가 대단히 친밀했을 것이라는 데에는 의견을 같이하고 있다. 그런데 성경을 보면, 초기에는 베드로와 짝을 맞춰 등장하는 인물이 바로 사도 요한이었다. 그러나 전도 사역 후기로 갈수록 베드로 주변에서 사도 요한은 자취를 감추고 보이지 않는다. 어느 순간 사도 요한이 사라지고 없는 것이다. 그래서 어떤 사람들은 마태복음 20:23의 말씀이 이루어졌다고 주장하기도 한다.

"그 때에 세베대의 아들의 어머니가 그 아들들을 데리고 예수께 와서 절하며 무엇을 구하니 예수께서 이르시되 무엇을 원하느냐 이르되 나의 이 두 아들을 주의 나라에서 하나는 주의 우편에, 하나는 주의 좌편에 앉게 명하소서 예수께서 대답하여 이르시되 너희는 너희가 구하는 것을 알지 못하는도다 내가 마시려는 잔을 너희가 마실 수 있느냐 그들이 말하

되 할 수 있나이다 이르시되 너희가 과연 내 잔을 마시려니와 내 좌우편
에 앉는 것은 내가 주는 것이 아니라 내 아버지께서 누구를 위하여 예비
하셨든지 그들이 얻을 것이니라 (마 20:20-23)"

이 말씀에 따라, 사도 요한도 그의 형제 야고보처럼 어느 순간 순교했
을 것이라고 보는 견해가 생긴 것이다. 야고보가 순교했으니(행 12:2), 그
의 형제 요한도 마땅히 순교해야 똑같이 예수님의 잔을 마시는 것이 된
다는 논리이다. 또한 둘이 같이 순교해야 좌우편의 균형이 맞는다고 보기
때문이기도 하다. 그러나 이런 주장은 개연성은 있을지언정 확인할 수는
없는 이야기다.

아무튼, 이와 상관없이 전도 사역 후기로 갈수록 사도 요한을 대체하는
한 인물이 눈에 띄기 시작한다. 어찌 보면, 베드로의 분신과 같은 인물이
다. 그리고 위아래 서열이 분명한 관계이다. 마치 위 (1), (4), (5)번째 기준
처럼 말이다. 베드로와는 서로 독립적이고 대등한 관계였던 사도 요한은
이런 점에서 이 제자와는 완전히 차별화된다. 자, 그럼 이제부터 그런 인
물이 실제로 이 명단에 남아있는지 한 명 한 명 살펴보도록 하겠다.

먼저, 장로 요한이다. 장로 요한은 성경 속에 등장하지 않는다. 그러니
장로 요한에 대한 정보는 아무것도 구할 수 없다. 정보가 없으니 또한 판
단도 할 수 없다. 그러므로 장로 요한에 대한 판단은 일단 유보하는 것이
옳을 것 같다.

다음은, 마가 요한이다. 마가 요한은 잘 알다시피 로마에서 베드로의 통

역을 담당했던 인물이다. 그리고 베드로가 전하는 예수님의 이야기를 토대로 최초의 복음서를 저술해서 후대에 전한 인물이기도 하다. 즉, 마가 복음을 저술한 장본인인 것이다. 그러니 베드로의 입장에서도 마가는 대단히 중요한 사람이었을 것이다. 오죽하면 마가를 '나의 아들'이라고까지 불렀을까(벧전 5:13).

이뿐만이 아니다. 베드로는 유대인들에게 쫓기는 절체절명의 상황에서도 제일 먼저 마가의 집부터 찾은 일화가 있다. 지극히 신뢰하고 가까운 관계가 아니라면 이런 극한 상황에서는 도저히 흉내내기 어려운 결정이었다.

"이에 베드로가 정신이 들어 이르되 내가 이제야 참으로 주께서 그의 천사를 보내어 나를 헤롯의 손과 유대 백성의 모든 기대에서 벗어나게 하신 줄 알겠노라 하여 깨닫고 마가라 하는 요한의 어머니 마리아의 집에 가니 여러 사람이 거기에 모여 기도하고 있더라 (행 12:11~12)"

이 정도면, 마가 요한과 베드로의 관계는 친밀도 측면에서 충분히 합격점을 받고도 남음이 있다. 이번 장의 기준에 완벽히 부합하는 것이다. 합격이다.

그다음은 대제사장 요한이다. 대제사장 요한은 예수님이 승천하신 이후에 사도행전에서 처음으로 등장하고 있다. 그런데 이때의 역할은 산헤드린 공회에서 베드로를 심문하고 핍박하는 일이었다. 따라서 베드로와 친밀하기는커녕 오히려 적대적인 관계가 된다. 애석하게도, 이번 장의 기준과는 명백히 충돌한다. 탈락이다.

또 그 다음은 베드로의 아버지 요한이다. 베드로의 아버지니까 베드로와 각별한 사이인 것은 틀림없겠다. 그런데 관계상으로는 친밀했는지 몰라도, 역할이 맞지 않는다. 베드로가 최후의 만찬에서 자신의 아버지에게 머릿짓으로 무엇을 물어본다는 것은 너무나 무례한 행동이다. 현실 속에서도 그렇게 했을 것 같지는 않다. 그러므로 (1)번째 기준과는 부합하지 않는다.

더구나 당시로서는 고령의 나이 대에 속했을 베드로의 아버지가 베드로보다 더 빨리 달려서 빈 무덤에 먼저 도착했을 가능성도 낮다. 체력의 노화는 막을 수도, 속일 수도 없기 때문이다. (4)번째 기준과도 충돌하는 것이다.

베드로의 아버지 요한에게는 또 한 가지 큰 결격사유가 있다. 역시 그의 나이 때문이다. 베드로는 예수님보다도 나이가 더 많다고 알려져 있는데, 그런 베드로의 아버지라면 당연히 성모 마리아보다 더 연상이었을 것이다. 그렇다면 연상의 나이에 성모 마리아의 오빠나 아버지 역할이라면 몰라도 아들 역할을 맡는다는 것은 너무 억지스럽다. (3)번째 기준과는 도저히 양립할 수 없는 이유가 된다. 그러므로 베드로의 아버지 요한은 다방면으로 탈락이다. 완벽하게 불합격인 것이다.

이상의 내용을 정리해보면, 장로 요한은 판단 유보, 마가 요한은 합격, 대제사장 요한과 베드로의 아버지 요한은 불합격으로 탈락이다. 따라서 3차 명단에 포함될 인원은 다음과 같이 두 명으로 압축된다.

< 3차 명단 >

구분	저자로 거론되는 유력한 인물들
요한복음의 제목이 처음부터 요한복음이었던 경우	마가 요한, 에베소의 장로 요한
요한복음의 제목이 나중에 인위적으로 덧붙여진 경우	-

5. 성모 마리아와의 관계

성모 마리아는 그녀의 마지막 여생을 과연 어디에서 보냈을까?

성모 마리아와 이 제자의 관계를 감안하면, 이 질문의 답과 이 제자의 정체는 직결된다. 만약 성모님이 에베소에서 여생을 보내셨다면, 장로 요한이 이 제자의 진짜 정체일 가능성은 가장 높아진다. 그러나 이 문제에 대해서는 아직 통일된 의견이 없고, 여러 주장들이 분분할 뿐이다. 하지만 대체로 다음과 같은 두 가지 가설이 대세를 이루는 것 같다.

첫째는 성모님이 예루살렘에서 임종을 맞으셨다는 것이고, 두 번째는 서기 70년 경 로마군에 의한 예루살렘 함락 직전에 에베소로 피신 가서 거기서 일생을 마치셨다는 것이다.

첫 번째 가설은 17세기 스페인 아그레다의 마리아 수녀님이 계시를 받아 수록했다는 〈하느님의 신비로운 도성〉이라는 책에 대표적으로 잘 나타나 있다. 이 책에 의하면 성모님은 예루살렘에 있는 마가의 다락방에서 돌아가셨다고 한다. 이 책의 주장이 만약 진실하다면, 우리는 의외로 중요한 사실 하나를 발견하게 되는 것이다. 그것은 성모님이 돌아가실 때까지 살았던 그 집이 바로 '마가 요한의 집'이라는 사실이다.

그렇다면 요한복음의 저자는 더 이상의 논증이 필요 없을 정도로 명확해지는데, 마가가 결국 그 주인공이 된다. 5가지 판단기준 중 (3)번째 기준과 마가가 정확히 일치하기 때문이다.

두 번째 가설은 오랜 세월 교회에서 전해 내려오는 전승 속에 있는 이야기다. 이 전승의 증언이 믿을만하다면, 이번에는 장로 요한에게 그 기회가 넘어간다. 성모님이 에베소로 가셨다면 당연히 이 제자도 성모님을 모시고 함께 갔을 것인데, 그렇다면 에베소에 살았다고 전해지는 장로 요한이 이 제자와 가장 조건이 유사해지기 때문이다.

그러나 나는 이 두 번째 가설에 강력한 의문을 품고 있다. 성모님이 굳이 예루살렘을 떠나 타지로 떠나야만 했다면 왜 하필 에베소인가 하는 의문이 그것이다. 남은 생애를 보내고, 일생을 마감해야 하는 곳이라면, 에베소는 너무 뜬금없다. 에베소와 성모님은 아무런 인연이 없기 때문이다. 더욱이 이곳은 복음이 이미 널리 전파되어 있어서 전도의 필요성도 상대적으로 떨어지는 곳이다.

그래서 성모님의 입장에서 한번 생각해보았다.

내가 만약 성모님이라면, 어디를 가장 선호했을까? 내 생각에는 이집트가 가장 적합하다고 생각한다. 왜냐하면, 이집트는 남편 요셉과 아기 예수의 추억이 깃든 곳이기 때문이다. 성모님의 가족은 한때 이집트로 피난 가서 몇 년간 살았던 적이 있었다. 아기 예수의 목숨을 노리는 헤롯왕의 위협을 피하기 위해서 말이다(마 2:13). 따라서 이집트는 성모님의 입장에서 유일하게 인연이 있는 이방 지역이자 제2의 고향과도 같은 곳이 된다.

"그들이 떠난 후에 주의 사자가 요셉에게 현몽하여 이르되 헤롯이 아기를 찾아 죽이려 하니 일어나 아기와 그의 어머니를 데리고 애굽으로 피하여 내가 네게 이르기까지 거기 있으라 하시니 (마 2:13)"

동물은 죽음을 예감한 경우에 본능적으로 고향을 찾는다고 한다. 거기서 죽음을 준비하고 또 맞이하기 위해서다. 사람도 이와 다를 것이 없다. 고향이 있다면 먼저 고향을 찾을 것이고, 그것이 불가능하다면 제2의 고향이라도 찾을 것이다. 그런데 성모님에게는 제2의 고향이 이집트였다. 그러니 에베소보다는 이집트가 당연히 더 선호되지 않았을까?

평소에도 성모님은 먼저 떠난 남편과 아들이 그리울 때면 반드시 이곳을 그리워했을 것이라고 나는 생각한다. 그리고 피난 시절 이웃하고 살았던 사람들에 대한 소식도 무척 궁금해 했을 것이다. 더구나 이 그리운 사람들에게 복음은 또 얼마나 전하고 싶었을까?

유세비우스의 교회사를 보면, 이집트에 처음으로 교회를 세운 사람이 바로 마가 요한이라고 한다. 그러니 이때까지는 아직 이곳에 복음이 전파되지 않았던 것이 분명해 보인다.

그래서 나는 개인적으로, 성모 마리아가 굳이 예루살렘을 떠나 다른 곳에 정착해야 했다면, 그 행선지는 당연히 에베소가 아닌 이집트였을 것으로 생각한다. 따라서 성모님을 어머니로 모시게 된 이 제자 역시 이집트로 같이 이주했을 것이고, 그렇다면 요한복음은 이집트에서 기록되었을 가능성이 자연스레 높아진다.

그리고 실제로 요한복음은 이집트에서 집필되었을 가능성이 상당하다. 학계에서도 요한복음의 이집트(알렉산드리아) 저작설을 유력한 가설 중의 하나로 인정하고 있는 실정이다.

그러나 나는 학계에서 거론되는 이집트 저작설에 대해서는 솔직히 잘 모른다. 지식도 없거니와 마음에 와 닿지도 않는 편이다. 특히 학계에서 제시하는 각종 증거나 유물의 진정한 가치를 나는 이해하지 못한다. 그럼에도 내가 이런 주장에 대해 특별히 관심을 갖는 것은 요한복음 본문에 존재하는 내적 증거들 때문이다. 요한복음 본문 안에는 요한복음의 이집트 저작설을 뒷받침할 수 있는 많은 내적 증거가 있다.

그 증거 중 몇 가지를 열거하면, 대략 다음과 같다.

첫째. 요한복음은 다른 복음들과 달리 로고스라는 독특한 개념을 사용하고 있다. 그런데 그 당시 헬라인들의 사고체계인 로고스 개념을 사용해서 성경해석에 최초로 응용한 인물이 바로 이집트의 알렉산드리아에 살았던 필로라는 유대인 철학자였다. 이에 대해서는 다음 장에서 좀 더 상세히 설명할 계획이므로, 이번 장에서는 단지 요한복음의 저자가 동시대 인물인 필로에게서 영향을 받았다는 가정만 한번 해보고자 한다.

만일 그랬다면, 당시의 문화적 파급력과 속도를 감안했을 때, 그 저자 역시 필로의 영향력이 실질적으로 미치는 지역(또는 범위)인 이집트의 알렉산드리아에 살았을 가능성이 제일 유력한 것이다.

둘째. 요한복음은 다른 복음들과 달리 유대인들을 대단히 적대시한다. 유대인들이라는 표현 자체가 '핍박자' 또는 '가식적인 사람'의 또 다른 표현이다. 그런데 예수님 당시에 유대인들과 반목했던 대표적인 사람들이 바로 이집트의 알렉산드리아에 살았던 헬라인들이었다.

이들 두 민족 간의 갈등이 얼마나 심각했던지 당시 로마의 황제였던 가이우스 칼리굴라까지 골머리를 앓았을 정도라고 한다. 오죽하면 헬라인들과 유대인들이 로마 황제에게 자신의 대표자들까지 파견해서 자신들의 입장을 변론해야 했을까? 참고로, 이때 유대인들을 대표해서 파견된 인물이 바로 위에서 설명한 철학자 필로였다고 한다.

셋째. 요한복음은 다른 복음들과 달리 율리우스력(曆)을 사용하고 있다. 따라서 시간을 나타내는 기준 자체가 다르고, 그 때문에 예수님이 십자가에 달리신 시간[17]이 다른 복음서와는 많은 차이가 난다. 이에 대한 자세한 내용은 복잡할뿐더러 이 글의 주제도 아니므로 생략하겠지만, 어쨌든 중요한 것은 요한복음이 다른 복음서와는 사용하는 역법(曆法) 자체가 달랐다는 사실이다. 즉, 공관복음은 유대력을, 요한복음은 율리우스력을 사용하고 있다.

이에 대해서 어떤 사람들은 요한복음이 예루살렘이 아닌 에베소에서 기록되었기 때문에 그런 문제가 발생했다고 하는데, 이는 전혀 설득력이 없는 주장이다.

---

17) 요한복음은 6시에도 아직 예수님이 십자가에 달리지 않고 여전히 빌라도의 심문을 받고 계신 것으로 기록하고 있으나(요 19:14), 공관복음은 3시에 벌써 예수님이 십자가에 달리시고(막 15:25), 6시에는 해가 빛을 잃었으며(마 27:45, 막 15:33, 눅 23:44), 9시에는 이미 예수님이 숨지신 것으로(마 27:46, 막 15:34, 눅 23:44) 기록하는 등 차이를 보이고 있다.

마가복음이나 누가복음도 예루살렘이 아닌 이방 지역에서 기록된 것은 어차피 다 똑같다. 그럼에도 이 두 복음서는 여전히 유대의 역법을 사용하고 있다. 따라서 에베소라고 해서 특별히 다를 이유는 없는 것이다.

그러나 이집트는 조금 예외다. 이집트라면 이런 점에서 다른 지역과 충분히 다를 수 있다. 이집트는 시간에 대한 관념이 그 당시에는 가장 특별한 곳이었기 때문이다. 우리가 현재 사용하고 있는 역법의 모태가 바로 로마의 율리우스력인데, 이보다 더 거슬러 올라가서 율리우스력[18]의 모태를 찾아보면 바로 이집트력과 만나게 된다. 그러니 시간관념에 있어서만큼은 당시 세계에서 가장 우수하고 선진화된 곳이 바로 이집트였다고 단언할 수 있는 것이다.

이상의 내용을 토대로 판단해보면, 요한복음은 이집트의 알렉산드리아에서 집필되었을 확률이 의외로 높다. 이것은 이 제자가 성모님을 따라 이집트로 이주했을 것이라고 보는 나의 가설과도 자연스럽게 부합하는 것이다. 그렇다면 결국 이집트에 최초의 교회를 세우고 이집트에서 생을 마감한 마가 요한이 이 제자의 정체일 가능성이 가장 높다는 쪽으로 결론이 귀결된다.

이번 장의 내용을 정리하면 이렇다.

---

18) 율리우스력은 율리우스 카이사르(예수님의 그 유명한 말씀 "가이사의 것은 가이사에게, 하나님의 것은 하나님께"에 나오는 가이사가 바로 이 카이사르이다)가 이집트의 알렉산드리아에서 활동하던 소시게네스의 자문을 받아 이집트의 달력과 고대의 로마 달력을 합쳐서 만든 새로운 달력을 말한다.

성모님이 자신의 여생을 예루살렘이나 이집트에서 보내셨다면 마가 요한에게, 그 반대로 에베소에서 보내셨다면 장로 요한에게 각각 이 익명의 제자가 될 수 있는 기회가 주어진다.

따라서 이번 장에서는 그 어느 누구도 탈락자가 없다. 아직까지는 이 두 명 모두에게 조금씩 가능성이 남아 있는 것이다. 부득이하게 진검승부는 다시 다음 장으로 미루어야 할 것 같다. 그러므로 4차 명단은 여전히 3차 명단과 동일하다.

< 4차 명단 >

구분	저자로 거론되는 유력한 인물들
요한복음의 제목이 처음부터 요한복음이었던 경우	마가 요한, 에베소의 장로 요한
요한복음의 제목이 나중에 인위적으로 덧붙여진 경우	-

6. 필로와의 관계

요한복음의 서두는 특이하게도 로고스 개념으로 시작한다.

"태초에 말씀이 계시니라 이 말씀이 하나님과 함께 계셨으니 이 말씀은 곧 하나님이시니라 (요 1:1)"

여기에서 말씀(the Word)은 헬라어 원어로는 로고스(logos)이다. '말씀', '이성' 등으로 번역되는 로고스는 헬라인들의 우주관과 범신론적 사상이 담겨있는 단어이다. 헬라인들은 우주가 신적 원리에 의해 형성되고 유지되는데, 그 원리가 로고스라고 본 것이다.

그런데 요한복음의 저자는 특이하게도 이 로고스라는 개념을 차용하여 예수 그리스도를 묘사하고 있다. 이러한 묘사는 4복음서 중에서는 요한복음이 유일하고, 초대교회에서도 거의 사용치 않는 방식이라고 한다. 그렇다면 요한복음의 저자는 도대체 어디에서 이런 독특한 방식을 착안해냈을까? 그리고 그 이전에는 과연 로고스라는 개념을 성경에 접목한 사례가 없었을까?

나는 이 질문에 대한 답을 얻기 위해 여러 방면으로 자료를 찾아보았는데, 다행히도 어느 자료에서나 공통적으로 인용하는 한 인물을 발견할 수 있었다. 그 인물은 바로 '알렉산드리아의 필로' 였다.

필로는 로마제국 내 최대의 디아스포라 지역이자 학문의 최고 중심지였던 이집트의 알렉산드리아에서 활동한 유명한 유대인 철학자로, 자신이 몸담고 있는 헬라 세계의 철학으로 자기 민족의 신앙인 유대교를 설명하기 위해 최초로 노력한 헬라파 유대인이었다. 아마도 요한복음의 저자가 자신만의 독창적인 생각으로 성경에 로고스 개념을 접목한 것이 아니라면, 십중팔구 이 필로에게서 영향을 받았을 확률이 높다.

물론 개념적인 측면에서는 필로의 로고스와 요한복음의 로고스 사이에 유사성보다는 차이점이 더 많지만, 방법적인 측면에서는 엄청난 공통점이 있기 때문이다. 이방인들에게는 이방인들이 이해할 수 있는 언어(logos)로 다가간다는 발상의 전환이 이 두 사람에게서 공통적으로 발견되는데, 이 두 사람 즉, 필로와 요한복음의 저자는 이른바 이이제이(以夷制夷)가 아닌 이이제이(以異制異) 전략을 구사했다는 공통점이 있는 것이다.

따라서 이러한 공통점에 근거해 요한복음의 저자가 필로에게서 영향을 받았다는 가정을 조심스럽게 해본다면, 단언컨대 그럴 가능성이 있는 사람은 예수님의 제자 중에서 마가 밖에 없다고 생각한다.

왜냐하면, 시간적으로 마가는 필로와 동시대의 인물이기 때문이고, 공간적으로도 마가는 말년에 알렉산드리아에서 활동하다가 그곳에서 생을 마감했으므로, 같은 공간 안에서 숨 쉬고 살았던 필로와는 본인의 의지와 상관없이 어떻게든 반드시 영향을 주고받을 수밖에 없었을 것이기 때문이다.

실제로 유세비우스의 교회사 제2권 제16장을 보면, 이집트의 알렉산드리아에서 최초로 교회를 세우고 복음을 전파한 사람이 마가임을 증언하고 있다. 마가는 이집트 교회를 지칭하는 꼽트교의 초대 교황이기도 했는데, 그는 끝내 이집트에서 순교했고, 그의 유골은 수백 년 뒤 베네치아의 상인들이 몰래 훔쳐내 베네치아의 산마르코 대성당으로 옮긴 것이 현재에 이르고 있다고 한다.

그런데 유세비우스의 교회사 제2권 제17장에는 더욱 믿기 힘든 이야기가 기록되어 있다.

필로와 베드로가 로마에서 직접 만나 친밀한 대화까지 나누었다는 것이다. 만일 이 책의 내용이 사실이라면, 당시 로마에서 베드로의 통역사로 활동하고 있었던 마가 역시 베드로의 수행원 자격으로 그 자리에 동석했을 가능성이 있다. 더구나 일설에 의하면, 필로는 유대인이면서도 정작 히브리어는 할 줄 몰랐다고 하니, 만일 이것 또한 사실이라면 필로와 베드로 사이에는 반드시 통역자인 마가의 개입이 필요했을 것이다.

따라서 필로와 마가는 알렉산드리아 이전에 이미 로마에서부터 그들의 교류를 시작했을 가능성도 있다는 이야기가 된다. 아무래도 이 두 사람은 필연적으로 만날 수밖에 없는 관계였을지도 모르겠다. 그래서 또 하나, **인간적으로** 이 두 사람은 성경에 정통하면서도 이방인들의 학문과 물정에도 두루 밝은 당대 최고의 교양인이라는 공통점이 있어, 서로가 서로를 한눈에 알아보고 서로에게 금방 끌렸을 것이라는 강한 확신이 든다.

그러나 반면에, 필로와 장로 요한과의 관계는 설명하기가 참으로 어렵다. 이 두 사람 사이에는 특별한 교집합도 없다. 일단 지역적으로 너무 멀리 떨어져 있다. 그래서 필로의 학문이 필로의 당대에는 알렉산드리아를 넘어 에베소에 있는 장로 요한에게까지는 영향을 끼치지 못했을 것으로 추측된다. 당시의 문화교류 속도를 감안해 보아도 그렇고, 필로의 학문이 집중적으로 조명된 시기를 보아도 그렇다.

　그리고 필로가 에베소에 갔다는 기록도 없다. 필로는 가이우스 칼리굴라가 로마의 황제이던 시기에 유대인들의 대표로 로마를 방문했다가 귀환하는 길에 잠시 예루살렘을 방문한 적은 있었다고 한다. 그러나 에베소까지 갔다는 기록은 어디에도 없다. 따라서 이 두 사람이 서로 남모르게 교류했을 가능성까지 근본적으로 부정할 수는 없지만, 그 가능성을 아무리 높게 보아도 마가 요한과 필로와의 관계를 초월할 수준까지는 이르지 못했을 것으로 판단된다.

　그렇다면 이번 장에서는 마가 요한의 승리로 결론지어도 무방할 것 같다. 그러나 TKO 승은 아니다. 의심할 여지가 없는 완벽한 승리가 아니기 때문이다. 최종 승부는 결국 다음 장에서 결판낼 수밖에 없을 것 같다.

7. 바울과의 관계

　요한복음 저자의 정체를 논하는 자리에 바울의 이야기가 빠질 수는 없다. 요한이 빠진 요한복음은 존재할 수 있지만, 바울이 빠진 요한복음은 사실 상상도 할 수 없기 때문이다. 바울이 빠진다면, 아마도 요한복음의 첫 구절부터 다시 써야 할지 모를 일이다.

　아시다시피 이 제자는 예수님의 1세대 제자가 아니다. 열두 사도에는 포함되지 않고, 바울[19]과도 분명히 다른 인물이다. 예수님과는 십자가 사건 바로 전날에야 비로소 처음 만났을 뿐이다. 더구나, 짐작건대, 이 제자의 당시 나이는 10대를 넘어서지도 못했을 것이다. 10대의 어린 나이가 아니라면 이 글의 서두에서 정리한 5가지 판단기준과는 모두 부합하지 않기 때문이다.

　일단, 나이가 어린 청소년이어야 예수님의 품에 안겨 있더라도 그 모습이 어색하지 않고 자연스러울 수 있다. 그리고 나이가 어린 청소년이어야 (어머니의 손을 잡고 따라나섰을 때) 골고다 언덕에서도 유대인들의 감시망에 걸리지 않고 안전할 수 있다. 또한 나이가 어린 청소년이어야 성모 마리아의 아들로 더할 나위가 없게 된다. 왜냐하면, 다 큰 성년의 남성이라면 복음 전도의 사명을 위해서 수시로 성모님의 곁을 떠나야 하기 때

---

19) 바울은 살아생전에 예수님을 단 한 번도 만난 적이 없다. 그러나 이 익명의 제자는 최후의 만찬장과 골고다 언덕 등에서 몇 차례 예수님을 만난 사실이 성경에 기록되어 있다.

문이다.

그리고 나이가 어린 청소년이어야 베드로와 동시에 달음질해도 빈 무덤에 먼저 도착할 체력이 가능하고, 무덤에 들어가는 순서도 아무런 경쟁의식 없이 순순히 양보할 수 있다. 그리고 또 나이가 어린 청소년이어야 베드로가 이 제자를 자신의 아들이나 동생처럼 챙기면서 예수님께 그의 운명이 어찌 될 것인지 걱정스레 물을 수 있다.

그런데 나이를 확인해 보니, 실제로도 그렇다고 한다. 현재 명단 속에 남아있는 두 요한의 나이를 십자가 사건 때로 역산해 보면 모두 10대가 된다. 국민일보에 〈잃어버린 마가를 찾아서〉를 연재한 김성일 장로는 당시 마가 요한의 나이를 17세 정도로, 그리고 〈요한문서 탐구〉를 저술한 헹겔 교수는 장로 요한의 당시 나이를 15세 정도로 각각 추정하고 있다.

그러므로 이 제자는 '예수님과의 짧은 만남'으로 보나, '당시의 어린 나이'로 보나 그 어떤 경우에도 자신의 신학적 관점을 독자적으로 정립하는 것은 불가능했을 것으로 판단된다.

그렇다면 이 제자는 열두 사도로 대표되는 예루살렘 교회로부터 보고 배웠거나, 아니면 이방 선교활동을 하는 과정에서 바울로부터 그 가르침을 전수받았을 가능성이 높다. 어쨌든, 둘 중 하나다. 현실적으로 이 두 가지 가능성 외에는 없다. 그런데 확실한 것은, 요한복음의 관점이 예루살렘에 있는 열두 사도의 그것과는 분명히 다르다는 사실이다. 무엇이 얼마나 다른지는 이미 이 글의 1부 〈요한의 신앙〉 편에서 간략히 소개한 바 있다.

따라서 결론은 자연스럽게 바울로 귀결된다. 그리고 실제로도 바울의 서신을 4복음서와 대조하면서 함께 읽어보면, 이러한 결론에 쉽게 공감할 수 있다. 바울만의 독특한 신학적 관점이 복음서 중에서는 오로지 요한복음에서만 유일하게 계속 발견되는 것이다.

요한복음은 다른 3개의 복음서와 언어, 문체, 주제, 이야기 등 모든 면에서 다르다. 요한복음을 제외한 다른 3개의 복음서를 공관복음이라는 이름으로 따로 묶어서 구별하는 이유가 이들에게 공통점이 많아서라기보다는 이들이 요한복음과 너무 다르기 때문이라는 생각이 들 정도로 서로 다르다. 그만큼 요한복음이 독특하다는 의미이다. 그런데 그중에서도 요한복음이 지향하는 관점이 가장 독특하다.

요한복음에는 예수님이 하나님과 동격이시고, 세상에 온 "선재하는 신적 존재"라는 과감한 진술이 있다. 예수님이 하나님의 아들이시고 메시아임을 고백하는 수준에 머물고 있는 공관복음서와 결정적으로 다른 부분이 바로 이것이다. 그런데 이와 동일한 관점이 사도들 중에서는 유일하게 바울의 서신에서만 계속 발견된다. 그 증거가 되는 구절 중 대표적인 사례 몇 가지를 찾아서 읽어보자.

"태초에 말씀이 계시니라 이 말씀이 하나님과 함께 계셨으니 이 말씀은 곧 하나님이시니라 (요 1:1)"

"예수께서 이르시되 진실로 진실로 너희에게 이르노니 아브라함이 나기 전부터 내가 있느니라 하시니 (요 8:58)"

"나와 아버지는 하나이니라 하신대 (요 10:30)"

"빌립이 이르되 주여 아버지를 우리에게 보여 주옵소서 그리하면 족하겠나이다 예수께서 이르시되 빌립아 내가 이렇게 오래 너희와 함께 있으되 네가 나를 알지 못하느냐 나를 본 자는 아버지를 보았거늘 어찌하여 아버지를 보이라 하느냐 (요 14:8-9)"

"도마가 대답하여 이르되 나의 주님이시요 나의 하나님이시니이다 (요 20:28)"

그리고 위 말씀과 정확히 대응되는 바울의 관점은 〈로마서〉와 〈골로새서〉에 잘 나타나 있다. 로마서 9장 5절과 골로새서 1장 15절부터 17절까지가 그 증거다.

"조상들도 그들의 것이요 육신으로 하면 그리스도가 그들에게서 나셨으니 그는 만물 위에 계셔서 세세에 찬양을 받으실 하나님이시니라 아멘 (롬 9:5)"

"그는 보이지 아니하는 하나님의 형상이시요 모든 피조물보다 먼저 나신 이시니 만물이 그에게서 창조되되 하늘과 땅에서 보이는 것들과 보이지 않는 것들과 혹은 왕권들이나 주권들이나 통치자들이나 권세들이나 만물이 다 그로 말미암고 그를 위하여 창조되었고 또한 그가 만물보다 먼저 계시고 만물이 그 안에 함께 섰느니라 (골 1:15-17)"

이와 같이 〈로마서〉는 요한복음 본문이 일관되게 밝힌 것처럼 예수님이 하나님과 동격이심을 진술하고 있고, 〈골로새서〉 또한 요한복음 서문이 밝힌 것처럼 육신이 되신 로고스 하나님에 대해 증언하고 있다.

따라서 요한복음의 저자가 바울로부터 상당한 영향을 받았다는 사실은 이상에서 확인한 몇 가지 증거만으로도 충분하고, 더 이상의 증거는 따로 필요 없을 정도이다. 그런데 이상한 점이 한 가지 있다. 앞장에서도 이미 살펴본 바와 같이 이 제자는 베드로에게 각별함을 넘어 분신과 같은 존재였다. 그렇다면 상식적으로도 이 제자는 베드로의 영향을 더 많이 받았어야 마땅하다.

그런데도 이 제자는 요한복음에서만큼은 베드로보다 바울의 신학을 더 많이 반영하고 있다. 이것은 이 제자와 바울의 특별하고도 내밀한 관계를 전제하지 않고는 도저히 설명할 수 없는 부분이다. 따라서 우리는 이 두 사람 사이에도 분명히 불꽃같은 교류가 있었고, 그 결과 강력한 신뢰관계가 구축되어 있었다는 결론에 도달할 수밖에 없게 된다.

그렇다면 이제 명단에 남아있는 두 명의 요한 중에서 바울과도 이렇게 친밀한 관계를 갖고, 영향을 주고받았을 요한이 있는지 한번 살펴보도록 하자.

먼저 장로 요한이다. 주지하다시피 우리에게는 장로 요한에 대한 정보가 없다. 그래서 지금까지는 모든 항목에서 판단을 유보하여 왔다. 그러나 이번 장은 다르다. 정보가 없다는 사실 자체가 바울과 장로 요한의 관계를 나타내는 바로미터가 될 수 있기 때문이다.

이 두 사람이 간접적으로 영향을 주고받았을 가능성까지는 배제할 수 없지만, 단언컨대 직접적으로는 그 어떠한 교류도 없었다고 나는 확신한다.

왜냐하면, 바울은 신약성경 안에만 무려 13통의 서신을 남겼다. 신약성경 27편 중에서 거의 절반에 육박하는 분량이다. 그런데 이 많은 서신중에서 장로 요한에 대한 언급은 단 한 마디도 없다. 이것이 과연 무엇을의미하겠는가? 바울은 자신의 서신을 통해 그간 자신과 관련 있는 수많은사람들을 일일이 거명하면서 때로는 권면하고, 때로는 문안했다.

그런데 그럼에도 장로 요한의 이름이 단 한 번도 언급되지 않았다는 것은 그 자체로 이 두 사람의 관계가 별로 친밀하지 않았다는 반증인 것이다. 그러므로 장로 요한은 바울과의 관계라는 측면에서는 분명히 불합격이다. 이번 장의 기준과는 전혀 부합하지 않는다.

그렇다면 마가 요한의 경우는 어떨까? 그의 이름이 바울의 서신에서 과연 언급되고 있을까? 물론이다. 당연히 언급되고 있다. 그러면 이 두 사람은 중요한 관계일까? 역시 물론이라고 답할 수 있다. 중요한 관계가 맞다. 그런데 그 관계가 단순하지 않다. 딱히 한 마디로 정의 내리기가 어려운 관계이다. 악연과 인연이 수차례 교차하기 때문이다.

처음에는 좋은 인연으로 출발했다. 제1차 선교여행을 같이 떠난 것이다. 그런데 중간에 악연으로 돌변했다. 선교여행 도중에 마가가 알 수 없는이유로 하차를 해버린 탓이다(행 13:13). 이로 인해 마가는 바울에게 대단히 나쁜 인상을 남기게 되었다. 그리고 이때부터 악순환이 시작된 것이다.

마가에 대한 나쁜 인상은 마가에서 끝나지 않고 마가의 외삼촌인 바나바로 옮겨 붙었다. 마가의 일이 계기가 되긴 했지만, 결국 바울이 바나바와도 결별한 것이다(행 15:39). '위대한 사도'나 '사랑의 사도'라는 말이 무색하리만치 이때 바울은 너무나 옹졸하고 속 좁은 모습을 드러내었다.

그런데 문제는, 바나바라는 사람의 존재감이었다. 바나바라는 사람은 바울이 이렇게 함부로 대할 수 있는 존재가 아니었다. 바나바는 바울의 명성에 가려 지금은 그 진가가 많이 과소평가되어 있지만, 사실 그는 바울에게 은인이자 스승과도 같은 존재였다. 그냥 단순한 동역자 정도가 아니었던 것이다. 참고로, 당시 바울과 바나바의 위상 차이를 극명하게 보여주는 사례가 있는데, 바로 사도행전 14:12이다.

"바나바는 제우스라 하고 바울은 그중에 말하는 자이므로 헤르메스라 하더라 (행 14:12)"

제우스가 누구인가? 그리스신화에 등장하는 신 중의 신, 신들의 왕이 바로 제우스다. 그런데 당시 사람들은 바나바를 일컬어 제우스라고 했다는 것이다. 그들의 눈에 바나바가 얼마나 대단하게 비쳤으면 그렇게까지 떠받들고 칭송할 수 있다는 말인가? 반면에 바울은 헤르메스라 불렀다고 한다. 그렇다면 헤르메스는 또 누구인가? 제우스의 말을 전달하는 전령의 신에 불과하다. 그러니까 헤르메스는 엄밀히 말해서 제우스의 비서 격에 해당하는 신이다.

따라서 사람들은 나름 존경의 의미를 담아서 바울을 헤르메스라고 했겠지만, 그 의미는 기껏해야 바울이 바나바의 수행비서쯤으로 밖에 보이지 않았다는 뜻이 된다.

그런데 사실 바울에게는 헤르메스 정도의 위상도 감지덕지였다. 그나마 이러한 위상도 바나바가 없었으면 바울은 언감생심 꿈도 꿀 수 없었다. 바울에게 이러한 위상을 부여한 사람이 바로 바나바였던 것이다. 바울은 다메섹 도상에서 예수님의 계시를 받고 회심은 했으나, 아무도 바울을 믿어주거나 받아주지 않았다. 모두가 피하고 의심했다(바울을 외면하기는 열두 사도들도 마찬가지였다).

그럴 때 과감히 바울에게 손 내밀어 주고, 물심양면으로 지원해 주었을 뿐만 아니라 사도의 길로 이끈 사람이 바나바였다. 그런데 이러한 은인을 지금 바울이 내친 것이다. 그것도 마가 때문에. 그러니 바울의 행동이 인간적으로는 도저히 이해되지 않고, 이해될 수도 없는 것이었다. 그러나 바울과 바나바와의 관계를 제쳐두고, 바울과 마가와의 관계에만 초점을 맞춰 살펴보면 굳이 이해되지 못할 것도 없다. 마가에 대한 바울의 반감이 오죽 컸으면 그랬을까? 얼마나 마가가 미웠으면 그랬을까 싶은 것이다.

그러므로 우리는 이때의 일로 미루어 보아 바울과 마가와의 관계가 어떠했는지를 충분히 짐작할 수 있다. 그런데 이 두 사람의 관계는 이것으로 끝나지 않는다. 또 한 번의 반전이 기다리고 있었다. 디모데후서 4:11이다.

"누가만 나와 함께 있느니라 네가 올 때에 마가를 데리고 오라 그가 나의 일에 유익하니라 (딤후 4:11)"

바울이 마가를 급히 부르고 있다. 제1차 선교여행에서 중도 하차한 마가를, 그리고 바나바와 헤어지게 되는 결정적 원인을 제공한 마가를 지금 바울이 애타게 다시 찾고 있는 것이다. 그런데 그 이유가 자기의 일에 마가가 유익하기 때문이라고 한다. 그래서 그랬을까? 바울의 또 다른 서신들에서는 마가를 '나의 동역자' 또는 '나의 위로'라고 추켜세우고 있다. 빌레몬서 24절과 골로새서 4장 10절과 11절이다.

"또한 나의 동역자 마가, 아리스다고, 데마, 누가가 문안하느니라 (몬 24)"

"나와 함께 갇힌 아리스다고와 바나바의 생질 마가와 (이 마가에 대하여 너희가 명을 받았으매 그가 이르거든 영접하라) 유스도라 하는 예수도 너희에게 문안하느니라 그들은 할례파이나 이들만은 하나님의 나라를 위하여 함께 역사하는 자들이니 이런 사람들이 나의 위로가 되었느니라 (골 4:10-11)"

성경에서는 마가와 바울의 관계가 왜 이렇게 급변했는지 그 이유까지는 설명하지 않고 있다. 추측만 무성할 뿐이다. 그런데 그중에서 가장 설득력이 있는 추측은 "마가가 베드로의 통역사로 활동할 때, 베드로로부터 단단히 훈련받아서 새로운 사람으로 거듭났다"는 것이다. 이런 연단의 과정이 선행되었기 때문에 바울이 다시 마가를 신뢰하고 부를 수 있었다는 것이다. 그러나 확인할 수는 없는 이야기다. 확실한 것은 어쨌든, 숱한 우여곡절 속에서도 마가와 바울의 관계가 회복되었다는 사실이다. 그리고 같이 동역했다는 사실이다. 그리고 바울이 그의 말년에는 마가를 믿고 의지했다는 사실이다.

결론적으로, 마가에게서 바울은 떼려야 뗄 수 없는 관계다. 그것은 바울의 입장에서도 또한 마찬가지다. 그러므로 이 두 사람 간의 관계는 이번 장의 기준에 분명히 부합되고 있다. 따라서 마가 요한은 합격이다. 더할 나위 없이 합격인 것이다. 그렇다면 이제 명단 속에는 한 명의 요한만이 남게 되었다. 그런데 이 요한이 정말로 요한복음의 저자이자 예수께서 사랑하시는 그 익명의 제자가 맞을까?

그것은 좀 더 두고 봐야 알 일이다. 앞으로 좀 더 엄격한 잣대로 좀 더 철저하게 검증해 보아야 한다. 따라서 다음 장부터는 마가에 의한, 마가를 위한, 마가의 1인 검증이 본격적으로 시작될 것이다.

< 5차 명단 >

구분	저자로 거론되는 유력한 인물들
요한복음의 제목이 처음부터 요한복음이었던 경우	마가 요한
요한복음의 제목이 나중에 인위적으로 덧붙여진 경우	-

※ 장로 요한은 최종적으로 탈락

8. 답이 너무나 뻔한 질문

드디어 명단이 한 사람으로 압축되었다. 그렇다면 이제 이 명단을 검증할 일만 남은 것이다. 자, 그럼 이 명단을 보고 한번 답해 보시라. 물론, 명단 속에 자기가 원하는 정답이 없을 수도 있다. 그럴 경우에는 명단 밖에서 다시 답을 찾아보아도 좋다. 명단은 상황에 따라 압축할 수도 있고 확장할 수도 있다는 말은 지금도 여전히 유효하다. 만일 명단 밖의 인물이 정답이라면 그 인물을 명단 속에 다시 포함시키면 그만이다. 간단하다. 자, 이제 질문이다.

"예수님이 잡히시기 전날 밤에 있었던 최후의 유월절 만찬은 소위 마가의 다락방이라 하는 곳에서 개최되었다. 그렇다면 그때 예수님과 12사도를 제외하고 마가의 다락방에 참석할 수 있었던 사람은 과연 누구일까?"

이 질문은 사실 질문 속에 정답이 다 포함되어 있다. 그래서 답이 너무 뻔하다. 어찌 보면 마치 난센스 퀴즈 같기도 한데, 정답은 당연히 마가다. 마가는 다락방의 주인(또는 주인의 아들)이니까 마음만 먹으면 얼마든지 참석이 가능하다. 예수님이 굳이 외부에서 데리고 갈 필요도 없다. 그냥 자기 집에서 기다리고 있으면 된다. 이렇게 기다리고 있다가 예수님의 일행을 맞이하면 그때부터 자연스럽게 만찬에 합류하게 되는 것이다.

물론, 변수도 있다. 예수님이 마가의 참석에 대해 명시적으로 거부 의사를 표시했을 경우다. 이때에는 아무리 집주인이라고 해도 당연히 참석은 제한될 수밖에 없다. 그러나 사실 그럴 가능성은 거의 없다고 봐야 한다.

그 첫 번째 이유는, 마가 역시 예수님의 제자였기 때문이다. 이는 사도행전이나 바울의 여러 서신들을 보면 누구나 동의할 수밖에 없는 분명한 사실이다. 비록 이때까지는 열두 사도들도 그의 존재를 잘 몰랐던 비밀 제자에 불과했지만 말이다. 어쨌든 마가는 예수님은 물론이고, 베드로와 바울과 바나바 등 기라성 같은 선배 제자들에게서도 장차 인정받게 되는 예수님의 뛰어난 제자 중의 하나다.

베드로에게서는 '내 아들' 이라는 칭함을 받았고(벧전 5:13), 바울에게서는 '나의 동역자' 그리고 '나의 일에 유익'하다는 평가를 받기까지 하였다(몬 24, 딤후 4:11). 그리고 바나바는 그 유명한 전도여행을 바울, 마가 등과 함께 했는데, 그중에서도 2차 전도여행은 바나바가 바울과 갈라서는 것을 감수하면서까지 마가와의 동행을 고집했을 정도이다.

이처럼 중하고도 귀하게 쓰일 마가이기 때문에 최후의 만찬에서 참석을 거부당할 가능성은 거의 없었을 것으로 나는 확신한다.

그리고 두 번째 이유는 '마가의 다락방' 자체가 가지는 중요성 때문이다. 이 다락방은 예수님이 최후의 만찬을 나눈 장소이자 최초의 예루살렘 교회당으로 사용된 장소이고, 가룟 유다 대신 맛디아를 열두 사도의 일원으로 선출한 장소이면서 또한 예수님의 제자들이 집단적으로 오순절 성령강림을 체험한 장소이기도 하다. 그야말로 마가의 다락방 자체가 기독교의 잉태와 탄생 그리고 성장과 발전을 함께 한 역사의 산증인이라고 해도 과언이 아닌 것이다.

그런데 다락방을 이렇게도 중하게 쓰기 위해서는 반드시 전제되어야 하는 것이 있다. 바로 마가의 믿음과 헌신이다. 왜냐하면, 아무리 예수님이라도 남의 재산을 함부로 사용할 수는 없는 법이다. 정히 사용코자 하신다면 그 주인 되는 마가를 통해서 간접적으로 사용하시는 방법밖에 없다. 그러기 위해서는 마가의 믿음과 헌신이 꼭 필요하고, 또 그러기 위해서는 예수님과 마가의 불꽃같은 만남이 꼭 수반되어야 한다. 그래야 마가의 자발적인 참여가 가능해진다.

따라서 예수님은 마가의 참석을 거부하시기는커녕 오히려 만찬에 적극 초대해서 마가의 믿음을 더욱 충만케 하고, 장차 수행해야 할 사명에 대비해 이를 감당할 수 있는 능력까지 주시는 기회로 활용하셨을 것이 분명하다.

그리고 세 번째 이유도 있다. 세 번째 이유는 예수님 자신에게 있다. 예수님은 자신을 찾는 손길을 거부한 적이 없으신 분이다. 그중에서도 특히 어린아이들에 대해서는 유별나다 싶을 정도로 그 손길을 반기셨다. 일례로, 어린아이들이 예수님께 접근하는 것을 제자들이 보고 꾸짖으면서 금지한 적이 있었다. 그러나 예수님은 제자들의 이러한 행동을 좋아하지 않으셨다. 오히려 화를 내셨다. 그래서 제자들의 이러한 금지를 곧바로 금지하셨다고 한다.

"예수께서 보시고 노하시어 이르시되 어린아이들이 내게 오는 것을 용납하고 금하지 말라 하나님의 나라가 이런 자의 것이니라 (막 10:14)"

예수님은 본디 이러한 분이셨다. 그런데 어떻게 마가의 손길(참석)을 거부하셨으랴? 그런 일은 결단코 없었을 것이라고 나는 확신한다.

참고로, 학자들은 당시 마가의 나이가 10대에 불과했을 것이라고 추정하고 있다. 10대면 어느 정도 성숙해서 이미 어린아이라고는 할 수 없겠으나, 그래도 여전히 사랑스럽고 귀여운 나이임은 변함이 없을 것 같다. 더구나 지적 호기심이 한창 왕성할 때라서 예수님의 가르침을 마치 스펀지처럼 팍팍 빨아들일 수 있는 나이이기도 하다. 그러니 예수님의 입장에서는 그 얼마나 사랑스럽고 예뻤을까! 아마 눈에 넣어도 아프지 않았을 것 같다.

그런데 만약에, 정말로 만약에, 예수님이 마가의 참석을 명시적으로 거부했다면 또 어떻게 됐을까? 그래도 나는 아무런 문제가 없었을 것이라고 생각한다. 비록 최악의 상황을 상정한다 하더라도 말이다. 왜냐하면, 마가가 그 다락방의 주인이라는 사실은 변함이 없기 때문이다.

따라서 마가는 만찬이 시작될 때와 끝날 때는 어쨌든 만찬장에 출입할 수 있었을 것이다. 그리하여 예수님을 맞이하는 환영인사와 떠나보내는 송별인사는 반드시 드렸을 것이 분명하다. 이것은 집주인으로서 마땅히 해야 할 최소한의 예의이기 때문에 그 누구도 이것만은 막지 못했을 것이다. 심지어 예수님조차도 말이다. 그러므로 마가가 예수님의 옆자리에 앉았을 기회는 최소한 2번 이상 확보되어 있었다는 이야기가 된다. 그러면 이 2번의 기회만으로도 충분한 것이다. 이 2번의 기회만으로도 마가는 그날 만찬의 주인공이 되기에는 차고도 넘치는 존재였다.

그런데 이상과 같은 논리 전개에는 석연치 않은 문제점이 하나 있다.

마가의 식구 중에서 왜 하필 마가인가? 하는 점이다. 그날 만찬장에는 당연히 그 집안의 최고 어른인 마가의 아버지가 참석했을 수도 있고, 너무나 유명한 예수님의 제자이자 마가의 외삼촌인 바나바가 참석했을 수도 있다. 그도 아니면 이 모든 식구들이 한꺼번에 다 참석했을 가능성도 있다. 그런데 왜 마가 한 사람만 유독 그 이름이 계속 거론되고, 이슈가 되는 것일까? 이에 대한 의문은 다음 장에서 따로 다루기로 하겠다.

9. 예수님의 품에 누울 수 있는 제자

아무리 어려운 수학 문제도 막힘없이 척척 다 풀 수 있는 기가 막힌 방법이 있다면 당신은 믿겠는가? 공식 따위는 몰라도 된다. 사칙연산만 할 줄 알면 된다. 소위 말하는 '수포자'도 얼마든지 사용 가능한 방법이다. 그만큼 쉽고 단순하다. 단, 시간이 좀 많이 걸린다는 단점이 있다. 따라서 시간제한이 엄격할 때에는 사용이 다소 곤란할 수도 있겠다.

반면에, 주어진 시간이 무한정일 때에는 사실 이보다 더 좋은 방법은 찾을 수 없을 정도다. 더욱이 출제방식마저 객관식일 경우에는 완전히 금상첨화가 되겠다. 그런데 그 방법을 공개하면 무릎을 치고 감탄할 사람도 있겠지만, 아마 욕을 하고 화를 낼 사람이 더 많을 것 같다. 듣고 나면, 그 방법이란 것이 '콜럼버스의 달걀'처럼 누구나 다 알고 있는 뻔한 내용이기 때문이다.

그래서 공개하기가 조금 부담스럽지만 욕먹을 각오를 하고 굳이 공개를 하자면, 그 방법이란 바로 '세상에 존재하는 모든 경우의 수를 하나하나 차례대로 문제가 풀릴 때까지 계속 그 수학 문제에 대입해 보는 것'이다. 그래서 문제가 풀리면 그 대입한 수가 바로 정답이 된다.

예를 들어, 5+X=8이라는 식에서 X를 구하라는 문제가 있다고 치자. 보통의 경우에는 X=8-5라는 방법으로 정답 3을 구하게 된다. 그러나 이 방법을 모르는 사람이라면 어떻게 해야 될까? 그때에는 좀 수고스럽더라도 X에 1, 2, 3을 차례대로 계속 대입해보면 된다. 그러면 5+1≠8, 5+2≠8, 5+3=8이라는 과정을 통해 3이 정답이라는 것을 알 수 있게 된다.

어떤가? 너무나 쉽지 않은가? 이와 같은 방법을 적용하면 이 세상 그 어떠한 문제도 풀지 못할 문제가 없다고 나는 감히 단언할 수 있다. 예를 들어, 4자리 숫자로 조합된 비밀번호가 있고, 이 비밀번호를 알아내는 것이 오늘의 문제라고 가정하자. 과연 어떻게 해야 될까? 결론만 얘기하면, 이럴 때에는 어떤 방법도 다 무익하고 소용없다. 유일한 해결 방법은 그냥 단순 무식하게 0001부터 9999까지 차례대로 입력해보는 것이다. 그러면 언젠가는 반드시 문제가 해결될 수밖에 없다. 확실하다.

그럼 이제부터 우리도 이 방법을 한번 응용해보자. 문제는 요한복음 13:23에 등장하는 예수님의 제자를 찾는 일이다. 다행인 것은 이 문제가 주관식이 아니라 객관식이라는 점이다. 더구나 3지선다형이다. 다음 3가지 보기 중에서 답을 찾으면 된다. ①번은 마가의 아버지이고, ②번은 마가의 외삼촌 바나바이며, ③번이 마가다. ①, ②, ③번 중 과연 몇 번이 정답일까? 그것은 ①, ②, ③번을 일일이 문제에 다 대입해보면 알 수 있을 것이다. 문제를 다시 한 번 적어보겠다. 요한복음 13:23이다.

"예수의 제자 중 하나 곧 그가 사랑하시는 자가 예수의 품에 의지하여 누웠는지라 (요 13:23)"

먼저, ①번과 ②번에 대해서다. ①번과 ②번의 공통점은 둘 다 성인 남성이라는 점이다. 그럼 이 두 명의 성인 남성을 문제에 한번 대입해보자. 예수님의 품에 의지하여 누워있는 이 익명의 제자를 X라고 보고, 이 X의 자리에 각각 대입하면 된다.

그러면 자연스럽게 드는 어떤 느낌이 있다. 불편하고 어색하다는 느낌. 또는 안 맞는 퍼즐 조각을 억지로 끼워 맞춘 느낌. 이런 느낌이 계속 든다. 왜 그런가 하면, 침상에 같이 누워있는 사람들이 예수님을 포함하여 모두 성인 남성들이기 때문이다. 지극히 존귀하신 예수님의 품에 누군가가 누워있는 것 자체가 파격이지만, 그보다 더 파격인 것은 성인 남성들끼리 누워있다는 점이다.

더구나 제자 X는 예수님의 제자들도 최후의 만찬을 준비하는 과정에서 처음 알게 된 사람이니, 예수님 또한 거의 접촉이 없었던 남자였을 것은 분명한 일이다. 그렇다면 생면부지의 두 성인 남성이 같은 침상에 서로 의지하여 누워있는 상황이 그려지게 된다. 이 얼마나 불편하고 어색한 상황인가? 경험해본 남성들이라면 다들 아실 것이다. 그 불편함과 어색함은 이루 말할 수 없을 정도이다. 오죽하면 성인 남성들이 제일 싫어하는 사람이 바로 '처음 본 남자'라는 우스갯소리까지 있을까?

그런데 여자들은 남자들의 이런 고통을 잘 이해하지 못한다. 아마도 남자들과 다른 어떤 특별한 유전자를 하나씩 갖고 있는 모양이다. 지금도 이 글을 쓰는 주스가게 안에서는 이해 못할 광경이 하나 목도되고 있다. 아내와 아내의 지인인 정현이 엄마 그리고 지성이 엄마가 가게 안 뒤쪽 좁은 공간에서 서로 밀착한 가운데 신나게 수다를 떨고 있는데, 가만히 생각해보니 정현이 엄마와 지성이 엄마는 서로 초면이다. 지금까지 일면식도 없었다. 심지어 나이 차이도 꽤 되는 편이다.

그런데도 마치 10년지기 친구들처럼 스스럼없고, 정답기 또한 그지없다. 고객의 주문이 들어와서 아내가 대화 도중 불가피하게 빠지고, 조금 전까지 생면부지였던 그 두 사람만 남았을 때조차 그 두 사람 사이에는 불편함이나 어색함 따위는 조금도 감돌지 않는다. 남자인 나로서는 여자들의 이런 모습이 그저 신기하고 놀라울 뿐인데, 반대로 여자들의 시각으로 봤을 때 남자들의 모습은 또 어떠해 보일지 자못 궁금하다. 참으로 한심하고 답답해 보이지 않을까?

이야기가 잠깐 엉뚱한 곳으로 빠졌는데, 각설하고 다시 본론으로 돌아가겠다.

이 상황이 불편하기는 열두 제자들의 입장에서도 마찬가지다. 지금껏 알지도 못했던 웬 남성이 느닷없이 나타나 자기들 대신에 예수님의 옆자리를 차지해버렸으니, 이 얼마나 황당한 일인가? 제자 X를 '공동의 적'이나 '박힌 돌 빼내는 굴러온 돌' 쯤으로 생각해서 은근히 적대하고, 질투와 증오가 섞인 눈총을 동시다발로 계속 쏘아 보냈을 것은 불 보듯 뻔한 일이다. 그랬다면 예수님께서도 자신이 잡히시기 전에 마지막으로 한 번 더 제자들을 교육하고, 단합시키려고 했던 목적은 끝내 성취하지 못하고 말았을 것이다.

참고로, 이때의 장면이 얼마나 충격적이었는지는 베드로의 기억을 한번 확인해 보면 알 수 있다. 부활하신 예수님과 7제자들이 디베랴 호수에서

예수님 부활 후 3번째로 만난 날, 베드로가 자신의 뒤를 따르는 제자 X
를 보고 순간적으로 떠올린 기억이 바로 이 장면이었던 것이다.

*"베드로가 돌이켜 예수께서 사랑하시는 그 제자가 따르는 것을 보니 그
는 만찬석에서 예수의 품에 의지하여 주님 주님을 파는 자가 누구오니이
까 묻던 자더라 (요 21:20)"*

베드로가 제자 X를 보면 자동적으로 이 장면이 연상될 만큼, 이 장면은
베드로의 뇌리에 깊고 강한 인상을 남겼다는 뜻이다. 그만큼 파격이었고
흔치 않는 모습이었다는 뜻이기도 하다. 그런데 이 장면을 떠올린 뒤 베
드로의 입에서 나온 대사가 또한 반전이다. 요한복음 21:21을 이어서 보
겠다.

*"이에 베드로가 그를 보고 예수께 여짜오되 주님 이 사람은 어떻게 되
겠사옵나이까 (요 21:21)"*

베드로는 뜻밖에도 제자 X를 진심으로 걱정하고 있는 말투다. 질투라든
지 시샘의 낌새는 도통 보이지 않는다. 또한 '공동의 적'이나 '굴러온 돌'
로 인식하는 것 같지도 않다. 오히려 애정이 잔뜩 묻어있다. 도대체 베드
로의 진심은 무엇이었을까? 가늠하기가 쉽지 않다. 그러나 분명한 것은,
그날 만찬 때의 장면이 파격 그 자체인 것은 틀림이 없으나, 파격의 주체
인 제자 X가 베드로를 비롯한 열두 제자들이 보기에 그리 경계하거나 시
샘해야 할 대상은 아니었다는 것이다.

그리고 그날의 만찬 역시 순조롭게 잘 마무리가 되었던 것 같다. 예수님께서는 제자들에게 전하고 싶었던 모든 말씀을 전했고, 제자들은 제자들대로 흥에 겨워 만찬 이후까지 계속 찬미가 터져 나왔다고 한다(막 14:26). 결과적으로, 우려했던 모든 문제가 그날 만찬에서는 단 하나도 발생되지 않았다. 그것은 그 자체로 ①번이나 ②번과 같은 성인 남성은 이 익명의 제자가 될 수 없다는 강한 증거가 된다. 아무래도 ①번과 ②번은 정답과 거리가 너무 먼 것이다.

그러나 이 문제에 ③번을 대입하면 이야기가 달라진다.

③번의 특징은 아직 앳되고 나이가 어린 청소년이라는 점이다. 소설 〈마르코스 요안네스〉를 집필한 김성일 장로는 국민일보에 연재한 〈잃어버린 마가를 찾아서 (3) 마가는 무엇을 보았는가〉 편을 통해 당시 마가의 나이가 17세 정도쯤 되었을 것으로 추정하고 있다. 실제로 베드로전서 5:13을 보면 베드로가 마가를 가리켜 "내 아들 마가"라고 부르고 있는데, 이를 감안하면 당시 마가가 10대 중반을 전후한 나이였음은 확실해 보인다.

그리고 또 다른 증거가 하나 더 있다. 마가가 마가복음 본문에 마가 본인의 모습을 기록한 것으로 추정되는 한 인물이 있는데, 예수님이 잡히시던 밤에 다른 제자들은 다 예수님을 버리고 도망갈 때 홀로 예수님을 뒤따르던 바로 그 인물이다(막 14:50-52).

기독교대백과사전이나 김성일 장로의 글 등에서는 이 미지의 인물이 마가 본인이라는데 의견이 일치되고 있다. 이 인물이 마가가 아니라면, 그 내용을 복음서에 삽입할 의미가 전혀 없다는 것이 그 주된 이유라고 한다. 내가 보기에도 그 내용이 어떤 철없는 젊은이의 단순 해프닝에 불과한 것이라면, 그 맥락 없고 의미 없는 내용을 그 중요한 복음서에, 그것도 예수님이 잡히시는 그 극적인 장면에 삽입했을 리는 없다고 생각한다.

어쨌든 이 불가사의한 인물에 대해서는 뒷장에서 좀 더 자세하게 다루기로 하고, 이 장에서는 마가가 마가 자신으로 추정되는 이 인물에 대해서 나이를 짐작할 수 있는 힌트인 '청년' 이라는 표현을 직접 사용했다는 점만 강조하고 싶다.

"제자들이 다 예수를 버리고 도망하니라 한 청년이 벗은 몸에 베 홑이불을 두르고 예수를 따라가다가 무리에게 잡히매 베 홑이불을 버리고 벗은 몸으로 도망하니라 (막 14:50-52)"

마가 스스로도 자신을 청년으로 표현했고, 베드로도 마가를 아들이라고 부를 정도였으니 예수님에게도 마가는 분명 아들 또래가 될 것이다. 그렇다면 아들 또래의 청년이 아버지뻘이 되는 예수님의 품에 의지하여 누워 있다고 하더라도 그 장면 자체가 특별히 이상할 것은 없을 것이다.

평소 어린이를 좋아하는 예수님의 성품을 고려하면, 오히려 자연스러운 모습일 수 있다. 더구나 침상 위의 두 사람은 스승과 제자의 관계이다. 귀엽고 사랑스러운 제자를 스승이 품에 안고 이런 얘기, 저런 얘기를 나누는 장면에 불과한 것이다. 그러니 무엇이 이상할 것인가? 오히려 부러움의 대상이다. 베드로를 비롯한 열두 제자들의 입장에서 보더라도 마찬가지다. 시샘이나 질투의 대상은 아니고, 잠재적 경쟁자는 더더욱 아니다.

이 나이 어린 제자가 스승이 사랑하시는 사람이라면, 그들에게도 소중하고 귀여운 후배가 된다. 그뿐이다. 제자 X의 자리에 ①번이나 ②번 대신에 ③번을 대입하면 상황이 이렇게 달라지는 것이다.

그러나 여기서 만족할 수는 없다. 지금까지는 예수님이 보이신 파격만 살펴보았지만, 이제부터는 예수님의 수제자 베드로가 보인 파격에 대해서도 살펴보겠다.

베드로에게는 제자 X가 대단히 만만하게 보였던 것 같다. 자기가 예수님께 직접 물어봐도 될 일을 굳이 제자 X를 통해 대신 묻고 있다. 그런데 주목해야 할 부분은 베드로의 태도다. 공손히 묻기는커녕 머릿짓으로 물음을 대신하고 있는 것이다. 이것은 상대방을 무시하거나 하대할 때 흔히 보이는 태도다. 요한복음 13:24로 다시 돌아가 보자.

"시몬 베드로가 머릿짓을 하여 말하되 말씀하신 자가 누구인지 말하라 하니 그가 예수의 가슴에 그대로 의지하여 말하되 주여 누구니이까 (요 13:24)"

제자 X가 성인 남성이라면, 베드로가 이렇게까지 무례할 수는 없었을 것이다. 더구나 제자 X의 신분이 만찬장의 집주인이라는 점을 감안하면 더더욱 상상할 수 없는 태도다. 그리고 제자 X는 현재 예수님과 같은 침상에 누워 이야기를 나누는 자다. 적어도 이 순간만큼은 예수님과 동격을 이루는 자라고 할 수 있다. 이런 자를 제자들이 함부로 대할 수 있을까? 감히 그랬다가는 스승이신 예수님을 모욕하는 행위로 간주되어 크게 경을 칠 수 있다. 배경 장소가 특히 한국이었다면 반드시 그랬을 것이다.

그러나 또 예외 없는 원칙이란 없다고 했다. 이 경우에도 당연히 예외가 있다. 제자 X가 한참이나 나이 어린 후배인 경우가 바로 그 예외에 해당된다. 예외로 인정되면, 하대(下待) 해도 된다는 뜻이다. 하대해도 상례나 율법에는 어긋나지 않는다는 뜻이다. 예수님도 이러한 하대의 당위성은 묵시적으로 인정한다는 뜻이다. 그런데 왜 이 경우를 예외로 인정하는가 하면, 이 경우에 한해서만 비로소 베드로의 우위가 확실히 인정되기 때문이다. 다른 경우에는 베드로와의 관계 설정이 쉽지 않다.

예수님의 제자들은 다양한 연령, 직업, 신분의 출신들로 구성되어 있다. 참여하는 정도도 열두 제자나 마리아와 같이 적극적으로 참여하는 제자들이 있는가 하면, 니고데모나 아리마대 요셉과 같이 뒤에서 은밀히 표시나지 않게 도와주는 제자들도 있다.

이렇게 다양한 사람들로 구성된 제자들의 무리 중에서 베드로는 최고참급 선배에 해당하는데, 후배 제자들과의 관계가 다 똑같을 수는 없다. 같은 후배라도 나이가 많거나 신분이 높은 후배는 대하기가 어렵다. 그중에서도 특히 나이가 더 문제다. 신분이 높은 제자는 사실 대면할 기회가 그렇게 많지 않다. 그리고 대면을 피하고 싶으면 얼마든지 피할 수도 있다. 하지만 나이로 인한 문제는 그게 안 된다. 대면이 수시로 일어나고 일상적이다. 일상적이다 보니 피할 수도 없다.

또한 나이가 베드로보다 더 많아도 대하기가 어렵지만, 베드로보다 더 적어도 일단 성인이면 마땅히 그에 걸맞은 대우를 해주어야 하니까 어렵기는 역시 마찬가지다. 우리도 자식을 키울 때 많이 경험하지 않는가? 자기 자식이라도 '품 안에 자식'이란 말이 있듯이, 자식이 다 커서 이미 성인이면 그때부터는 더 이상 부모 마음대로 할 수 없다. 말도 곱게 해야 한다. 훈계도 윽박지르듯이 함부로 해서는 안 되고, 독립적이고도 대등한 인격체로 대우해 주어야 한다. 그렇지 않으면 부모 자식 관계도 얼마든지 파탄 날 수 있다.

하물며 내 자식도 아닌 남의 자식인 경우에는 말해 무엇하랴? 선후배 관계라도 성인이면 무조건 예의를 지켜야 한다. 그러나 그 후배가 한참이나 나이 어린 후배라면 꼭 그럴 필요까지는 없겠다. 그냥 다정다감하게 대해 주면 그걸로 족하다. 이 새끼 저 새끼 욕하며 선배랍시고 갑질하는 것만 아니라면 머릿짓으로 뭘 물어보는 정도는 그다지 흉이 되지 않는다. 동서고금 어디서나 이 정도는 다 예외로 봐 줄 수 있을 것 같다.

결론적으로, 베드로의 행동에 비추어 역으로 추정해본 이 익명의 제자는 10대 중반의 나이 어린 청소년인 것이 확실시된다. 그 외의 경우에서는 베드로의 이런 무례를 설명할 방법이 없다. 특히 ①번, ②번, ③번과 같이 이미 주어진 보기 중에서 베드로가 이렇게 무례히 대해도 괜찮은 사람은 오로지 ③번뿐인 것이다. 예수님의 파격을 통해서 건, 베드로의 파격을 통해서 건, 언제나 정답은 ③번으로 귀결된다. 마가가 또 정답이다.

지겹겠지만, 답이 ③번인 이유를 다른 증거로 또 한번 입증해 보겠다. 지금까지는 예수님과 베드로가 보인 파격을 통해서 그 이유를 설명했지만, 이번에는 이 제자 X가 보인 파격을 통해서 그 이유를 설명하겠다. 예수님께서는 제자 X가 던진 질문에 응답하여 다음과 같이 말씀하셨다. 요한복음 13:26이다.

"예수께서 대답하시되 내가 떡 한 조각을 적셔다 주는 자가 그니라 하시고 곧 한 조각을 적셔서 가룟 시몬의 아들 유다에게 주시니 (요 13:26)"

즉, 예수님을 대적하여 예수님을 팔 자가 누구인지 예수님께서는 제자 X에게 분명히 다 밝히신 것이다. 그런데 이 제자 X의 행동이 이상하다. 예수님의 대답을 다 듣고서도 아무런 반응이 없다. 마땅히 취해야 할 후속 조치가 있을 텐데, 그냥 수수방관이고 속수무책이다. 후속 조치는커녕 예수님의 대답이 무엇을 의미하는지 그 의미조차 제대로 이해하지 못하는 것 같다. 한 마디로 미숙하고, 철이 없다.

만일 제자 X가 성인 남성이라면, 상황 대처가 이처럼 미숙하지는 않았을 것이다. 우선 예수님의 말씀부터 신속히 전파했을 것이고, 그게 여의치 않을 경우에는 자기 혼자만의 힘으로라도 가룟 유다를 막아서고 제압했을 것이다. 그런데 실제로는 아무 일도 없었다. 아무 일도 없었다는 것은 이 제자 X가 "상황 대처를 제대로 할 수 있었던" 성인 남성은 일단 아니라는 것이다.

이 상황은 제자 X의 나이가 한참이나 어려서 미숙한 까닭에 그리되었다고 해야 비로소 조금은 이해될 수 있는 상황이다. 요한복음 13장 27절부터 30절까지를 마저 읽어보자. 읽어보면, 예수님의 말뜻을 아무도 이해하지 못하는 이 답답하고 이해할 수 없는 상황이 겨우 이해될 수 있다.

"조각을 받은 후 곧 사탄이 그 속에 들어간지라 이에 예수께서 유다에

게 이르시되 네가 하는 일을 속히 하라 하시니. 이 말씀을 무슨 뜻으로 하셨는지 그 앉은 자 중에 아는 자가 없고, 어떤 이들은 유다가 돈궤를 맡았으므로 명절에 우리가 쓸 물건을 사라 하시는지 혹은 가난한 자들에게 무엇을 주라 하시는 줄로 생각하더라. 유다가 그 조각을 받고 곧 나가니 밤이러라 (요 13:27-30)"

지금까지 살펴보았듯이 예수님의 행동과 베드로의 행동 그리고 이 익명의 제자가 보인 행동이 모두 하나같이 파격적이고 이상하다. 그러면서 또 어찌 보면 삼위일체처럼 서로 짝이 맞고 일관성이 있다. 그런데 그 이유나 비밀은 이 익명의 제자가 나이 어린 청소년이라는 사실을 인정할 때에만 비로소 모든 것이 설명되고 이해될 수 있는 것이다.

결론적으로, 이 익명의 제자는 마가의 가문에 속한 사람이면서 동시에 나이가 어린 사람이어야 한다. 그렇다면 앞에서 예시한 ①,②,③번 중에서는 유일하게 ③번 마가만이 이 조건에 부합한다.

10. 결정적인 증거

요한복음의 저자는 십자가에 매달리신 예수님으로부터 성모 마리아에 대한 부탁 말씀을 듣고 그때부터 성모 마리아를 어머니로 맞이해서 자기 집에 모시고 살았다(요 19:27). 그렇다면 예수님의 십자가 고난 직후부터 성모 마리아가 거하고 계셨던 집이 어디인지 그 집을 찾아서 그 집의 주인을 확인하면 될 일이다. 그 집의 주인이 바로 요한복음의 저자와 동일 인물일 테니, 요한복음의 저자임을 입증할 수 있는 증거로는 이보다 더 확실한 증거가 없는 것이다.

참고로, 이 증거는 이 글의 서두에서 정리한 요한복음의 진짜 저자임을 입증할 수 있는 5가지 판단기준 중 (3)번째 기준과 직결되는 증거로서, 유일하게 직접적인 증거에 해당된다. 그런데 그 증거는 뜻밖에도 복음서가 아닌 사도행전에 숨겨져 있다. 성모 마리아가 이 제자의 집에 거하기 시작한 것은 예수님의 십자가 고난 직후의 일이고, 이때부터의 일을 기록한 것은 사도행전이니, 복음서가 아닌 사도행전에 그 증거가 숨겨져 있는 것은 어쩌면 너무나 당연한 일일 것이다.

그런데 정말로 이해할 수 없는 일은 따로 있다. 이때 성모 마리아가 어디에 거하고 계셨는지를 제 주변 사람들에게 물어보면, 뜻밖에도 웬만한 사람들은 다 그 정답을 알고 있어 나는 몇 번씩이나 깜짝 놀라야 했다.

심지어 성경을 한 번도 읽어보지 않은 사람들까지도 그 정도의 정답은 상식으로 다 알고 있다는 투였다. 그런데도 이 제자의 정체가 2000년간 미스터리였다니, 이것이 미스터리가 되는 이 이상한 현실이 더욱 미스터리여서 나는 소름이 끼쳤다.

아마도 사도 요한이 말년에 에베소에서 성모 마리아를 모셨다고 하는 그 유명한 전설이 이 이상한 미스터리를 있게 한 배후 중의 하나일 것으로 추정된다. 이 전설이 성경의 실제 기록보다 더 빨리 사람들의 마음을 선점해서 사람들의 눈에 콩깍지를 씌웠기 때문에 사람들은 요한복음 19:27의 말씀을 읽어도 그 참된 의미까지는 제대로 읽지 못하는 것 같다. 사랑에 빠지면 눈에 콩깍지가 씌어서 연인이 무슨 짓을 하더라도 다 멋지게만 보이고 그 본모습은 절대 볼 수 없는 것처럼 말이다.

어쨌든 정답은 우리가 흔히 '마가의 다락방'이라 부르는 곳인데, 사실은 '마가라 하는 요한의 어머니 마리아의 집'이라 부르는 것이 좀 더 정확한 성경적 표현이 되겠다. 이곳에서 성모 마리아가 거하고 계셨던 것이다. 사도행전 1장 13절과 14절에 그 첫 번째 증거가 나온다.

"들어가 그들이 유하는 다락방으로 올라가니 베드로, 요한, 야고보, 안드레와 빌립, 도마와 바돌로매, 마태와 및 알패오의 아들 야고보, 셀롯인 시몬, 야고보의 아들 유다가 다 거기 있어 여자들과 예수의 어머니 마리아와 예수의 아우들과 더불어 마음을 같이하여 오로지 기도에 힘쓰더라 (행 1:13-14)"

우리는 이 말씀 중에서 일단 '다락방'과 '유하는'이라는 표현에 주목할 필요가 있다. 성경이 이 다락방에 대해서 누구의 다락방이고 어디에 있는 다락방인지 그 자세한 설명까지는 모두 생략하고 있지만, 우리는 이미 이 다락방이 마가의 다락방임을 상식적으로 다 알고 있다. 이 다락방은 예수님이 최후의 만찬을 나눈 장소이자 최초의 예루살렘 교회당으로 사용된 장소이고, 가룟 유다 대신 맛디아를 열두 사도의 일원으로 선출한 장소이면서 또한 예수님의 제자들이 집단적으로 오순절 성령강림을 체험한 장소다. 그야말로 이 다락방은 기독교의 잉태와 탄생 그리고 성장과 발전을 함께 한 역사의 산증인인 것이다.

그런데 이 말을 가만히 뒤집어서 생각해보면, 그만큼 예수님의 제자들이 이 다락방을 자기 집처럼 자주 드나들었다는 의미가 된다. 그러니 예수님의 제자들이 예루살렘 성내에서 유하는 다락방이라면 당연히 이 마가의 다락방 외에 다른 곳은 생각할 수도 없는 것이다. 더구나 그 많은 예수님의 제자들을 한꺼번에 수용할 정도로 규모가 큰 다락방은 예루살렘 성내에서도 그리 흔치 않았을 것이고, 또 이런 다락방이 설사 흔했다 하더라도 당시 위험인물로 낙인찍혀 모두가 기피하던 예수님의 제자들에게 이런 다락방을 선뜻 제공할 집주인은 더더욱 흔치 않았을 것이 분명하다. 그러니 이리저리 아무리 생각해보아도, 정답은 역시 마가의 다락방뿐이다.

그리고 '유한다'는 표현은 제자들이 일시적으로 이곳에 모인 것이 아니라 일정 기간 이곳에 계속 머물면서 묵고 있었다는 의미로 사용된 표현이다. 그러니까 예수님의 제자들은 예수님의 승천 전후로 해서 이 다락방을 마치 "자기들의 집"처럼 상시 사용하고 있었다는 말씀이 된다. 그런데 14절을 보면, 이 마가의 다락방에 머물고 계신 사람들 중에 예수님의 어머니 마리아의 이름도 함께 발견되는데, 그렇다면 성모 마리아가 이때 유하고 계셨던 곳도 바로 마가의 다락방이라는 것이 이로써 분명히 증명되는 것이다.

다음은 사도행전 12:12이다. 두 번째 증거가 되겠다.

"깨닫고 마가라 하는 요한의 어머니 마리아의 집에 가니 여러 사람이 거기에 모여 기도하고 있더라 (행 12:12)"

두 번째 증거는 첫 번째 증거와 사뭇 다르다. 그러면서 또 어떻게 보면 서로가 서로를 묘하게 보완하고 있다. 예를 들어, 이 집이 누구의 집인지에 대한 명확한 설명은 두 번째 증거가 담당하고 있고, 이 집에 유하고 있는 사람들의 구체적인 명단은 첫 번째 증거가 제공하고 있다. 따라서 우리는 이 두 번째 증거를 통해서 이 집이 과연 누구의 집인지, 그리고 그 집주인의 정체가 주는 의미는 또 무엇인지 등 주로 이 집 자체에 대한 진실을 먼저 확인하게 될 것이다.

우리는 보통 이 다락방을 마가의 다락방이라고 불러왔다. 그런데 성경에서는 "마가라 하는 요한의 어머니 마리아의 집"이라는 표현을 사용하고 있어 조금 뜻밖이라는 생각이 든다. 그러나 표현만 다를 뿐이지 어차피 그 집이 그 집이다. 요즘처럼 소가족과 핵가족 시대를 넘어 1인 가구 시대를 사는 것도 아닌 고대사회에서 아들 집이 따로 있고 홀로되신 어머니 집이 따로 있을 리는 만무하기 때문이다. 따라서 이 집이 마가의 집이라는 사실은 결코 달라지지 않는다.

그러나 그럼에도 뭔가 석연치 않은 점이 하나 있다. 성경은 왜 이 집을 처음부터 마가의 집이라고 소개하지 않고 복잡하게 마가의 어머니 집이라고 소개했을까?

더구나 마가의 어머니 마리아는 성경에 한 번도 등장하지 않는 완전 무명의 인물인데, 이런 인물의 집이라는 사실을 굳이 강조할 필요가 있었을까? 우리가 흔히 ○○의 집이라고 얘기할 때, 최소한 듣는 사람들이 ○○를 다 알고 있다는 전제 하에서 이런 표현을 쓴다. 그런데 우리는 마가의 어머니 마리아를 전혀 모른다. 반면에, 이 집은 오히려 설명이 필요 없을 정도로 너무나 유명하다. 그러니 이 표현은 뜬금없고 역설적이다. 무명의 인물이 교회 역사상 가장 유명한 집을 설명하는 수식어로 사용됐기 때문이다.

그리고 이 표현은 유대의 당시 상황이나 전통과도 맞지 않는다. 시대상황을 전혀 반영하지 못하고 있는 것이다.

민수기 27:8을 보면, 이스라엘에서는 아들이 없을 경우에만 딸에게 상속권을 인정하는 등 여자의 상속권이 근본적으로는 부정되는 편이다. 그러므로 만일 이 집의 소유권을 마가의 아버지를 비롯한 친가 쪽에서 상속한 것이라면 그 상속권은 당연히 마가 자신에게 있는 것이고, 또 만일 마가의 외가 쪽에서 상속한 것이라면 그때는 마가의 외삼촌인 바나바에게 그 상속권이 귀속되어야 마땅했을 것이다.

그런데도 성경은 마가의 어머니 마리아의 집이라고 표현하고 있으니, 이는 분명 당시의 상속제도와 잘 부합되지 않는 말씀이다. 그런데 이상한 점은 여기서 그치지 않는다. 이러한 표현이 유대의 상속제도와도 잘 맞지 않지만 당시 교회의 분위기와는 더더욱 맞지 않는 것이다.

당시는 대부분의 사람들이 자신들의 소유와 재산을 팔아 교회 공동체에 모두 헌납하고, 자기의 재물을 조금이라도 자기 것이라 하는 이가 없다고 자랑하던 시기였다(행 4:32~35). 따라서 이러한 시기에 마가의 가문만 홀로 자신들의 집을 여전히 자신들의 소유로 남겨둔 채 교회 공동체에 계속 참여한다는 것은 사실상 상상하기 어려운 분위기였다. 실제로 이때의 기록을 보면, 마가의 외삼촌 바나바 역시 자기 소유의 밭을 팔아 이러한 분위기에 적극 호응하고 있다. 그런 만큼 마가의 가문도 이 집의 소유권을 어떻게든 처분해서 이러한 분위기에 동참해야 한다는 부담감을 떨치지 못하고 있었을 것이다.

"구브로에서 난 레위족 사람이 있으니 이름은 요셉이라 사도들이 일컬어 바나바라(번역하면 위로의 아들이라) 하니 그가 밭이 있으매 팔아 그 값을 가지고 사도들의 발 앞에 두니라 (행 4:36-37)"

그러니 이 집이 마가의 어머니 마리아의 소유로 된 그 취득(상속) 경위도 이상하지만, 이 집이 팔리지 않고 마가의 어머니 소유로 계속 남게 된 그 보유(보존) 경위는 더더욱 이상한 것이다. 따라서 이 의문은 "왜 이집이 마가의 어머니 집이냐?" 라는 말 한 마디로 요약될 수 있다. 마가의 집도 아니고, 마가의 아버지 집도 아니며, 마가의 외삼촌 집은 더더욱 아니고, 그렇다고 교회 공동체의 집도 아닌 마가의 어머니 마리아의 집이 어떻게 가능했던 것일까?

나는 이 의문에 대한 해답을 얻기 위해 수없이 고민하고 또 고민해 보았다. 그런데 우연히 어떤 대담한 가정을 한번 전제하고 나니까 신기하게도 이 모든 의문이 일거에 해소되는 희열을 맛볼 수 있었다. 더구나 그 가정은 이 집의 소유권에 관한 단편적인 의문만 해소해준 것이 아니라,

이 글의 핵심주제인 "요한복음의 진정한 저자는 누구인가?"라는 근본적인 의문에 대해서도 속 시원한 해답을 제시해주고 있었다.

그 대담한 가정은 바로 마가의 어머니 마리아가 마가의 친어머니가 아니고 예수님의 부탁으로 맞이하게 된 어머니, 즉 성모 마리아라는 것이다. 거두절미하고 그 이유부터 설명해보겠다.

첫째. 이 분의 이름도 똑같이 마리아이기 때문이다.

둘째. 지금까지 일관되게 입증한 바와 같이 요한복음의 저자는 이제 누가 뭐래도 마가이기 때문이다. 그렇다면 성모 마리아는 사실 마가의 어머니이기도 한 것이다.

셋째. 마가도 다른 공동체 구성원들처럼 이 집을 팔아 교회에 기부해야 했기 때문이다. 그러나 이 집을 제3자에게 팔아서 소유를 넘기는 것은 교회 공동체가 존립할 수 있는 공간 자체가 없어지는 것이므로 이것은 실현 불가능한 방법이 되겠다. 따라서 마가가 시행할 수 있는 유일한 방법은 이 집을 성모님께 직접 현물로 바치는 것뿐이다. 이것은 상징성도 크고, 가장 현실적인 방법이기도 하다. 한번 생각해 보시라. 이 집을 베드로나 다른 제자에게 바치는 방안과 제3자에게 매각하는 방안, 그리고 성모님께 바치는 방안 중 어느 방안이 가장 선호되었을지를.

넷째. 이 집이 성모 마리아의 집이 될 때에만 비로소 앞에서 제기한 상속권의 문제가 모두 해결되기 때문이다. 위 (셋째) 이유와 같은 절차를 통해 성모님께 헌납했다면, 상속제도와의 불일치 문제는 이제 더 이상 제기될 수 없다.

다섯째. 완전 무명의 인물이 어떻게 교회 역사상 가장 유명한 집을 설명하는 수식어로 사용될 수 있느냐는 의문에 대해서도 일종의 해답을 제시하기 때문이다. 성모 마리아가 주인 되시는 집은 이제 더 이상 그냥 집이 아니다. 아무리 유명한 집도 어쩔 수 없이 그냥 집일 수밖에 없지만, 성모 마리아가 주인 되시는 집은 다르다. 그 자체로 교회가 되기 때문이다. 그리고 이 집은 실제로도 당시 교회의 역할을 충실히 수행하고 있었다.

여섯째. 베드로가 탈옥 후 이 집에 와서 한 말 때문이다. 사도행전 12:17이다. 이때 베드로는 자기가 탈옥한 배경을 설명하고, 이 말을 야고보와 형제들에게 전하라고 했다. 그런데 베드로의 이 말속에 등장하는 야고보는 바로 성모 마리아의 아들이자 예수님의 형제인 "주의 형제 야고보"를 말하는 것이다. 따라서 성모님 계신 곳에 그 아들인 야고보가 당연히 있었을 것이고, 반대로 야고보 있는 곳에 그 어머니인 성모님도 당연히 계셨을 것이라고 본다면 이 집의 주인은 누가 뭐래도 성모 마리아일 수밖에 없는 것이다.

일곱째. 이 집의 중요성 때문이다. 위 (여섯째) 이유에서 인용한 사도행전 12:17 말씀의 배경이 되는 시각은 밤(행 12:6)이고, 행위의 주체는 베드로이다. 베드로가 옥에 갇혀 있다가 밤중에 천사의 도움을 받아 극적으로 탈출한 후 만사 제쳐두고 제일 먼저 찾아간 곳이 바로 이 집인 것이다. 그런데 베드로가 처한 상황을 생각해보면 이것은 결코 쉽지 않은 결정이다. 베드로는 석방된 것이 아니라 탈옥한 처지이기 때문에 당연히 마음이 불안하고 다급했을 것이다. 이런 경우에는 가능한 옥에서 조금이라도 더 멀리 떨어진 곳으로 한시바삐 도망치고 싶은 것이 인지상정이다.

그런데도 그는 이 절체절명의 순간에 도망치지 않고 이 집부터 찾았다. 이것은 이 집이 그만큼 중요한 곳이라는 사실을 상징적으로 보여주는데, 이 집이 이렇게도 중요한 이유는 아마도 이 집이 베드로를 비롯한 갈릴리 사람들에게는 공동체 생활의 근거지이자 교회의 집회 장소를 겸하는 곳이기 때문이었을 것으로 추정된다. 즉, 이 집은 삶과 신앙 모든 면에서 그들에게는 모태와 같은 그런 곳이었을 것이다. 그런데 이토록 중요한 집이라면, 이 집의 주인이 마땅히 그에 걸맞은 사람이어야 한다. 그에 걸맞은 사람으로 성모 마리아보다 더 적합한 사람은 분명 없었을 것이다.

참고로, 당시는 교회 건물이 따로 있는 것이 아니라, 사람들이 모여서 함께 기도할 수 있으면 그 자체가 곧 교회가 되는 시기였다. 따라서 대개의 경우 원시 교회는 성도들이 거주하는 집과 교회의 집회 장소가 따로 구분되지 않았고, 구분될 수도 없었으며, 구분할 필요성도 없었다.

이는 우리나라에 기독교가 전래된 초기의 경우와 비교해보면 더욱 확연히 알 수 있다. 우리나라 최초의 교회라고 평가받는 곳 역시 조선시대 명례동에 살았던 김범우라 하는 역관의 개인 가정집이었는데, 이 집이 훗날 모진 고난과 풍파를 겪고 지금의 명동성당으로 거듭난 것이다. 그러니 세상 모든 교회의 모형인 예루살렘 교회의 경우는 말해 무엇하겠는가?

더욱이 예루살렘 교회는 고향을 떠나 객지에서 떠돌던 갈릴리 사람들을 중심으로 해서 만들어진 교회였기 때문에 집 따로 교회 따로의 구분은 태생적으로도 불가능하였다. 실제로도 이 두 번째 증거 말씀(행 12:12)을 보면, 예수님의 제자들이 그 늦은 밤중에도 이 집을 떠나지 않고 여전히 여럿 모여 계속 기도에 힘쓰고 있는 모습이 확인된다. 이는 이 집이 기도

하는 공간, 즉 교회이기도 하지만 그들의 숙소이기도 하기 때문에 가능한 일일 것이다.

이제, 이번 장의 결론을 맺으려 한다.

신약성경은 성모 마리아가 예수님의 십자가 고난 직후부터 거하신 곳을 알려주고 있는데, 요한복음에 의할 경우에는 〈예수께서 사랑하시는 제자〉의 집이었고, 사도행전에 의할 경우에는 마가의 다락방이었다. 그렇다면 '성모 마리아가 거하시는 집 = 〈예수께서 사랑하시는 제자〉의 집 = 마가의 다락방'이므로 〈예수께서 사랑하시는 제자〉와 마가는 동일인물이 되는 것이다. 즉, 마가가 바로 요한복음의 저자이자 〈예수께서 사랑하시는 제자〉인 것이 이로써 또 확실히 증명이 되는 것이다.

아울러 "마가의 다락방 = 지상 최초의 교회"인 이유까지 생각해 보면 결론은 더욱 명확해진다. 마가의 다락방이 지상 최초의 교회가 된 것은 결코 우연이 아니었다. 이것은 골고다에서 예수님의 선택을 받은 사람이 바로 마가였기 때문에 가능한 일이었다. 예수님께서는 사실 이러한 목적 때문에 마가에게 성모 마리아를 부탁하신 것이고, 또 성모 마리아를 마가에게 부탁하셨기 때문에 예수님의 제자들도 제각기 흩어지지 않고 성모 마리아를 따라 마가의 다락방에 모여 예수님의 부활을 기다릴 수 있었던 것이다. 그리고 이러한 배경 위에서 마가의 다락방이 필연적으로 지상 최초의 교회가 된 게 확실하다면, 결국 이 모든 것은 처음부터 끝까지 다 예수님이 계획하시고, 주관하신 일이었음을 우리는 부인할 수 없게 된다.

11. 유전자 검사

마태복음은 '마태'가, 마가복음은 '마가'가, 누가복음은 '누가'가, 요한복음은 '요한'이 각각 저술한 것으로 교회는 지금껏 주장하고 있고, 우리도 덩달아 그렇게 알아왔다. 그러나 현대의 비판적 신학자들은 이러한 주장을 전혀 믿지 않는다고 한다. 4복음서 중 그 저자가 제대로 밝혀진 것은 현재 아무것도 없다는 것이다.

그런데 다행스럽게도 요한복음만큼은 이번 기회에 이 글을 통해서 마침내 그 저자의 정체를 확증할 수 있게 되었다. 요한복음의 '요한'은 사도 '요한'이 아니고 마가 '요한'이었던 것이다. 따라서 마가복음 저자의 정체가 다른 사람으로 대체되지 않는 한, 현재로서는 마가 요한 한 사람이 마가복음과 요한복음을 모두 혼자서 저술했다는 결론이 나온다. 그렇다면 마가복음과 요한복음은 한 아버지에 의해 순차적으로 태어난 친형제와도 같은 관계가 되는 것이다. 이 말은 곧 두 복음서의 유전자가 일치한다는 뜻이기도 하다.

그러므로 이 두 복음서는 태생적으로 서로 닮아야 하고, 또 동시에 필연적으로 달라야 한다. 그것이 세상의 이치다. 유전자가 같기 때문에 어떤 것은 닮아야 하고, 또 어떤 것은 달라야 하는 것이다. 이 말은 얼핏 모순되는 것 같지만, 실제로는 그렇지 않다. 대표적인 것이 이름에 관한 경우다. 예를 들어, 친구 간에는 동명이인이 있을 수 있다. 심지어 사촌 형제간에도 그럴 수 있다. 그러나 [20]친형제는 그럴 수 없다. 무릇 이름이란 타인과 나를 구별하기 위해 존재하는 것인데, 나와 구별되는 최초의 타인이 바로 친형제인 까닭이다.

말이 나온 김에, 이 글의 주제에서는 약간 벗어나지만, 요한복음 19:25에 이와 유사한 문제가 있어 잠깐 언급하고자 한다. 우리는 이제껏 이 말씀 속에 등장하는 여인의 수가 총 4명인 것으로 이해해 왔다. 그러나 현실에서는 3명이라는 해석도 의외로 많이 통용되고 있다.

"예수의 십자가 곁에는 그 어머니와 이모와 글로바의 아내 마리아와 막달라 마리아가 섰는지라 (한글 성경)"

"Near the cross of Jesus stood his mother, his mother's sister, Mary the wife of Clopas, and Mary Magdalene. (영어 성경)"

한글 성경은, 위에서 보시다시피, 다르게 해석할 여지가 별로 없다. 그러나 영어나 헬라어 원문으로 된 성경은 문제의 소지가 다분하다. 예를 들어, 영어로 된 위 글 중에서 his mother's sister와 Mary the wife of Clopas 사이에 쉼표가 하나 빠진다면 어떻게 될까? 쉼표가 그 사이에 있으면 이모와 글로바의 아내는 별개의 인물이 맞다. 그러나 쉼표가 없거나, 있어도 흐릿하게 지워져서 잘 보이지 않는다면 그 해석은 급격히 달

---

20) 물론, 극소수의 예외적인 경우도 엄연히 존재한다. 고대 로마에서는 친자매간에도 이름이 동일한 경우가 종종 있었다고 한다.

라진다. 이때는 이 여인이 예수님의 이모이자 글로바의 아내 마리아로서 별개의 인물이 아니라 한 명의 동일한 인물이 되는 것이다. 영화배우 '톰 크루즈'는 한 명을 의미하지만, 영화배우 "톰, 크루즈"는 톰과 크루즈라는 두 명의 인물을 의미하는 것과 같은 이치다.

즉, 쉼표가 있으면 두 사람, 쉼표가 없으면 한 사람이다. 이에 따라 전체 인원의 변경(4명에서 3명으로)은 자동적으로 수반된다.

그런데 나는 이와 전혀 다른 이유로 전체 인원의 4명설(說)을 지지한다. 쉼표가 있든 없든 상관없이 말이다. 왜냐하면, 전체 인원 3명설(說)에 의할 경우 성모 마리아와 예수님의 이모가 한 자매로서 이름이 모두 마리아가 되기 때문이다. 그런데 나는 유대나 한국의 역사를 통틀어 한 자매가 동명이인인 경우를 아직 한 번도 들어보지 못했다(내가 지식이 짧고 과문해서 그럴 수도 있겠다). 부득이한 사정이 있는 경우, 최소한 마리아 1세와 마리아 2세 정도로는 구분하는 것이 정상이다. 그렇기 때문에 나사로의 동생들도 (어감은 약간 비슷하지만) 한 사람은 마리아이고, 또 한 사람은 마르다인 것이다.

만약 그렇지 않다면, 부모님이 마리아를 부르실 때 과연 어떤 마리아가 대답해야 될지 당사자들도 여간 혼란스럽지 않을 것이다. 따라서 4명설(說)이 정답일 수밖에 없게 된다. 그러나 그럼에도 불구하고 3명설(說)을 여전히 지지하고자 한다면, 이때는 오직 한 가지 가능성만 생각할 수 있다. 이 이모가 성모 마리아의 친동생이 아닐 가능성뿐이다. 이 외에 다른 가능성은 없다.

각설하고, 다시 본론으로 돌아오겠다.

지금 우리는 마가복음과 요한복음의 유전자가 같다고 전제하고 있다. 그렇다면 유전자 검사를 통해 이것을 한번 실제로 확인해볼 필요가 있겠다. 두 복음서의 저자가 만일 마가 요한인 것이 틀림없다면, 분명 이 두 복음서 사이에는 일치하는 유전자가 많이 존재할 것이다. 그럼, 이 두 복음서 사이에는 어떤 '일치하는 유전자'가 있는지 간단하게 한번 살펴보자.

첫째. 두 복음서는 시작이 일치한다. 모두 예수님의 공생애 초기 시절부터 이야기가 시작된다. 글의 전개도 모두 예수님에 대한 신앙고백으로부터 시작해서 세례 요한의 일로 곧장 넘어가는 형식이다. 다른 복음서들이 예수님의 족보나 예수님의 탄생 이전 이야기부터 시작하는 것과 크게 대비되고 있다.

둘째. 두 복음서는 중간도 일치한다. 다른 복음서를 보면, 최후의 유월절 만찬과 관련된 구절에서 오직 예수님과 열두 사도만 등장한다. 그러나 이 두 복음서에는 한 명이 더 있다. 마가복음에는 바로 마가복음을 기록한 마가 자신이다. 더 정확히는 최후의 만찬이 끝난 직후 겟세마네 동산에서 예수님이 잡혀가실 때 예수님을 따라가다가 벌거벗은 채로 달아났다고 마가복음에 기록된 청년(막 14:51-52)이 되겠다. 이 청년이 요한복음에 와서는 〈예수께서 사랑하시는 제자〉라는 이름으로 등장하여 예수님께 묻고 있다. 주님, 주님을 파는 자가 누구오니이까?

셋째. 두 복음서는 끝도 일치한다. 부활하신 예수님을 무덤 앞에서 제일 처음 만난 사람이 누구인지 복음서에 따라 그 설명이 조금 상이한데, 마태복음은 막달라 마리아와 다른 마리아라 하고, 누가복음은 이때 예수님을 만난 사람은 아예 없는 것처럼 기록하고 있다. 그러나 마가복음과 요한복음만은 모두 막달라 마리아라고 일치된 증언을 하고 있다.

넷째. 복음서를 기록한 목적이 일치한다. 두 복음서 모두 이방 지역에서 이방인들을 위해 쓴 글이다.

다섯째. 결정적으로 오답(誤答)이 일치한다. 마가복음 1:2에서 선지자 이사야의 글이라고 한 것은 사실 말라기 3:1에 기록된 말라기 선지자의 말씀이다. 그리고 말씀의 의미나 맥락도 전혀 다르다. 그래서 같은 공관복음인 마태복음이나 누가복음조차도 이 말씀만은 마가복음의 전통을 무시하고 통째로 생략한 것이다. 그런데 성격이 전혀 다른 요한복음에서 오히려 마가복음의 전통을 이어받아 이 말씀을 계속 인용하고 있다. 그 증거가 바로 요한복음 1장 30절과 31절인데, 세례 요한이 마가복음 1:2의 말씀을 자신의 배역(예수님 앞에 보내어진 사자로서의 역할)에 맞게 대화체로 풀어서 설명하고 있다. 그러므로 요한복음에서는 이 말씀이 옛 선지자의 글이라는 따위의 설명은 굳이 불필요하게 된다.

"만군의 여호와가 이르노라 보라 내가 내 사자를 보내리니 그가 내 앞에서 길을 준비할 것이요 또 너희가 구하는 바 주가 갑자기 그의 성전에 임하시리니 곧 너희가 사모하는 바 언약의 사자가 임하실 것이라 (말 3:1)"

"선지자 이사야의 글에 보라 내가 내 사자를 네 앞에 보내노니 그가 네 길을 준비하리라 (막 1:2)"

"내가 전에 말하기를 내 뒤에 오는 사람이 있는데 나보다 앞선 것은 그가 나보다 먼저 계심이라 한 것이 이 사람을 가리킴이라 나도 그를 알지 못하였으나 내가 와서 물로 세례를 베푸는 것은 그를 이스라엘에 나타내려 함이라 (요 1:30-31)"

반면에, 두 복음서끼리는 서로 다른 점도 분명히 있다. 그냥 다른 점이 아니라 서로 유전자가 같기 때문에 필연적으로 달라야 하는 다른 점이다.

첫째. 마가에 대한 호칭이 다르다. 왜냐하면, 마가복음은 마가가 직접 기록했으나 요한복음은 마가가 죽은 후 마가의 제자들이 사실상 편집을 대신했기 때문이다(요 21:24). 그러므로 마가는 자신을 낮추어야 했고, 마가의 제자들은 스승을 추켜세워야 할 사정이 있었다. 따라서 마가는 자기 자신을 "예수를 따라가다가 벗은 몸으로 도망간 청년"쯤으로 낮추어 불렀고, 그 대신 마가의 제자들은 마가를 〈예수께서 사랑하시는 제자〉라고 높여 부른 것이다.

둘째. 내용이 본질적으로 다르다. 마가가 마가복음이라는 복음서를 이미 한번 저술했기 때문에 동일한 내용을 중복해서 또 쓸 필요는 없었던 것이다. 그랬다면 시간 낭비이고, 종이(파피루스) 낭비에 불과할 뿐이다. 그래서 마가복음과 요한복음은 그 내용이 하늘과 땅만큼 차이 날 수밖에 없었다. 이에 비해 마태와 누가는 앞서 기록된 마가복음을 참조해서 대부분의 내용을 중복되게 기록했고, 이 때문에 우리는 이 세 복음서를 가리켜 '공관복음'이라고 칭하는 것이다.

⟨선지자 이사야의 글⟩과 관련한 4복음서의 기록 비교

마가복음	마태복음	누가복음	요한복음
선지자 이사야의 글에 보라 내가 내 사자를 네 앞에 보내노니 그가 네 길을 준비하리라 (막 1:2)	내용없음	내용없음	요한이 그에 대하여 증언하여 외쳐 이르되 내가 전에 말하기를 내 뒤에 오시는 이가 나보다 앞선 것은 나보다 먼저 계심이라 한 것이 이 사람을 가리킴이라 하니라 (요 1:15) 내가 전에 말하기를 내 뒤에 오는 사람이 있는데 나보다 앞선 것은 그가 나보다 먼저 계심이라 한 것이 이 사람을 가리킴이라 (요 1:30) 나도 그를 알지 못하였으나 내가 와서 물로 세례를 베푸는 것은 그를 이스라엘에 나타내려 함이라 하니라 (요 1:31)
광야에 외치는 자의 소리가 있어 이르되 너희는 주의 길을 준비하라 그의 오실 길을 곧게 하라 기록된 것과 같이 (막 1:3)	그는 선지자 이사야를 통하여 말씀하신 자라 일렀으되 광야에 외치는 자의 소리가 있어 이르되 너희는 주의 길을 준비하라 그가 오실 길을 곧게 하라 하였느니라 (마 3:3)	선지자 이사야의 책에 쓴 바 광야에서 외치는 자의 소리가 있어 이르되 너희는 주의 길을 준비하라 그의 오실 길을 곧게 하라 (눅 3:4)	이르되 나는 선지자 이사야의 말과 같이 주의 길을 곧게 하라고 광야에서 외치는 자의 소리로라 하니라 (요 1:23)

※ 막 1:2은 여호와 하나님이 하신 말씀이고, 요 1:15 등은 여호와 하나님에 의해 보내심을 받은 바로 그 사자로서 세례 요한이 한 말씀이기 때문에 표현만 조금 다를 뿐 결국 동일한 의미가 된다.

12. 바벨론

지금까지 나는 성모 마리아가, 우리에게 익히 알려진 바와는 달리, 그녀의 말년을 에베소가 아닌 이집트에서 보냈을 것이라고 단정적으로 주장해왔다. 그런데 이 주장을 처음 글로 옮기는 시점에서는 이를 입증할 수 있는 증거가 사실 내겐 아직 없었다. 내겐 오로지 개연성과 합리적 의심만 가득했을 뿐이다. 그런데 이 글이 완성될 때쯤 드디어 그 증거가 짠하고 내 눈앞에 모습을 밝히 드러내 보였다. 내가 그동안 몇 번씩이나 거듭해서 읽었지만 그냥 무심코 지나칠 수밖에 없었던 너무나 평범한 말씀 속에 그 증거가 숨겨져 있었던 것이다. 그 말씀은 바로 베드로전서 5:13이다.

"택하심을 함께 받은 바벨론에 있는 교회가 너희에게 문안하고 내 아들 마가도 그리하느니라 (벧전 5:13)"

위 말씀은 평범하고 단순하기 그지없는 문장이다. 베드로가 편지를 마무리하면서 마지막 인사를 나누는 대목이기 때문에 다른 복선이 있을 리도 만무하다. 그러므로 해석에는 별다른 문제가 없을 듯하지만, 실제로는 그 의미가 너무나 엉뚱하게 알려져 있다. 두 단어의 의미가 특히 잘못 풀이되었기 때문인데, 그중 하나가 바벨론이다. 교회는 이 바벨론을 바벨론으로 읽지만, 해석은 왜 그런지 로마로 하고 있다. 이상한 일이다. 로마와 바벨론은 엄연히 다른 별개의 도시인데 말이다.

어쨌든, 이 바벨론이 정확히 어느 지역을 나타내는 것인지에 대해서는 학자들 사이에서 지금도 여전히 논란이 진행 중에 있다. 대체로 다음과 같은 세 가지 견해가 대립하고 있는데, 이중 가장 압도적인 지지를 받고 있는 견해는 물론 (a)이다.

(a) 로마
(b) 메소포타미아의 바벨론
(c) 이집트의 카이로

(a)를 지지하는 사람들은 로마가 우상을 숭배하는 도시이기 때문에 베드로가 그리 표현했다고 강변한다. 그러나 이는 도저히 동의할 수 없는 주장이다. 로마는 동서고금을 통틀어 가장 이성적이고 실용적인 사람들이 살았던 도시였다. 로마인들은 다신교를 믿긴 했지만 절대로 신을 신봉하진 않았다. 그들은 인간이 신을 위해서 존재하는 것이 아니라, 오히려 신이 인간을 보살피고 돕기 위해 존재하는 것으로 생각할 만큼 철저히 인간 중심의 사고를 했던 민족이었다. 그들은 제사장과 같은 종교인들조차 전문 사제 계급을 따로 두지 않고 다른 공직과 마찬가지로 선거를 통해 뽑았을 정도이다. 로마 역사상 최고의 영웅인 율리우스 카이사르가 최고 제사장으로 선출된 일이 그 대표적인 사례인데, 누가 로마를 우상숭배의 도시라고 한다면 아마도 지하에 있는 카이사르가 가장 먼저 항의할 것 같다.

(a)는 논리적으로도 앞뒤가 맞지 않다. 로마가 바벨론으로 불릴 만큼 우상숭배의 도시였다면, 그 우상숭배의 도시를 기반으로 하고 있는 바벨론의 교회는 또 무엇인가? 교회도 과연 우상을 숭배하는 곳인가? 그렇지도 않고, 그럴 수도 없다. 첫째는 우상숭배와 교회만큼 이질적이고 모순된 조합은 없기 때문이고, 둘째는 베드로가 설마 그런 의도로 말했을 리가 없기 때문이다.

그리고 위 성경 말씀(베드로전서)은 그 속성이 기본적으로 편지에 속하는 글임을 잊어서는 안 된다. 편지는 상대방이 읽고 그 뜻을 정확히 이해할 수 있는 글이어야 한다. 따라서 실제와 다른 지명이나 단어(특히 고유명사)는 편지에선 절대 금물이다. 이걸 무시했다가는 상대방에게 엄청난 혼란을 준다. 혼란을 준다면 편지로서는 당연히 실격이다. 생각해보라. 베드로가 내심 로마를 바벨론과 동일시했다 하더라도 이 글을 받아서 읽어 보는 소아시아 각지의 신도들까지 이심전심으로 다 바벨론을 로마로 이해했을 사람이 과연 몇 명이나 될까? 더구나 이 말씀에는 전후 설명도 없고, 비유라는 표시 자체가 없다.

또한 이 편지를 쓴 저자가 누구인지 그의 존재를 다시 한 번 상기해볼 필요도 있다. 이 글의 저자는 예수님의 수제자이자 사도 중의 사도인 시몬 베드로이다. 이런 베드로가 바벨론이라고 썼다면, 실제로 그곳은 틀림없이 바벨론이었을 것이다. 베드로의 말을 의심해서 굳이 한 번 더 뒤집어 해석할 이유가 없는 것이다. 복음서를 살펴보더라도, 베드로의 성격은 단순하고 솔직한 편이지 그렇게 복잡한 성격은 분명 아니었다.

(a)를 지지하는 사람들은 또 변명하기를, 로마를 바벨론으로 비유한 사례가 요한계시록에 이미 여러 차례 발견된 바가 있다고 한다. 그러나 이

러한 주장에도 나는 동의할 수가 없다. 요한계시록은 누구나 다 알다시피 묵시문학에 속하는 글이다. 묵시문학은 이런 식의 비유나 상징이 당연히 인정되는 글이다. 그러나 베드로전서는 앞에서도 얘기했다시피 그냥 편지에 불과하다. 편지는 비유나 상징, 암호 같은 것들이 인정되면 곤란하다. 그랬다가는 발신자와 수신자 간의 소통이 제대로 이루어질 수 없어 그 편지의 참뜻을 되묻는 답장이 소아시아 각지에서 빗발쳤을 것이고, 베드로는 이 답장에 대한 재답장을 또 보내지 않으면 안 되는 상황에 직면할 수밖에 없었을 것이다. 이렇게 되면 배(편지)보다 배꼽(답장 또는 답장에 대한 재답장)이 더 커지게 된다.

그리고 요한계시록은 베드로전서보다 시간적으로 더 나중에 쓰인 글이라는 점도 간과하면 안 된다. 먼저 쓰인 글이 그보다 나중에 쓰인 글로부터 영향을 받을 수는 없는 법이다. 그것은 응당 자연의 법칙에도 위배된다. 따라서 로마와 바벨론은 이래저래 같은 도시일 가능성이 희박하게 된다. 그렇다면 (b)에 대한 견해는 또 어떨까?

메소포타미아의 바벨론은 1세기 중엽의 로마 시대에는 존재하지 않는 것이나 거의 마찬가지인 쇠락한 도시였다. 그리고 메소포타미아의 바벨론에 교회가 있었다는 말은 교회사에서 아직 들어본 적이 없다. 마가가 이곳에 갔었다는 기록 역시 전무하다. 그리고 결정적으로 이곳은 로마 제국 내에 속해 있는 도시가 아니라, 로마의 가상 적국인 파르티아에 속해 있던 지역이라서 접근성도 매우 떨어지는 편이었다. 따라서 (b) 또한 가능성이 거의 희박하다고 봄이 옳은 것이다. 자, 그럼 마지막으로 (c)를 살펴보자.

현대 이집트의 수도인 카이로에서 도시화가 맨 처음 시작된 곳을 오늘날 우리는 올드 카이로(Old Cairo)라 하는데, 당시에는 이곳을 바벨론이라고 불렀다. 왜 이곳을 바벨론이라고 불렀는지 그 연원에 대해서는 여러 학설이 있지만, 어쨌든 베드로전서가 저술될 당시에 바벨론이라는 명칭이 로마 제국 내에서 정식으로 통용된 곳은 이곳이 유일했다. 그리고 위 본문 말씀을 다시 살펴보면, 바벨론에 마가도 함께 있었다는 사실을 알 수 있는데, 이는 이집트에 최초로 복음을 전파한 사람이 마가라는 초대 교회 교부들의 증언과도 정확히 일치하고 있다.

따라서 결론을 내리면 이렇다. 바벨론이 이집트 카이로 지역에 역사적으로 실재했다는 사실과 마가가 실제로 이집트에 복음을 전파하러 간 기록이 유세비우스의 교회사 등에 전해 내려온다는 사실, 그리고 위 성경 말씀을 굳이 비틀어서 비유로 해석할 아무런 이유가 없다는 사실 등에 비추어 보면, 베드로전서 5:13에 등장하는 바벨론은 역사적으로 이집트의 카이로 지역에 실재했던 진짜 바벨론이라고 봄이 가장 진실에 부합된다.

그리고 위 본문 말씀 중에는 바벨론과 더불어 또 하나 잘못 풀이된 단어가 있는데, 교회가 바로 그것이다. 헬라어로 된 원문에 의하면, '바벨론에 있는 교회'가 아니라 '바벨론에 있는 여자'가 사실은 맞는 표현이라고 한다. 이제 와서 생각해보면, 마가도 교회의 일원인데 굳이 마가와 교회를 구분하여 각각 별도로 안부를 전한다는 표현 자체가 모순되는 것이었다. 그런데 교회라는 말을 여자로 대체하면 이러한 모순이 자동적으로 해소되는 걸 보면, 아무래도 원문의 기록이 더 정확한 표현인 것은 부인할 수 없는 사실인 것 같다. 그럼에도 우리는 지금껏 아무런 의심 없이 그 여자를 교회로 읽고, 교회로 쓰고, 교회로 해석해왔다.

왜 여자를 군이 교회로 읽고, 쓰고, 해석해왔는가에 대해서는 자못 짚이는 바가 있긴 하지만, 그것까지는 내가 참견할 바가 아니다. 내가 밝히고 싶은 것은, 그렇다면 그 여자는 도대체 또 누구란 말인가 하는 것이다. 학자들 중에서는 베드로의 아내가 그 주인공이라고 주장하는 사람도 있는 모양인데, 이 주장 역시 진실과는 다소 거리가 멀어 보인다. 내가 생각하는 주인공은 따로 있다. 이 글을 읽고 있는 독자라면 아마도 나의 생각을 대부분 짐작하고 계시겠지만, 그 주인공은 바로 성모 마리아이다.

그 이유는 **첫째.** 바벨론이라는 지역의 특수성 때문이다. 바벨론이 이 편지에 등장한 것은 사실 우연이 아니라 필연이었는데, 바벨론에는 성모 마리아에게 대단히 의미 깊은 유적이 있다. 그것은 바로 아기 예수 피난 동굴이다. 그 예전 성모 마리아가 예수님을 낳으실 때 헤롯 대왕의 박해를 피해 남편 요셉과 함께 이집트로 피난 가서 석 달간 살았던 곳이 바로 이 아기 예수 피난 동굴인 것이다. 지금도 이곳에는 그때의 일을 기념하여 아기 예수 피난교회가 세워져 있는데, 한편으로는 동굴교회라고도 하고, 또 한편으로는 성 세르기우스 교회라고도 부르고 있다. 이와 같이 고향을 떠나 부득이하게 바벨론에서 타향살이를 해야 했다면, 가족과의 옛 추억을 이곳에 오롯이 간직하고 있는 성모 마리아 외에는 달리 다른 사람을 생각할 수가 없는 것이다.

둘째. 바벨론에서 그녀와 동행하고 있는 마가 때문이다. 지금까지 앞장에서 계속 일관되게 얘기해왔다시피 마가가 타향에서 모시고 있는 사람이라면, 역시 성모 마리아 외에는 달리 다른 사람을 생각할 수 없다.

셋째. 여자라는 존칭 때문이다. 실제로 성모 마리아는 예수님으로부터 여러 차례 '여자여'라고 불리신 기록이 전한다. 가나의 결혼잔치 때에도 그러했고(요 2:4), 골고다의 십자가 위에서도 그러했다(요 19:26). 이러한 사례는 비단 성경 안으로만 제한되지 않는다. 현대의 우리들도 실제 생활에서 성모 마리아를 Lady 또는 Our Lady로 부르고 있다. 이름이나 성모님이라는 신원 따위는 필요 없다. 그럼에도 우리는 그분이 누구신지 어차피 다 안다. 이 분에게는 더 이상의 다른 수식어가 필요 없는 것이다. 여자라는 존칭이 이 세상에서 가장 잘 어울리는 분은 오직 성모 마리아 한 분뿐이다.

넷째. 바벨론에 있는 공중교회 때문이다. 이 교회는 바벨론 성채의 성벽 위에 세워진 건물로, 이집트 카이로에서는 역사가 가장 오래된 대단히 유서 깊은 교회이다. 그런 이 교회가 다름 아닌 성모 마리아에게 봉헌되어 있다.[21]

다섯째. 베드로가 편지 속에서 그 여자의 존재를 꼭 언급해야만 했던 필요성 때문이다. 베드로는 당시 로마에서 이 편지를 썼을 것으로 추정되고 있다. 그렇다면 굳이 멀리 바벨론에 있는 그 여자의 안부까지 소아시아 지역의 성도들에게 소개할 필요가 있었을까(베드로가 이 편지를 로마에서 저술했다고 보는 근거가 이 5:13의 말씀 때문인데, 정작 이 말씀 속에는 베드로가 그곳에서 편지를 저술했다고 하는 내용 자체가 없다)? 그

---

21) 공중교회는 한때 성모님이 먹었던 올리브의 씨앗을 보관하고 있다고 알려졌을 정도로 성모 마리아와의 관련성을 크게 나타내는 곳이다. 그런데 올리브 씨앗에 대한 이 이야기는, 이야기의 진위 여부를 떠나서, 성모 마리아가 이곳에 실제로 머물렀음을 전제로 해서 생겨난 것이므로, 이 이야기의 존재 자체가 성모 마리아의 이집트 거주설을 뒷받침하는 주요한 증거 중의 하나라고 할 수 있다.

여자가 만약 평범한 보통 사람이었다 하더라도 베드로가 그리했을까?

   그렇지는 않을 거라고 나는 생각한다. 베드로는 멀리 바벨론에 있는 그 여자의 안부를 뜬금없이 소개함으로써 은연중 자신이 그 여자로부터 지지를 받고 있다는 암시를 주고 있는데, 그 여자가 정말 성모 마리아가 맞는다면, 베드로가 사도로서 자신의 정당성과 권위를 설파하는데 이보다 더 효과적인 방법은 달리 없을 정도가 된다. 이와 같이 베드로에게조차도 후광이 되어줄 수 있는 사람은 교회 공동체 내에서 오직 성모 마리아 한 분뿐이다.

   여섯째. 너무나 두드러지고 분명한 성모 발현 현상 때문이다. 이집트 지역이 로마 가톨릭에 속하지 않기 때문에 의외로 많은 사람들이 모르고 있지만, 이곳은 세계에서 가장 빈번하게 성모 발현 현상이 나타나고 있는 지역이고, 또한 가장 많은 사람들이 성모 발현 현상을 직접 목격한 지역이다. 심지어 이슬람교, 힌두교, 유대교 등 이교도들 중에서도 성모 발현 현상을 목격했다고 인정하는 사람들이 많다고 한다. 그만큼 이곳이 성모 마리아와 깊은 인연을 갖고 있다는 또 다른 방증인 것이다.

   이상에서 우리는 바벨론에 있는 교회가 사실은 바벨론에 있는 여자의 오류이고, 바벨론에 있는 여자는 또한 성모 마리아를 가리키는 조심스러운 표현이었음을 확인하였다. 성모 마리아는, 오랫동안 널리 사람들에게 알려진 것과는 달리, 에베소가 아닌 이집트의 카이로에서 그녀의 말년을 보냈다. 성모 마리아는 고향 이스라엘을 떠나면서 아무런 연고도 없는 머나먼 이국땅 에베소를 선택하지 않고, 과거 아기 예수님이나 남편 요셉과의 아름다운 추억이 깃들어 있는 이집트의 카이로를 선택하였다. 그리고 그 이집트의 카이로행에는 예수님이 맺어준 그녀의 아들 마가가 어김없이 동행하고 있었다.

　그 증거가 성경 속에, 그리고 이집트 카이로의 현지 유적이나 전설 및 기록 속에 공공연하게 숨겨져 있었고, 우리는 단지 그 사실을 이제서야 알게 된 것이다.

13. 마가의 비밀복음

 짧은 글 한 편도 평생 써보지 못한 내가 백 페이지가 훨씬 넘는 이 긴 글의 초안을 드디어 완성한 날, 이상하게도 난 뿌듯함이나 후련함 같은 감정은 전혀 느끼질 못했다.

  오히려 일련의 이 글쓰기 과정을 통해 나의 부족함과 한계만 절감하고 심적으로 많이 위축되어 버렸다. 능력이 고작 이것밖에 안 되는 나 자신이 부끄러웠다. 50여 년을 살았지만, 내 수준은 겨우 이 정도밖에 안 되나 하는 탄식이 절로 나왔다. 자괴감도 들었다. 내 힘으로는 이 이상 더 시도해볼 수 있는 그 무엇이 아무것도 남아있지 않았다. 막다른 길에 몰린 나는 다시 하나님을 찾았고, 하나님께 매달리기 시작했다.

  제가 제 힘으로 찾을 수 있는 증거는 한계가 있으니, 하나님께서 사람의 힘으로는 도저히 찾기 어려운 특별한 증거 두어 가지를 주셔서 저의 주장이 진실됨을 꼭 증명해달라고 기도하였다. 그 기도는 즉각적이지는 않았지만 결국 응답받았다. 적어도 나는 그렇게 생각하고 있다.

  응답받았다고 생각한 첫 번째 증거는 바로 앞장에서 서술한 바벨론에 대한 이야기다. 당연한 이야기지만, 나는 바벨론에 대한 베드로전서 5:13

의 말씀을 그동안 수십 번도 더 넘게 읽었지만, 단 한 번도 교회에서 설명해주는 그 이상의 의미로는 이해하지 못했던 게 사실이다. 사람은 자신이 이해하는 것 이상을 남에게 이해시킬 수는 없는 법이다. 더구나 그것을 글로 써서 이해시킨다는 것은 더더욱 어려운 법이다. 나 역시 그렇다. 그럼에도 나는 썼다. 그렇지만 어떻게 이걸 쓰게 되었는지, 어떻게 이걸 내가 알게 되었는지조차 나는 설명할 자신이 없다. 그러니 마냥 신기할 따름이다.

응답받았다고 생각한 두 번째 증거는 성경 외적인 증거였다. 그 증거는 1950년대에 미국 콜롬비아 대학의 모튼 스미스 교수가 발견한 고문서에 있었다. 나는 이 고문서의 존재를 바트 D. 어만이 쓴 '잃어버린 기독교의 비밀'(출판사 이제, 박철현 번역)이라는 책을 통해 처음 접하였다. 이 책에 의하면, 이 고문서에는 2세기 초의 그 유명한 기독교 교부 '알렉산드리아의 클레멘트'가 쓴 편지가 필사되어 있었다고 한다. 물론, 이 필사된 편지는 아직까지 진위 논란에서 완전히 벗어나지는 못한 상태이다. 워낙 중요한 발견이다 보니, 논란도 그만큼 비례해서 클 수밖에 없었을 것이다.

그러나 어쨌든 이 필사된 편지는 나에게 대단히 중요한 의미가 있다. 이 편지 안에는 〈마가의 비밀복음〉에 대한 이야기가 인용되어 있기 때문인데, 클레멘트가 살았던 당시 알렉산드리아에는 마가가 썼다고 알려진 복음서가 총 3본이 있었다고 한다.

우리가 익히 다 알고 있는 신약성경의 〈마가복음〉, 영적 수준이 높은 소수의 사람들을 위해 쓴 〈마가의 비밀복음〉, 그리고 이 마가의 비밀복음을 카르포크라테스라는 타락한 이단자가 손에 넣은 뒤 자기 입맛에 맞게 삿된 교설로 변조해버린 카르포크라테스의 〈마가복음〉이 바로 그것이다.

그런데 사람들은 이 편지의 진위 자체가 의심되므로, 이 편지의 내용도 당연히 믿을 수 없다고 주장한다. 그러나 난 반대로 생각한다. 오히려 이 편지의 내용에 상당한 신빙성이 있으므로, 이 편지 자체도 위조되지 않고 진품일 가능성이 더 크다고 역으로 생각한 것이다. 이 편지의 내용에 상당한 신빙성이 있다고 생각한 이유는, 지금까지의 내 일관된 주장과 이 편지의 내용이 정확히 일맥상통하고 있기 때문이다. 나는 이 편지에 인용된 〈마가의 비밀복음〉이 사실은 요한복음의 원본이거나 아니면 요한복음 기록에 기초가 되었던 원시자료 중 하나라고 확신한다. 그렇게 생각한 이유는 이러하다.

첫째. 이 복음서의 저자가 마가 요한이기 때문이다. 마가 요한은 '마가'라고 하는 로마식 이름과 '요한'이라고 하는 유대식 이름을 모두 사용하고 있다. 따라서 이 사람이 전하는 복음 중 하나가 마가의 이름을 딴 마가복음이면, 또 다른 하나는 당연히 요한의 이름을 딴 요한복음이어야 했을 것이다.

둘째. 이 복음서에는 요한복음의 별칭과도 같은 '영적인 복음서'라는 수식어가 똑같이 부여되어 있기 때문이다. 이 복음서는 영적 수준이 높은 소수의 사람들을 위해 기록됐다고 한다.

셋째. 결정적으로 이 복음서에는 죽은 나사로가 다시 살아나는 이야기가 실려있기 때문인데, 이 나사로의 부활 이야기는 4복음서 중에서 오직 요한복음에만 실려있다.

넷째. 이 복음서는 영지주의의 한 분파인 카르포크라테스가 자기 멋대로 변조해서 즐겨 인용했다고 하는데, 이는 4복음서 중에서 영지주의자들이 가장 즐겨 인용한 복음서가 요한복음이었다는 역사적 사실과 맥을 같이하고 있다.

다섯째. 이 편지는 사람들의 오랜 의문에 처음으로 답해주고 있기 때문이다. 사람들은 마가가 요한복음의 진정한 저자로 거론될 때마다 마가는 복음서를 굳이 두 권이나 기록해야 할 아무런 이유가 없었다고 말한다. 이미 마가복음을 썼는데 왜 다른 복음서를 또 써야 했느냐는 의문인 것이다. 그러나 이 편지는 그 이유를 명쾌하게 설명하고 있다. 하나는 일반 성도들을 위해, 또 다른 하나는 영적 수준이 높은 소수의 사람들을 위해 썼다는 것이 이 편지의 주된 설명이다.

그동안 나에게는 요한복음의 저자가 마가라는 팩트만 중요했지, 왜 마가가 마가복음 한 권에 만족하지 않고 요한복음을 또 써야 했는지 그 이유는 별로 중요하지 않았다. 그 이유는 내가 노력한다고 해서 알 수 있는 영역도 아니었고, 내가 주제넘게 개입해서 가부를 가릴 영역도 분명 아니었기 때문이다. 그 이유가 무엇이냐는 질문은 아마 마가 본인에게도 대단히 답하기 어려운 질문이 아닐까 생각한다. 나는 마가가 심지어 자신이 두 권의 복음서를 썼다는 사실조차 제대로 인식하지 못하고 생을 마감했을 가능성도 있다고 생각한 적이 있다.

왜냐하면, 마가복음은 당초 베드로가 증언하고 마가가 기록한 복음이므로, 겸손한 마가가 이 마가복음을 베드로의 복음이지 마가 자신의 복음이라고는 생각하지 않았을 수도 있고, 요한복음 또한 마가의 증언을 마가의 제자들이 기록(요 21:24)한 복음이므로 마가는 사실상 이 요한복음의 존재를 인지조차 못했을 가능성도 있기 때문이다. 따라서 우리가 마가에게 "왜 당신은 굳이 두 권의 복음서를 써야 했나요?"라고 물어본다면, 마가는 "제가요? 제가 두 권의 복음서를 썼다고요? 에이, 농담하지 마세요."라고 정색하면서 손사래를 칠지도 모를 일이다.

어쨌든 나는 편지를 통해 이 어려운 질문에 명쾌한 답을 주신 '알렉산드리아의 클레멘트'에게 감사하고, 이 편지를 필사해주신 미지의 필사자에게도 감사하며, 이 필사된 편지를 발견하고 해독해주신 모튼 스미스 교수에게도 감사하며, 모튼 스미스 교수의 발견 성과를 제게 특별히 허락해서 보여주신 하나님께는 더욱 감사하고 또 감사해하고 있다. 나는 오직 감사하고 감사해할 뿐이다. 감사합니다.

14. 사건의 재구성 (최후의 만찬)

마가는 지금 자기 집에서 예수님을 기다리고 있다.

예수님은 오늘 밤 마가의 다락방에서 개최되는 유월절 만찬의 최고 귀빈이시다. 그런데 마가는 그 예수님이 누구신지는 솔직히 잘 모른다. 요즘 유대 땅에서 제일 핫한 분이라고는 하는데, 실제로 만나본 적은 한 번도 없다. 얼마 전 마가가 성내에서 물 한 동이를 지고 온 날 어떤 사내 2명이 마가의 뒤를 따라 마가의 집 안까지 쫓아와서 갑작스럽게 유월절 만찬 약속을 잡고 돌아간 적이 있었다(눅 22:8~12). 그런데 그때 그 2명의 사내에게 그 일을 지시하신 분이 바로 예수님이었다는 정도만 얘기를 들어서 알 뿐이다.

날이 저물 때쯤 드디어 예수님이 자신의 제자 열둘을 데리고 오셨다(막 14:17). 마가는 기다리고 있다가 예수님의 일행을 맞이하고, 다락방으로 안내했다. 그리고 예수님께는 만찬석 정중앙의 자리를 권하고, 마가는 그 바로 옆자리에 앉았다. 이러한 자리배치는 손님을 초대해서 접대할 때 의례히 하던 유대의 방식이므로 예수님도 마가의 안내에 흔쾌히 응해 주셨고, 제자들도 특별한 이의를 제기하지는 않았다. 자리가 어느 정도 정돈되자, 마가는 일어나 환영의 인사를 공식적으로 드렸다. 그 후 음식이 제공되기 시작했고, 이때부터 만찬은 본격적으로 진행되었다.

만찬장의 분위기는 시종일관 흥겹고 유쾌했다. 딱 한 번의 예외를 빼놓고는 말이다. 예수님께서 만찬 도중에 갑자기 폭탄선언을 하셨는데, 열두 제자 중의 하나가 예수님을 배반하고 유대인들에게 예수님을 팔 것이라고 하셨다(막 14:18). 만찬장 이곳저곳은 마치 벌집을 쑤신 듯이 술렁거렸다. 난데없이 혐의를 받게 된 열두 제자들은 대부분 자신들의 결백을 호소하기에 급급했는데, 이때 베드로만은 조금 색다른 반응을 보여 눈길을 끌었다. 베드로에게는 자신의 결백을 밝히는 일보다는 그 배신자의 정체를 밝히는 일이 훨씬 더 중요해 보였다.

그러나 베드로는 예수님께 직접 물어볼 엄두가 나지 않아 애꿎은 마가에게만 계속 자기들을 대신해 예수님께 물어봐 달라고 머릿짓으로 재촉했다(요 13:24). 아마도 이때 베드로는 열두 제자에 포함되지 않는 마가만이 유일하게 "열두 제자 중에서 과연 누가 예수님을 팔 자"인지를 예수님께 직접 물을 수 있다고 생각했던 것 같다. 어쨌든 마가는 베드로의 질문을 예수님의 품속에서 받아 예수님께 그대로 전달했다(요 13:25), 그러나 예수님의 대답을 베드로에게 전달하지는 못했다(요 13:28~30). 나이도 어리고 미숙한 마가로서는 예수님의 말씀이 내포하는 그 의미와 심각성을 제대로 이해하지 못한 탓도 있었지만, 마침 그때부터 시작된 예수님의 긴 설교 때문에 답변을 전달할 수 있는 적절한 타이밍을 놓쳐버린 탓도 컸다.

그러나 이때 잠깐 소란스러웠던 것 말고는 대체로 화기애애하고 격조 있는 분위기가 만찬 내내 다시 유지되었다. 모두가 흥겨워했고, 만족해했다. 더 이상 다른 일은 일어나지 않았다. 이것이 이날 만찬의 전부였다. 더할 것도, 뺄 것도, 특별할 것도 없었다. 그런데 후세의 사람들은 이 정도로는 뭔가 좀 부족했던 모양이다. 이것 외에 좀 더 특별하고 큰 비밀이 이날 만찬에 꼭 있었던 것처럼 믿고 싶어 하는 것 같다. 대표적인 것이 예수님의 옆자리에 앉았던 이 제자의 정체에 대한 갑론을박이다. 어떤 이는 사도 요한이라고도 하고, 또 어떤 이는 막달라 마리아라고도 한다. 모두가 뜬금없고, 어이없는 주장일 뿐이다.

우선, 이 제자의 정체가 사도 요한이었다면, 상식적으로 다음과 같은 일은 절대 일어나지 않았어야 한다.

(a) 열두 제자 중의 한 명인 사도 요한은 예수님의 제자로 이미 널리 알려진 공개된 사람이라서 굳이 그 정체를 숨길 필요가 없었는데도, 새삼스럽게 익명으로 그 정체를 숨긴 일. (이것은 이 제자가 마가 요한인 경우에만 그 이유가 설명될 수 있다. 마가만이 유일하게 그때까지 그 정체가 공개되지 않은 예수님의 비밀제자였다. 또한 이 제자의 정체를 숨기는 일은 향후 모든 복음서의 전통이 되었는데, 그것은 최초의 복음서인 마가복음의 영향 때문이고, 그 마가복음은 우리 모두가 다 아다시피 마가 자신이 직접 기록한 복음서였다.)

(b) 예수님을 배신하고 팔 자가 열두 제자 중의 하나이면 당연히 사도 요한도 그 대상에 포함되어 서로가 서로를 믿을 수 없는 상황임에도, 베드로가 굳이 믿을 수 없는 존재인 사도 요한을 통해 누가 예수님을 파는 자인지 물어본 일. (이것도 이 제자가 마가 요한인 경우에만 그 이유가 설명될 수 있다. 마가 요한만이 열두 제자에 포함되지 않기 때문에 예수님께 자유롭게 질문할 수 있는 자격이 된다)

(c) 예수님을 알아볼 때의 반응은 사람마다 조금씩 다르다. 제자들은 그

냥 "주님이시다"라고 하고(요 21:7), 무리들은 "아! 그때 나사로를 살리신 예수님이다"라고 하면서 반드시 예수님과 관련된 어떤 특별한 설명을 필요로 한다. 베드로와 요한의 관계도 마찬가지다. 수년간 생사고락을 같이 하고, 그리하여 수많은 비밀과 사연을 공유하고 있는 이 두 사람은 서로가 서로를 알아볼 때 굳이 어떤 특별한 설명을 필요로 하지 않는다. 곧바로 요한임을 알아보고, 베드로임을 알아본다. "아! 그때 변화산에 예수님과 같이 올라갔던 그 요한이구나"라고 하지 않는다. 그 정도의 관계는 이미 초월한 것이다. 따라서 이 익명의 제자가 진실로 사도 요한이 맞는다면, 베드로는 요한복음 21:20에서 이 제자를 보고 특별한 설명 없이 곧바로 이 제자의 존재를 알아봤어야 하나, 실제로는 최후의 만찬 때 있었던 바로 이 장면을 떠올려 이 제자를 알아본 일.

(이것 역시 이 제자가 마가 요한인 경우에만 그 이유가 설명될 수 있다. 마가 요한과 베드로는 최후의 만찬 때 비로소 처음 만난 사이이기 때문에 이때의 기억이 제일 강렬했을 것이고, 또 이때의 기억 외에 다른 기억 자체가 별로 없었을 것이다)

(d) 보아너게라고 불릴 만큼 성격이 불같고 급했던 사도 요한이라면 예수님을 파는 자가 누구인지 예수님으로부터 답변을 듣자마자 곧바로 가룟 유다부터 제압하고 응징했을 텐데, 응징은커녕 의외로 조용히 그냥 넘어간 일. (이것도 이 제자가 마가 요한인 경우에만 그 이유가 설명될 수 있다. 어리고 미숙한데다가 그날 예수님을 처음 만나 뭐가 뭔지 잘 모르는 상황이었기 때문에 이러지도 저러지도 못하고 그냥 속수무책으로 넘어갈 수밖에 없었던 것이다)

이것 외에도 여러 다양한 이유와 증거가 있지만, 그것들은 대부분 이 책의 1부에서 이미 자세하게 다룬 적이 있으므로 다 생략해도 좋을 것 같다. 그리고 이 제자의 정체가 막달라 마리아라고 하는 주장에 대해서도 역시 이 책의 2부에서 이미 자세하게 다룬 적이 있다. 따라서 똑같은 이야기를 반복해서 또 언급할 필요는 없을 것 같다. 그러나 〈다빈치 코드〉와 같은 글에서 주장하고 있는 내용 중에 다소 이색적이고 재미난 주장이 있어 여기에 소개하면서 동시에 마가에 대한 입증자료로 역이용코자 한다.

이날의 만찬을 기념하는 후세의 그림 중에 가장 유명한 것이 바로 레오나르도 다빈치가 그린 〈최후의 만찬〉이다. 그런데 레오나르도 다빈치는 예수님의 옆자리에 앉은 제자의 정체가 사도 요한이 아니라는 사실을 이미 잘 알고 있었다고 한다. 그래서 그는 이러한 사실을 은밀히 알리기 위해 이 그림의 뒷배경에 M자를 몰래 표시했다는 것이 〈다빈치 코드〉의 주장이다. 나는 물론 이것이 사실일 것이라고는 믿지 않는다. 하지만 만일 진짜로 M자가 숨겨져 있다면, 그 M은 〈다빈치 코드〉에서 주장하는 것과는 달리 마리아(Mary 또는 Maria)를 암시하는 것이 아니라 마가(Mark)를 암시하는 상징 장치일 것이 분명하다고 확신한다.

아울러 이 그림에는 〈다빈치 코드〉가 간과하고 있는 또 하나의 상징 장치가 있는데, 그것은 바로 이 익명의 제자와 베드로의 모습이다. 이 그림은 익명의 제자가 베드로의 말을 받아서 예수님께 전달하기 직전의 모습을 담고 있는데, 이것은 이 익명의 제자가 나중에 베드로의 통역자로 활약하게 되는 마가임을 암시하기 위해 레오나르도 다빈치가 특별히 고안해낸 진짜 상징 장치가 아닐까 생각한다. 통역자(마가)의 임무란 기본적으로 남(베드로)의 말을 받아서 또 다른 남(요한복음 시대에는 예수님, 사도행전 시대에는 로마시민들)에게 전달하는 역할이기 때문이다.

15. 사건의 재구성 (예수님이 잡히시던 밤)

마가는 깊은 잠에 곯아떨어졌다가 밖에서 나는 이상하고 시끌벅적한 소리에 놀라 잠에서 급히 깨어났다.

밖으로 나가 보니, 소란의 주인공으로 짐작되는 어떤 사내가 여러 사람들에게 둘러싸여 뭔가를 다급하게 호소하고 있었다. 그는 울먹이고 있었는데, 자세히 보니 뜻밖에도 베드로였다. 베드로는 어젯밤 만찬이 끝난 직후 예수님을 따라 자기들의 숙소로 분명히 돌아갔었던 기억이 나는데, 왜 지금 이곳에 다시 나타나 저토록 소란을 떨고 있는지 이해할 수가 없었다.

혹시 무슨 큰일이 터진 것은 아닐까 하는 불안감이 어렴풋이 마가를 엄습해왔다. 실제로, 베드로의 이야기를 다 들어보니, 이것은 큰일도 보통 큰일이 아니었다. 예수님이 유대인들에게 잡혀서 어디론가 끌려갔다는 것이다. 가룟 유다가 결국 예수님을 배신하고 팔았다는 것이다. 다른 제자들은 뿔뿔이 흩어져서 이미 다 도망가고 없다는 것이다(막 14:50).

"제자들이 다 예수를 버리고 도망하니라 (막 14:50)"

그 순간 마가는 만찬 도중에 하신 예수님의 폭탄선언이 불현듯 떠올랐다. "아! 그래서 이런 말씀을 하셨구나!" 하는 탄식이 마음속에서 절로 터져 나왔다. 생각이 여기에 미치자 마가는 마냥 이곳에서 이렇게 시간을 지체하고 있을 수가 없었다. 젊은 혈기를 이기지 못하고 충동적으로 일단 밖으로 뛰쳐나갔다. 그리고 감람산 쪽으로 내달렸다. 다행히도 오래지 않아 예수님을 잡아가는 무리들을 거의 따라잡을 수 있을 정도까지 되었다.

이것은 마가가 미친 듯이 전력질주한 덕분이기도 했지만, 기본적으로는 마가의 뛰어난 달리기 실력 덕분이었다. 마가의 뛰어난 달리기 실력은 예수님이 부활하신 안식 후 첫날 아침에 베드로와 같이 경쟁하면서 무덤으로 달려갈 때 또 한 차례 입증되겠지만(요 20:4), 이때도 마가의 달리기 실력은 유감없이 발휘되었다. 그런데 아뿔싸! 마가가 무리들을 거의 따라잡을 때쯤 생각지도 못한 반전이 일어났다.

그의 벌거벗다시피 한 몰골이 화근으로 변한 것이다. 마가는 어제 밤늦게까지 진행된 만찬이 끝나자마자 쏟아지는 졸음을 어찌하지 못하고 옷만 벗은 채 곧장 잠에 떨어졌었다. 그리고는 잠결에 들려온 베드로의 소란소리에 놀라 몸을 제대로 수습할 경황도 없이 밖으로 뛰쳐나왔던 것이다. 그러다 보니 지금 이 순간 몸에 걸친 것이라고는 잘 때 누군가가 덮어주고 간 베 홑이불 하나가 전부였다. 그러니 예수님을 잡아가는 무리들도 이 이상한 몰골로 자기들을 계속 따라오는 마가가 눈에 거슬리지 않을 도리가 없었던 것이다.

그 무리들은 마가를 수상히 여기고, 마가를 잡고자 가던 길을 되돌아 달려들었다. 뜻하지 않게 반격을 당한 마가로서는 너무 놀라고 당황한 나머지 베 홑이불마저 버리고 벗은 몸 그대로 도망칠 수밖에 없었다(막

14:52). 그 때문에 마가는 결국 아무런 소득도 없이 그냥 집으로 되돌아오고야 말았는데, 돌아와 보니 베드로는 이미 어디론가 떠나고 없었다. 집안 식구들의 말에 따르면, 베드로는 당시 마가의 집에 머물고 있었던 마가의 외삼촌 바나바가 데리고 함께 나갔다는 것이다.

이들은 젊은 마가가 충동적으로 뛰쳐나간 것과는 달리, 예수님이 끌려가시는 곳이 어디인지 냉정하게 판단한 후 그곳으로 곧장 달려갔다고 한다. 그곳은 바로 대제사장 안나스의 집이었다(요 18:13). 바나바는 대제사장과 같은 레위 지파 출신(행 4:36)이고, 예루살렘 지역의 상류층 신분으로 서로 몇 번 만난 적도 있기 때문에 대제사장과는 어느 정도 친분이 있던 사이였다(요 18:15). 따라서 바나바는 그날 새벽에도 대제사장의 집 출입에는 아무런 제한이 없었을 뿐만 아니라, 이곳 출입을 평소에는 꿈도 꿀 수 없었던 베드로까지도 과감히 데리고 함께 들어갈 수 있었다고 한다(요 18:16).

"시몬 베드로와 또 다른 제자 한 사람이 예수를 따르니 이 제자는 대제사장과 아는 사람이라 예수와 함께 대제사장의 집 뜰에 들어가고 베드로는 문 밖에 서 있는지라 대제사장을 아는 그 다른 제자가 나가서 문 지키는 여자에게 말하여 베드로를 데리고 들어오니 (요 18:15-16)"

그런데 후세의 사람들은 이때 베드로와 동행했던 그 다른 제자 한 사람을 바나바가 아니라 사도 요한이라고 또 오해하는 것 같다. 왜 이런 오해가 자꾸만 반복되는지 그 이유는 충분히 짐작할 수 있지만, 애석하게도 이 사람이 사도 요한이 아닌 것만은 장담할 수 있다. 사도 요한은 요한복음 18:15과 달리 대제사장과 친분이 있는 사이가 절대 아니기 때문이다. 그 증거는 사도행전 4장 6절부터 22절까지에 있다. 그리고 또 5장 17절부터 41절까지에도 그 증거가 널려 있다.

이 증거들에 의하면, 대제사장은 사도 요한과 전혀 친분이 없다. 친분은 커녕 오히려 사도 요한을 죽이고자 수차례 시도하고, 끝내는 채찍질까지 했다고 한다. 더구나 4:13을 보면, 대제사장은 베드로와 요한이 본래 학문 없는 사람이었다는 것과 또 전에 예수님과 함께 있었던 것을 모두 잘 알고 있다. 그렇다면 예수님이 잡히시던 밤에 대제사장의 집에서 베드로만 문제 삼고, 요한은 문제 삼지 않을 도리가 없었을 것이다. 그런데 실제로는 베드로만 계속 문제 삼고(그것도 무려 3번씩이나) 그 다른 제자는 무사통과시켰으니, 그 다른 제자가 정말로 사도 요한이었다면 이것을 도대체 어떻게 설명할 수 있다는 말인가?

그러니 형평성 측면에서 상식적으로 생각해보아도 그렇고, 사도행전 4장과 5장의 증거들을 보아도 그렇고, 요한의 출신지역과 신분을 생각해보아도 사도 요한은 절대 그 다른 제자가 될 수 없는 것이다.

뿐만 아니라 바로 위에서 살펴본 마가복음 14:50의 말씀과도 부합하지 않는다. 이 말씀에 따르면, 예수님이 잡히실 때 사도 요한은 다른 제자들과 마찬가지로 예수님을 버리고 일제히 도망갔었다고 한다. 그런데 이렇게 혼비백산해서 도망간 사도 요한이 어딘가에 숨어서 웅크려 있지 아니하고 돌연 예수 적대세력의 심장부에 나타나 태연히 베드로까지 도와주었다는 주장은 아무래도 설득력이 약할 수밖에 없다. 이것이 만약 군사작전이라면, 적의 허를 찌르는 기습작전이라고 세세에 회자될 만 한 영웅담은 되겠지만 말이다. 어쨌든, 마가도 이 이후의 이야기는 더 이상 자세하게 들을 수가 없었다.

이때의 이야기를 다시 들을 수 있게 된 것은 시간이 한참이나 더 흘러 마가가 로마에서 베드로의 통역자로 활동하게 된 이후에 베드로의 입을 직접 통해서였다. 그러나 이때부터의 이야기는 너무나 유명해서 새삼 더 언급할 필요도 없거니와 특히 당사자인 베드로에게는 너무나 슬프고 고통스러운 이야기이므로 여기에서는 더 이상 재론하지 않을 생각이다.

16. 사건의 재구성 (골고다 언덕에서)

골고다의 현장 분위기는 생각했던 것 이상으로 살벌하고 싸늘했다.

이런 분위기를 예감한 탓인지 열두 제자들은 단 한 명도 나타나지 않았다. '혹시나' 하고 기대했던 베드로도 '역시나' 나타나지 않았다. 후세의 사람들은 사도 요한만은 다른 제자들과 달랐다고 하는데, 그것은 현실을 모르고 하는 소리다. 만약 요한이 골고다에 진짜로 나타났다면, 예수님의 오른쪽 십자가는 틀림없이 요한의 차지가 되었을 것이다. 장담한다.

오죽하면 그 용감무쌍한 베드로마저 예수님의 마지막을 모른 척 외면해야 했을까? 특히 대제사장의 집에서 베드로도 한눈에 알아봤던 유대인들이다(요 18:25~27). 그런 유대인들이 베드로와 항상 함께 있었던 요한은 어찌 몰라보겠는가? 실제로 사도행전 4:13을 보면, 유대인들은 베드로는 물론이고 요한의 정체도 비교적 소상히 잘 파악하고 있었던 것으로 확인된다. 따라서 '요한이라서' 괜찮은 것이 아니라, '요한이기에' 반드시 문제가 될 수밖에 없는 곳이 바로 골고다였다.

"그들이 베드로와 요한이 담대하게 말함을 보고 그들을 본래 학문 없는 범인으로 알았다가 이상히 여기며 또 전에 예수와 함께 있던 줄도 알고 (행 4:13)"

그러나 마가는 이러한 분위기에 전혀 아랑곳할 필요가 없었다. 마가는 열두 제자들과 같이 널리 알려지고 드러난 예수님의 제자가 아니기 때문에 유대인들의 경계대상도 아닐뿐더러, 어머니의 손을 잡고 따라 나온 처지인지라 어머니를 비롯한 수많은 여자들의 무리에 가려 그 존재 자체가 별로 남의 눈에 잘 띄지 않았다.

오히려 눈에 띈 것은 십자가에 매달리신 예수님에 의해서다. 예수님은 임종하시기 직전에 성모 마리아와 마가가 곁에 나란히 함께 서 있는 것을 보시고 서로를 상대방에게 소개해 주었다(요 19:26~27). 언제부턴가 마가와 마가의 친어머니 옆에는 아름답고 기품 있는 한 부인이 계속 서 계셨는데, 그분이 바로 예수님의 어머니 마리아셨던 것이다.

그런데 후세의 사람들은 이 장면 속에 등장하는 제자 역시 사도 요한이라고 오해하고 있다. 그러나 요한과 성모 마리아는 가나의 결혼잔치에 같이 참석하는 등 갈릴리 시절부터 이미 친숙한 사이였기 때문에, 예수님이 이 두 사람을 이러한 방식으로 또 소개해 줬을 가능성은 거의 없다고 보아야 한다. 이 장면은 이 제자와 성모 마리아가 서로 초면이거나 최소한 가까운 사이가 아닐 때 비로소 자연스럽게 이해될 수 있는 모습이다.

더구나 이 제자가 성모 마리아를 자기 집에 모시게 된 직접적인 계기가 바로 예수님의 이러한 소개 때문이었으니, 만일 예수님의 소개가 없었다면 이 제자는 아마도 성모 마리아를 모시지 않았을 것이다. 그렇다면 예수님의 소개가 있어야 성모 마리아를 모시고, 예수님의 소개가 없다면 성모 마리아를 모실 일이 없는 사람 중에서 이 제자를 찾으면 된다. 그런데 열두 제자나 예수님의 친형제들은 굳이 예수님의 이런 소개가 없더라도 성모 마리아를 당연히 모셨어야 하는 사람들이니, 이들은 그 대상에서 자동적으로 제외되어야 마땅하다.

어쨌든 마가는 이때부터 성모 마리아를 자기 집에 모시고 살았다(요 19:27)고 하는데, 그렇다고 해서 성모 마리아 한 분만 자기 집으로 모신 것은 절대 아니다. 성모 마리아 곁에는 항상 그림자처럼 그녀를 따르는 수많은 여인들이 있었다. 골고다에서 이들은 마치 한 몸처럼 엉켜 서로 부둥켜안고 통곡하면서 떨어지지 않으려 했다. 이런 이들과 성모 마리아를 떼어내 성모 마리아 한 분만 따로 마가의 집에 모신다는 것은 애당초 불가능하였고, 가능하다 해도 그것은 너무나 잔인한 일이었다. 마가는 결국 성모 마리아를 비롯한 모든 여인들을 다 함께 자기 집으로 모시고 갈 수밖에 없었다.

집에 돌아와 보니, 베드로도 다시 돌아와 골고다의 일을 궁금해 하고 있었다. 그리고 마가의 집에 성모 마리아를 비롯한 베드로, 막달라 마리아 등 예수님의 제자들이 대거 기거하고 있다는 소문이 점점 퍼져나가면서 요한이나 다른 열두 제자들도 그 소문을 듣고 하나씩 돌아오기 시작했다.

그리고 이때부터 두 번의 밤이 더 지나고 드디어 안식 후 첫날 새벽이 되었다. 이날 아침에도 마가는 잠결에 들리는 소란 소리에 놀라 또 일어났는데, 이번에는 막달라 마리아가 그 소란의 주인공이었다. 막달라 마리아는 이날 새벽 날이 채 밝기도 전에 예수님의 무덤을 찾아갔었는데, 무덤의 돌이 옮겨진 것을 보고 놀라 지금 집으로 급히 뛰어온 것이다(요 20:1).

마가는 막달라 마리아의 말을 자기 눈으로 직접 확인하기 위해 베드로와 함께 무덤으로 달려갔다. 이 두 사람은 동시에 달려 나갔는데, 아무리 강철같은 체력의 베드로라 하더라도 나이 앞에서는 어쩔 수가 없었던 모양이다. 젊고 활기 넘치는 마가를 달리기로는 도저히 따라잡을 수가 없었던 것이다(요 20:4). 베드로는 달리면서 몇 번이나 용을 써 보았지만 마가와의 간격은 점점 더 멀어질 뿐이었다.

무덤에 먼저 도착한 마가는 무덤 안으로는 들어가지 않고 베드로가 올 때까지 기다렸다(요 20:5). 이는 베드로가 먼저 들어가도록 차례를 양보하기 위함인데 마가 자신은 나중에 베드로가 들어간 이후에 따라 들어갔다(요 20:8). 이것은 아마도 최고참 선배인 베드로에 대한 예우 차원에서 마가가 그리했을 것으로 추측된다. 만일 이 제자의 정체가 사도 요한이었다면, 요한은 이때 베드로를 기다리지 않았을 것이다. 왜냐하면, 요한은 베드로를 이토록 예우할 입장이 아니었기 때문이다.

요한은 베드로와 같은 열두 제자 중의 하나이고, 제자로 입문한 시기도 베드로와 비슷한데다가, 예수님이 항상 대동해서 다녔던 3명의 애제자 그룹에도 베드로와 같이 포함되는 핵심 경쟁자였다. 따라서 베드로와 요한은 위아래 서열이나 능력의 우열을 나누기가 참으로 힘든 관계였다. 그래서 평소에도 누가 더 큰 자인지 곧잘 경쟁하곤 했었다(눅 9:46, 22:24, 마 20:21). 그러므로 요한이 이때 베드로에게 차례를 양보했을 가능성은 거의 희박한 것이다.

아무튼, 무덤에 도착해 보니, 막달라 마리아의 말이 모두 사실이었음을 확인할 수 있었다. 그러나 이때까지도 이들은 예수님의 부활은 믿지 않았다. 뭔가 이상하다는 생각은 계속했지만, 그것이 믿음으로 발전되지는 못

했다. 마가와 베드로는 머릿속에 그냥 의문만 잔뜩 품은 채 다시 집으로
돌아오고 말았다.

17. 소결론

마가가 요한복음의 저자인 것은 무엇보다 당위성의 문제라고 할 수 있다. 요한복음의 저자는 반드시 마가여야만 했다. 당시 나이도 어리고 미숙했던 "마가의 다락방" 주인 마가만이 이 글의 서두에서 정리한 5가지 판단기준 모두를 충족할 수 있다. 사도 요한이 이 5가지 판단기준 모두와 충돌한다는 사실을 상기해본다면, 이것이 얼마나 중요한 문제인지는 새삼 강조할 필요도 없는 것이다.

① 마가만이 최후의 만찬에 참석할 수 있다. 마가의 다락방에서 열린 최후의 만찬에 예수님의 일행이 아님에도 당연히 참석할 수 있는 사람은 그 방의 주인인 마가밖에 없다. 오직 마가만이 유일하게 자격이 있다.

② 마가만이 예수님의 옆자리에 앉을 수 있다. 예수님과 같은 최고 귀빈과 당당히 자리를 같이 할 수 있는 사람은 그 귀빈을 초대한 집주인(또는 주최자나 호스트) 밖에 없다. 그리고 사실 귀빈은 자리로 결정되는 법이다. 일반적인 경우에는 귀빈인지 여부가 집주인(또는 주최자나 호스트)의 옆자리에 앉을 수 있느냐 없느냐로 구분된다. 예를 들어, 집주인의 옆자리에 도마가 앉고, 예수님의 옆자리에 베드로가 앉았다고 가정하자. 예수님을 전혀 모르는 제3자가 봤을 때 누가 과연 그날 만찬의 귀빈일까? 정답은 예수님도 아니고, 베드로도 아닌 바로 도마다. 그러니 집주인의

옆자리는 그날 만찬의 최고 귀빈이신 예수님만이 오로지 앉을 수 있고, 또 그러니 예수님의 옆자리는 당연히 집주인인 마가 외에는 그 누구도 앉을 수 없는 것이다. 더구나 그날의 만찬이 다름 아닌 유월절 만찬이었음을 감안한다면, 집주인이 빠진 만찬장의 모습은 더더욱 상상할 수 없게 된다. 따라서 현실을 이리저리 아무리 감안해봐도, 역시 마가만이 유일하게 자격이 있다.

③ 마가만이 예수님의 품에 의지하여 누울 수 있다. 예수님의 품에 누워도 어색하지 않고 자연스러울 수 있는 사람은 나이 어리고 앳된 마가밖에 없다. 다 큰 성인이 예수님의 품에 의지하여 누웠다면, 그 모양새가 너무 어색하고 부자연스럽다. 오직 마가만이 유일하게 자격이 있다.

④ 마가만이 베드로의 요구에 떳떳이 응할 수 있다. 베드로는 지금 열두 제자 중에서 과연 누가 예수님을 배신하고 팔 자인지를 알아보라(요 13:24)고 요구하는 것이다. 그런데 베드로의 입장에서는 이런 요구를 다른 열두 제자에게는 도저히 할 수가 없다. 왜냐하면, 바로 그 사람이 범인일 수도 있기 때문이다. 열두 제자는 현재 예외 없이 모두 용의선상에 올라 있는 상황이다. 그러므로 자기들끼리는 아무도 믿을 수 없고 또 믿어서도 안 된다. 그런데 유독 마가만은 이런 상황에서 멀찍이 벗어나 있다. 마가는 열두 제자 그룹에 속하지 않기 때문이다. 따라서 오직 마가만이 유일하게 베드로의 요구에 응해서 "열두 제자 중에서 과연 누가 예수님을 팔 자인지"를 예수님께 직접 물을 수 있다.

⑤ 마가만이 베드로의 머릿짓을 자연스럽게 받을 수 있다. 베드로가 머릿짓으로 요구해도 결코 결례가 되지 않고 자연스러울 수 있는 사람은 역시 나이 어리고 앳된 손아래 사람 마가밖에 없다. 오직 마가만이 유일

하게 자격이 있다.

⑥ 마가만이 가룟 유다의 정체를 예수님의 때가 이를 때까지 드러내지 않고 침묵할 수 있다. 다른 제자들이 가룟 유다의 정체를 알았다면 그 자리에서 곧바로 그 비밀을 공개하고 큰 소란을 벌였을 것이다. 예수님을 배신하고 팔 자가 가룟 유다라는 사실을 알아도 그 의미와 심각성을 제대로 이해하지 못해 결국 침묵할 수밖에 없는 사람은 역시 나이 어려 미숙한 마가밖에 없다. 오직 마가만이 유일하게 자격이 있다.

⑦ 마가만이 예수님의 십자가 곁을 지킬 수 있다. 골고다에 참석해도 유대인들의 눈에 띄지 않고 안전을 확신할 수 있는 남성 제자는 당시 나이도 어리고 존재감도 전혀 없던 마가가 유일했다(더욱이 마가는 '마가'라는 로마식 이름에 비추어 보아 아마도 로마시민권을 세습 받은 사람이었을 가능성이 높다. 따라서 그 어떠한 경우에도 안전은 100% 확보되어 있었을 것이다). 특히 이때의 마가 행적에 대해서는 유대인들뿐만 아니라 복음서의 저자들도 동시에 침묵하고 있는데, 이것은 모든 복음서가 다 마가복음의 영향을 받았기 때문이다. 최초의 복음서인 마가복음이 이때의 일을 기록하면서 마가의 행적을 제외했는데, 마가복음이 그렇게 한 것은 그 복음서를 기록한 당사자가 바로 마가 자신이었기 때문이다. 마가는 자신의 복음서에 베드로가 전하는 예수님의 이야기만 최대한 충실히 기록하고자 했을 것이고, 이에 따라 자신과 관련된 이야기는 사적인 영역이라고 봐서 가능한 배제하고자 했을 것이다. 그 결과, 마가복음 이후의 다른 복음서도 마가복음의 전례를 좇아 이때의 일을 이렇게 밖에 기록하지 못했던 것이다. 그러므로 이때도 오직 마가만이 유일하게 자격이 있다.

⑧ 마가만이 예수님께 성모 마리아의 일로 사명을 받을 수 있다. 또한

성모 마리아를 예수님께 별도로 소개받아야 하는 등 형식적인 절차가 굳이 필요한 사람도 역시 마가밖에 없다. 갈릴리 출신의 다른 제자들은 성모 마리아의 존재를 이미 누구보다도 잘 알고 있었다. 따라서 예수님께 따로 소개받을 필요가 없는 것이다. 더구나 갈릴리 출신의 다른 제자들은 어차피 예수님의 말씀이 없더라도 당연히 성모 마리아를 모셨어야 하는 사람들이므로, 예수님이 이런 사명 자체를 별도로 주지는 않았을 것이다. 오직 마가만이 유일하게 자격이 있다.

⑨ 마가만이 성모 마리아를 자기 집에 모실 수 있다. 예루살렘에 자기 집이 있는 제자는 마가밖에 없기 때문이다. 오직 마가만이 유일하게 자격이 있다.

⑩ 예수의 무덤으로 달려갈 때, 마가는 당연히 베드로보다 앞서 달릴 수 있다. 젊고 혈기 넘치는 10대의 마가와 30대 중반의 베드로는 달리기 분야에서 경쟁 자체가 될 수 없다. 오직 마가만이 유일하게 자격이 있다.

⑪ 마가만이 베드로에게 무덤에 들어갈 순서를 순순히 양보할 수 있다. 베드로와 경쟁 관계에 있는 다른 열두 제자였다면, 베드로를 이렇게 예우하지는 못했을 것이다. 베드로를 이토록 예우할 수 있는 제자는 손아래 사람인 마가밖에 없다. 오직 마가만이 유일하게 자격이 있다.

⑫ 마가만이 그 존재가 베드로에게 특별할 수 있다. 수년간 공동체 생활을 함께 해온 열두 제자는 서로가 서로에게 더 이상 특별한 존재가 되지 못한다. 그냥 익숙한 일상일 뿐이다. 디베랴 호수에서 베드로가 자신의 뒤를 따르는 이 익명의 제자를 보고 최후의 만찬 때 있었던 한 장면을 떠올려 이 제자의 정체를 기억해냈는데, 이 제자의 정체가 만약 사도

요한이었다면 굳이 이런 기억과 설명의 과정은 필요치 않았을 것이다. 그 냥 곧바로 "아, 요한이구나"라고 하면 된다. 그뿐이다. 더 이상의 다른 기 억과 설명은 필요 없다. 예를 들어, 우리가 길거리에서 우연히 어머니를 봤을 때 그냥 "어머니다"라고 하지, "아, 그때 나를 ○○산부인과에서 낳 아주신 어머니다"라고는 하지 않는 것과 같은 이치인 것이다. 따라서 이 때도 오직 마가만이 유일하게 자격이 있다.

⑬ 마가만이 베드로, 바울, 필로와의 관계를 모두 설명할 수 있다. 이 모든 사람들과 친밀한 관계를 다 유지할 수 있는 사람은 성경의 인물 중 에서 오직 마가밖에 없다. 심지어 예수님조차도 이 모든 사람들과는 다 친분을 갖지 못했다. 오직 마가만이 유일하게 자격이 있다.

⑭ 진짜로 오직 마가만이 유일하게 자격이 있다. 요한복음의 저자로 오 직 마가만이 유일하게 세 번이나 후보에 올랐다. 그 이름이 요한이기 때 문에 한 번, 오랫동안 세월을 따라 요한복음의 저자로 꾸준히 거론되어 왔기 때문에 또 한 번, 그리고 예수님이 잡히시던 밤에 예수님을 따라가 다가 벗은 몸으로 도망간 청년의 이름으로 또 한 번. 이렇게 도합 3번이 나 그 이름을 올린 사람은 마가밖에 없다. 진짜로 오직 마가만이 유일하 게 자격이 있다.

아울러, 이것은 사실의 문제이기도 하다. 요한복음의 저자는 현실적으로 마가일 수밖에 없다. 마가를 요한복음의 저자 자리에 대입해 놓고 보면, 비로소 교회의 그 이해할 수 없고 지난한 역사가 제대로 이해될 수 있는 것이다.

① 마가라 하는 요한이 그 저자였기 때문에 복음서의 제목이 요한복음, 즉 요한이 전한 복음서(The Gospel According to John)가 될 수 있는 것이다. 요한복음 이외의 다른 제목은 지금껏 발견된 사실이 없다고 한다.

② 예수님께 사명을 받은 사람이 마가였기 때문에 "마가의 다락방"이 지상 최초의 교회가 될 수 있었던 것이다. 예수님의 명으로 이곳에 성모 마리아를 모시게 된 그날 이후 이곳은 예수님의 제자들도 함께 따라 들어와 단체로 머물고 기도하는 공동체 장소로 바뀌었다. 그때부터 이곳은 자연스럽게 교회 그 자체가 될 수밖에 없었던 것이다.

③ 마가가 그 저자였기 때문에 요한복음의 주요 배경은 갈릴리가 아니라 예루살렘이 되었던 것이다. 마가의 출신 지역이자 활동 배경은 예루살렘이었다.

④ 마가라 하는 요한이 그 저자였기 때문에 〈예수께서 사랑하시는 제자〉라는 익명이 꼭 필요했던 것이다. 그렇지 않았다면 요한복음에 등장하는 요한이 사도 요한인지, 마가 요한인지, 세례 요한인지, 베드로의 아버지 요한인지를 우리는 읽을 때마다 매번 구별하기가 무척 힘들었을 것이다.

⑤ 마가였기 때문에 예수님이 십자가에 매달려 고통받는 그 와중에도 성모 마리아를 부탁하신 것이다. 마가에게 뒷일을 부탁해야 할 현실적인 이유가 분명히 있었던 것이다. 마가는 예수님의 기대에 부응할 경제적(마가의 다락방), 사회적(대제사장과 가까운 레위 지파 출신), 정치적(로마시민권) 조건을 모두 갖추고 있었다. 따라서 마가가 만일 없었다면, 제자들

은 예수님의 부활이나 성령 강림 때까지 예루살렘에 남아서 계속 기다리지도 못하고 뿔뿔이 다 흩어졌거나 체포되는 신세를 면치 못했을 것이다.

⑥ 마가라 하는 요한이 그 저자였기 때문에 요한복음이 공관복음과 완전히 구별되는 새로운 복음서가 될 수 있었다. 혹시 다른 사람이 그 저자였다면, 필시 마가복음과 대동소이한 내용을 중복해서 또 기록할 수밖에 없었을 것이다. 누가복음이나 마태복음처럼 말이다. 그러나 마가는 요한복음의 저자이기 이전에 마가복음의 저자였기 때문에 마가복음과 대동소이한 복음서를 굳이 또 쓸 필요가 없었던 것이다.

⑦ <예수께서 사랑하시는 제자>의 정체가 바로 마가라는 사실을 인정할 때에만 비로소 베드로전서 5:13의 의미가 제대로 해석될 수 있다. 마가를 부정하면, '바벨론에 있는 그 여자'는 영원히 '로마에 있는 교회'로 밖에 해석되지 않는다. 이것은 그 자체로 베드로와 베드로의 글을 모두 부정하는 결과가 되는 것이다.

마가가 곧 요한복음의 저자이고, 요한복음의 저자가 곧 마가라는 사실은 이상에서 열거한 각종 증거들만 보더라도 더 이상 의심할 여지가 없는 명명백백한 사실이 된다. 그러나 나는 아직도 의심의 끈을 완전히 다 놓을 수가 없었다. 왜냐하면, 마가가 요한복음의 저자임이 입증되면 될수록 나에게는 나 스스로도 납득할 수 없는 새로운 의문 하나가 점점 더 강력한 힘으로 엄습해 왔기 때문이다.

왜 마가는 다른 사람들은 한 권도 쓰기 힘든 복음서를 무려 두 권이나 혼자서 쓰게 된 것일까? 예수님을 제일 잘 안다고 자부하는 열두 제자들조차 감히 써볼 엄두를 내지 못한 복음서를 말이다.

나는 이 문제로 끝까지 고민했고, 마지막까지 마가에 대한 확신을 100% 다 갖지 못했다. 마가복음과 요한복음의 저자가 동일인이라는 사실을 다른 사람들은 도대체 어떻게 받아들일 수 있을까? 그리고 나는 이러한 사실을 또 어떤 논리와 증거로 설명해야 하나?

나는 긴긴 마라톤을 성공적으로 완주하다가 마지막 결승선 1미터 앞에서 갑자기 주저앉을 것 같은 낭패감에 빠져들었다. 불안했다. 나는 이 이상한 낭패감에서 도저히 빠져나오지 못할 것 같았다. 그러나 나의 의문은 진명이가 장난치듯 툭 던진 말 한마디에 의외로 쉽게 눈 녹듯 해소되고 말았다. 어이가 없는 일이었지만, 모두가 사실이었다. 진리는 어쩌면 이토록 쉽고 단순한 것인지도 모르겠다. 아빠의 고민을 들은 진명이는 단도직입적으로 말했다.

"아빠! 고기도 먹어본 사람이 잘 먹고, 노는 것도 놀아본 사람이 잘 놀아."

"무슨 의미야?"

"복음서도 한번 써 본 사람이 연거푸 또 쓸 수 있다는 이야기야."

"그래?"

"생각해봐. 요한복음처럼 완전 새로운 복음서는 한번 써 본 사람만이 이렇게 또 쓸 수 있을걸. 아마 처음 쓰는 사람이라면 도저히 이렇게 쓰지 못했을 거야. 마태와 누가를 한번 생각해봐. 그들은 결과적으로 마가복음과 대동소이한 복음서를 또 썼잖아. 그래서 이들의 복음서를 통칭해서 그냥 공관복음이라고 하잖아. 그렇지 않아?"

"……."

"그리고 아빠 기운 내. 확신을 가져. 나는 이것이 하나님이 일하시는 방식이라고 생각해. 아빠는 명망 높은 신학자도 아니고, 유명한 목사님도 아니잖아. 기껏해야 집사야. 그것도 소위 나일롱 집사. 게다가 의심 많고 따지기 좋아하는 불량 집사."

"알았어. 그만해."

"그런데도 하나님이 아빠와 같은 사람에게 이런 중요한 비밀을 알려주신 것은, 이것이 하나님이 원하시는 일이기 때문일 거야. 하나님은 항상 작고 약한 사람을 크게 쓰시잖아. 그래야 하나님이 함께 하신다는 것을 다른 사람들이 알 수 있게 되잖아. 그러니 아빠 힘내. 이것은 아빠가 할 수 있는 일도 아니고, 실제로 아빠가 한 일도 아니야. 나는 그동안 하나님이 우리와 함께 계셨고, 하나님이 이 일을 다 하셨다고 생각해. 봐봐. 아빠는 생각지도 않은 공인중개사 시험도 불과 몇 개월 만에 금방 합격했잖아. 가게 일과 병행하느라 공부할 시간도 없었고, 아빠 나이도 적지 않은데 말이야. 이것은 아빠가 얼른 그 일을 끝내고 이 일에 다시 집중하시길 하나님이 원하셨다는 증거라고 생각해. 그러니까 아빠 겁먹지 마. 하나님이 기뻐하시지 않는 일이었다면, 지금 우리는 여기까지 오지도 못했어. 안 그래? 자, 파이팅!"

"아멘! 이놈아, 아멘!"

진명이의 위로와 응원은 내게 엄청난 힘이 돼주었다. 그러나 현실에서는 위로와 응원만으로 문제가 해결되지는 않는다. 위로와 응원이 확신은 줄 수 있지만 확증은 줄 수 없기 때문이다. 내겐 구체적으로 손에 잡히는 그 어떤 확실한 증거가 여전히 필요했다. 내가 믿는 것을 남들에게도 믿으라고 전하기 위해선 최소한의 증거 제시는 의무이자 예의였다. 그런데 그토록 바라던 증거가 1년쯤 후 느닷없이 내게 자기 발로 찾아왔다. 내가 바트 D. 어만의 책을 접한 것은 정말 우연이었다. 나는 생각지도 못했던 이 책을 통해 비로소 나의 마지막 남은 의문을 말끔히 그리고 근본적으로 해결할 수 있게 된 것이다.

이 책에서 인용하고 있는 클레멘트의 편지에 따르면, 마가는 마가복음 이외에 다른 복음서를 분명히 한 권 더 썼다고 한다. 그리고 그 이유도 함께 밝히고 있는데, 하나는 일반 성도들을 위해 또 하나는 영적 수준이 높은 소수의 사람들을 위해 썼다는 것이다.

제 4부

부록
(못다 한 이야기들)

1. 서론

　다행히도 우리 가게는 대박 난 맛집은 되지 못했다. 나름 몇 가지 메뉴에서 전국 최고의 맛을 지향했지만, 골목상권의 한계를 뛰어넘기에는 역부족이었다. 단골손님은 꾸준했지만, 새로운 손님은 기대만큼 늘지 않았다. 덕분에 나는 성수기에도 필요할 땐 얼마든지 쉴 수 있었고, 책도 얼마든지 마음껏 읽을 수 있었다. 아내 역시 어느 순간부터 이런 한계를 즐기기 시작했는데, 단골손님들과 어느새 언니로, 동생으로, 친구로 변해 있었다.

　그리고 또 다행인 것은 비수기에도 매출은 그리 심하게 떨어지지 않았다는 사실이다. 다른 주스가게의 경우, 성수기에는 밀려드는 손님 때문에 힘들어서 죽겠다고 하고, 비수기에는 빠져나간 손님 때문에 춥고 배고파서 죽겠다고 아우성이다. 그런데 우리 가게는 추운 겨울철에도 매출은 급전직하하지 않았다. 이 모두가 충성스러운 단골손님들 덕분이었으니, 그저 고맙고 감사할 따름이다. 따라서 우리는 성수기에도 힘들지 않았지만,

비수기에도 춥고 배고프지 않았다. 단지 성수기에도 많았던 여유시간이 비수기에는 더욱 더 많아졌을 뿐이다.

어쨌든 그 결과, 원주 지역 내 같은 프랜차이즈 업체 중에서는 우리 가게가 "성수기 매출은 꼴찌, 비수기 매출은 상위권"에 속하는 기이한 현상이 벌어졌다. 솔직히 공개된 정보가 없어서 장담할 수는 없지만, 수익성 부문에서만큼은 별다른 비용이 수반되지 않는 우리 가게가 단연 1등인 것만은 확실했다. 그 덕분에 나는 겨울철에도 큰 걱정 없이 이 글을 쓰는 데만 온전히 집중할 수 있게 되었다. 거듭 감사할 따름이다.

그러나 현실에 발붙이고 사는 이상 현실을 완전히 도외시할 수는 없었다. 일단, 가게 수입으로는 먹고사는 문제만 겨우 해결할 수 있는 정도였다. 학교에 다니는 세 아이의 등록금이나 학원비, 자취비 등은 매번 별도의 대책이 필요했다. 그러나 감사하게도 하나님은 그때그때마다 필요한 대책들을 꼭 마련해주셨다. 이번에도 그랬다. 몇 년 전에 분양받은 상가가 2채 있었는데, 이번에 잔금 지급할 시기가 한꺼번에 도래했다. 그런데 우리에게는 준비된 자금도, 은행에서 대출받을 여력도 전혀 없었다. 때문에 2채 중 1채는 무슨 일이 있어도 반드시 팔아야 하는 절박한 상황이었다. 우리는 여차하면 손해를 감수하고서라도 무조건 팔겠다는 각오로 상가 1채를 부동산 시장에 매물로 내놓았다.

그러자 이때 마침 어떤 독실한 교회 신자 한 분이 우리 옆 상가를 보러 왔다가 신기하게도 옆 상가 대신 우리 상가에 더 눈이 꽂혔다고 한다. 옆 상가는 임대도 완료된 상태라 공실인 우리 상가보다 훨씬 투자가치가 높고 안정적이었는데도 그 신자 분은 끝내 우리 상가를 선택하였다. 우리는 손해를 감수하고서라도 팔려고 했는데, 갑자기 웬 횡재인지 웃돈까지 받게 된 것이다. 우리는 어떻게 이런 일이 있을 수 있는지 그저 놀랍고, 감사해서 그날부터 곧바로 새로운 기도 제목을 하나 정해서 기도에 돌입했다. 1채 남은 우리 상가는 임대가 늦어도 좋으니, 이번에 팔린 상가부터 조속히 임대가 먼저 되기를 소원하고 빌었다. 다행히 소원은 성취되었고, 팔린 상가는 얼마 지나지 않아 곧바로 학원 용도로 임대가 나갔다고 한다. 그리고 1채 남은 우리 상가는 아직까지도 임대가 되지 않고 공실로 남아 있다. 그러니 이 얼마나 감사한 일인가!

　

우리는 당면한 제일 큰 걱정거리 하나를 홀홀 털어내고, 또다시 홀가분한 마음으로 돌아와 이 글을 쓰는데 온 힘과 마음을 다할 수 있게 되었다. 다시 한 번 하나님께 감사와 찬양을 드린다. 하나님 감사합니다. 진심으로 감사드립니다. 그리고 이제부터는 <부록>, 즉 못다 한 이야기들 편을 다룰 예정이다. 이 글의 핵심 주제와는 다소 거리가 있지만, 역시 중요한 내용이다. 성경을 읽다 보면 여러 미스터리한 사건들과 마주치게 되는데, 그 미스터리 중 일부에 대한 나의 답이다. 끝까지 관심을 갖고 읽어주시기를 바란다.

2. 13일의 금요일

　어디로 튈지 모르는 둘째 딸 진명이의 호기심이 또 발동했다. 13일의 금요일은 왜 불길한 날의 대명사가 되었는지 그 유래가 알고 싶다는 것이다. 이미 수차례 인터넷을 통해 검색해 보았지만, 자신은 그 검색 결과에 영 공감이 가지 않더라는 것이다.[22] 어쩔 수 없이 나는 요한복음에 대한 나의 짧은 상식을 총동원해서 다음과 같이 설명을 해줄 수밖에 없었다.

　"13일의 금요일은 예수님이 돌아가신 날이기 때문에 무섭고 두려운 날로 인식된 거야. 유대의 달력으로는 아빕월 14일이 유월절인데, 예수님은 유월절 하루 전에 돌아가셨으므로 돌아가신 날짜는 14일의 하루 전인 13일이 되고, 그 이튿날이 토요 안식일이므로 돌아가신 요일은 토요일의 하루 전인 금요일이 되는 거지."

　내가 설명을 마치자, 진명이는 나의 설명이 흡족했던지 환한 웃음으로 만족감을 표시해 주었다. 그런데 정작 나 자신은 나의 설명에 내재된 몇 가지 모순을 깨닫고 뒤늦게 아차 하는 생각을 갖게 되었다. 나의 설명이 필연적으로 수반하는 결과와 기존의 상식이 일차적으로 충돌했고, 기존의

---

22) 인터넷을 검색하면, 13의 의미를 예수님과 12 사도를 합친 숫자라고 대부분 설명하고 있다. 그러나 정말로 그렇다면 13일(日)이 아니라 13명(名)으로 표기했어야 마땅하다. 그리고 그보다 더 이상한 것은 예수님과 12 사도가 왜 행운의 상징이 아니라 불길한 수의 상징이냐는 점이다. 공감할 수도 없고, 공감해서도 안 되는 억지 설명이라고 생각한다.

상식과 성경의 기록이 이차적으로 충돌했으며, 성경의 기록과 성격의 기록이 삼차적으로 충돌했기 때문이다. 내가 깨달은 모순은 대략 이러했다.

일차. 내가 설명한 바와 같이(또는 우리 모두가 익히 다 알고 있는 바와 같이) 예수님이 금요일에 죽으신 것이 맞는다면, 일요일에 다시 살아나신 예수님은 죽은 지 딱 이틀 만에 부활하신 것이 된다(날짜 대신에 시간을 기준으로 한다면 더욱 큰 문제다. 사흘은커녕 이틀도 채 되지 않기 때문이다. 금요일 오후 3시에 돌아가시고 일요일 새벽 해뜨기 이전에 이미 부활하셨으므로 총 시간은 1.5일 정도에 불과할 뿐이다). 그렇다면 예수님이 사흘 만에 죽은 자 가운데서 다시 살아나셨다는 사도신경의 고백과는 상당한 괴리가 발생한다. 이것은 또한 "밤낮 사흘 동안 땅 속에 있으리라" 라고 하신 예수님의 말씀(마 12:40)과도 정면으로 배치되는 것이다.

"요나가 밤낮 사흘 동안 큰 물고기 뱃속에 있었던 것 같이 인자도 밤낮 사흘 동안 땅 속에 있으리라 (마 12:40)"

이차. 예수님이 돌아가신 주간이 어쨌든 유월절 주간이라고 한다면, 당연히 이 주간 중에는 토요 정기 안식일 말고도 명절 안식일이 하루 더 있는 법인데 지금껏 우리는 성경에서 정한 이 명절 안식일 자체를 전혀 고려하지 않고 있었다는 사실이다. 출애굽기 12:16과 레위기 23:7에 의하면, 유월절 다음날이자 무교절의 첫날은 아무 노동도 하지 말고 안식하여야 하는 날이다. 토요 정기 안식일과 상관없이 별도로 존재하는 안식일인 것이다. 실제로 마가복음 16장 1절과 2절을 살펴보면 우리가 그동안 간과했던 또 하루의 안식일을 확인할 수 있다.

"안식일이 지나매 막달라 마리아와 야고보의 어머니 마리아와 또 살로메가 가서 예수께 바르기 위하여 향품을 사다 두었다가 (막 16:1)"

"안식 후 첫날 매우 일찍이 해 돋을 때에 그 무덤으로 가며 (막 16:2)"

위 말씀에 따르면, 막달라 마리아 등은 안식일 전(前)에 향품을 사 두었다가 안식일 후(後)에 무덤을 찾은 것이 아니다. 그녀들은 분명히 안식일 후(後)에 향품을 사 두었다가 또 하루의 안식일이 지난 후(後) 다음날 새벽에 무덤을 찾은 것이다. 즉, 안식일이 총 2번 있었다는 의미인 것이다. 따라서 예수님이 돌아가신 날과 일요일 사이에는 최소한 2번의 안식일이 존재했다는 사실이 이로써 분명히 입증된다.

삼차. 예수님이 돌아가신 날짜와 관련한 요한복음의 증언은 놀랍게도 공관복음의 증언과 큰 차이가 있었다. [23]복음서에 따라 대략 하루 정도의 시간 차이가 발생하는데, 나도 처음에는 이러한 사실을 받아들이기 어려워 한동안 밤잠을 설치고 고민했을 정도이다. 그러나 성경을 아무리 읽고 또 읽어보아도 이것은 부인할 수 없는 엄연한 사실이었다. 그러니까 요한복음은 (위에서 내가 설명한 바와 같이) 유월절 하루 전에 예수님이 돌아가셨다는 입장인데 반해, 공관복음은 유월절 당일에 예수님이 돌아가셨다는 입장을 일관되게 견지하고 있다. 즉, 요한복음은 13일에, 공관복음은 14일에 각각 예수님이 돌아가셨다고 주장하는 것이다. 믿기 어렵겠지만, 그 증거는 다음 표와 같다.

---

23) 이에 대한 로마 가톨릭 교회와 동방 교회의 입장은 상반된다. 로마 가톨릭 교회는 공관복음의 증언을, 동방 교회는 요한복음의 증언을 각각 채택하여 예수님이 돌아가신 날을 기념하고 있다.

공관 복음	유월절 주간에 성전을 깨끗이 하심 (마 21:12, 막 11:15, 눅 19:45)	→	유월절 양 잡는 날 저녁에 유월절 음식을 드심 (마 26:17,20 막 14:12,17 눅 22:7,14)	→	그날 새벽 곧 안식일의 준비일에 체포되시고 당일에 십자가에 못 박히심 (막 15:42, 눅 23:54)	→ 안식일
요한 복음	생략 ※ 대신, 예수님의 공생애 초기 사건으로 묘사 (요 2:13)	→	유월절 전에 미리 제자들과 저녁을 드심 (요 13:1)	→	그날 새벽 곧 유월절의 준비일에 체포되시고 당일에 십자가에 못 박히심 (요 19:14) ※ 이때까지도 유대인들은 아직 유월절 음식을 먹지 못하고 있었음 (요 18:28)	→ 안식일

※ 출애굽기 12:6에 의할 경우 유월절 양은 아빕월 14까지 간직하였다가 해 질 때(유
월절 저녁) 잡는 것이므로 공관복음에 기록된 예수님의 최후 만찬은 문자 그대로
유월절 만찬이 맞음. (유대의 하루는 저녁이 먼저이고, 낮이 그 다음이다)

그렇다면 이러한 모순의 극복방안은 과연 무엇일까? 모순을 인정하기
싫으면 무시하거나 외면하는 것도 하나의 방법이겠으나 현실적으로 그럴
수 없다면 마땅히 인정해야 되고, 인정했다면 당연히 그 극복방안을 모색
해야 할 일이다. 그런 연후에야 비로소 이러한 모순이 왜 불가피했는지

그 원인도 한번 따져볼 기회가 있을 것이다. 그럼, 먼저 이러한 모순을 극복할 수 있는 방안부터 살펴보자. 아마도 그 방안은 복음서에 따라 달리 살펴보아야 할 것 같다.

① 공관복음 : 예수님이 유월절에 돌아가셨고(14일), 그 다음날은 무교절의 첫날이자 명절 안식일이며(15일), 또 그 다음날은 막달라 마리아 등이 향품을 사 둔 날이고(16일), 또 그 다음날은 정기 안식일이며(17일), 그 다음날 새벽에는 예수님의 빈 무덤이 발견되었으므로(18일), 예수님은 계산상 사흘 만에 부활하신 것이 맞게 된다. 정확히 사흘 밤과 사흘 낮을 땅 속에 계셨던 것이다. 더욱이 실제 역사상 이러한 조건에 딱 맞는 날이 있다. 바로 AD 30년의 유월절이다. 이 해에는 유월절이 수요일이므로, 수요일에 돌아가시고 일요일에 부활하시면 이와 같은 계산과 빈틈없이 일치한다.

② 요한복음 : 예수님이 유월절 하루 전에 돌아가셨고(13일), 그 다음날은 유월절이자 정기 안식일이며(14일), 또 그 다음날은 무교절의 첫날이므로 연이어 안식일이 되고(15일), 그 다음날 새벽에는 예수님의 빈 무덤이 발견되었으므로(16일), 날짜상으로는 사흘이라고 할 순 있겠으나 시간상으로는 여전히 사흘 밤낮을 꼬박 채우지 못한 상태에서 예수님의 부활을 맞게 된다. 따라서 당초의 모순이 근본적으로는 해소되지 못하고 있다. 특히 이 요한복음에 의하면, 14일과 15일이 연속되는 안식일이므로 막달라 마리아 등이 향품을 사러 갈 시간적인 틈이 아예 생기지 못한다는 점도 큰 문젯거리다. 그리고 14일이 정기 안식일이라는 사실은 그 요일이 토요일이라는 것을 의미하므로, 예수님의 빈 무덤이 발견된 16일은 순서상 당연히 월요일이 될 수밖에 없다. 그렇다면 예수님이 일요일 새벽에 부활하셨다는 지난 2000년 동안의 정설과는 양립할 수 없어 모순이

해결되기는커녕 오히려 더욱 심화되는 결과가 초래된다.

　따라서 우리가 예수님이 돌아가신 날짜와 관련하여 양자택일을 해야 할 경우 부득불 요한복음보다는 공관복음을 택할 수밖에 없고, 공관복음을 택하게 되면 사실상 위와 같은 모순은 대부분 사라진다. 그 결과, 모순은 자동적으로 극복이 되는 것이다. 그렇다면 이제 우리는 〈13일의 금요일〉이 아니라 〈14일의 수요일〉이라고 불러야 하지 않을까? 예수님이 돌아가신 날은 공관복음의 기록에 근거하여 유월절인 14일로 봄이 마땅하고, 이날은 AD 30년의 수요일일 확률이 현실적으로 높기 때문이다. 자, 그럼 이제 진짜로 중요한 마지막 문제가 하나 남았다. 그것은 요한복음에 왜 이런 오류가 존재하는가 하는 문제이다. 4복음서 중 가장 마지막에 기록된 요한복음은 당연히 앞서 기록된 공관복음의 기록을 모두 참조했을 텐데, 왜 이러한 오류를 사전에 걸러내지 못한 것일까? 이것은 저자의 단순한 실수로 치부될 수 있는 문제일까? 그렇지는 않을 것이다. 왜냐하면, 앞서 기록된 공관복음의 기록을 참조했을 것이기 때문에 의지만 있다면 이러한 오류는 당연히 제거할 수 있었을 것이기 때문이다. 그렇다면 저자가 의도적으로 이리 기록했다는 말인가? 단언컨대, 나는 그렇다고 생각한다. 왜냐하면, 요한복음의 저자는 마가이고 요한복음의 기록장소는 이집트였기 때문이다.

　요한복음을 찬찬히 읽어보면, 예수님이 돌아가신 날짜를 유월절 잔치 먹기 이전으로 그 시기를 앞당기기 위해 저자가 의도적으로 노력한 흔적이 역력히 보인다. 공관복음과 달리 예수님이 돌아가신 날짜를 반복적이고도 구체적으로 계속 언급하는 것을 보아도 그렇고, 유대인들이 유월절 음식을 아직 먹지 못했다는 사실을 굳이 강조하거나 예수님이 유월절 음식을 유월절 전(前)에 미리 먹었다고 특별히 기록한 부분을 보더라도 그러하며, 유월절 주간에 예수님이 성전을 깨끗이 숙정한 그 유명한 사건을 예수님의 공생애 마지막 주간이 아닌 초기의 사건인 것처럼 그 시기를 대폭 앞당긴 것을 보더라도 그렇다. 모두가 일관된 목적을 갖고 이리 한 것 같은데, 그 이유는 유월절에 대해 태생적으로 거부감을 갖고 있는 세계에서 유일한 민족이 바로 요한복음이 기록된 현지의 이집트인들이었기 때문이다.

"이 날은 유월절의 준비일이요 (요 19:14)"
"이 날은 준비일이라 유대인들은 그 안식일이 큰 날이므로 (요 19:31)"
"이 날은 유대인의 준비일이요 (요 19:42)"

"그들이 예수를 가야바에게서 관정으로 끌고 가니 새벽이라 그들은 더럽힘을 받지 아니하고 유월절 잔치를 먹고자 하여 관정에 들어가지 아니하더라 (요 18:28)"

"유월절 전에 예수께서 자기가 세상을 떠나 아버지께로 돌아가실 때가 이른 줄 아시고 세상에 있는 (중략) 저녁 먹는 중 예수는 아버지께서 모든 것을 자기 손에 맡기신 것과 또 자기가 하나님께로부터 오셨다가 하나님께로 돌아가실 것을 아시고 (요 13:1~3)"

유월절은 유대인들에게 있어서는 해방의 날이지만, 이집트인들에게는 비극의 날이었다. 출애굽 당시 어린 양의 피를 묻힌 유대인들의 집은 무사했지만, 그렇지 못한 이집트인들의 집에서는 모든 장자(長子)들이 죽어 곡소리가 터져 나온 악몽의 날이었다. 유월절이란 말 자체가 유대인들의 집은 그냥 넘어가고 이집트인들의 집에만 재앙이 머문다는 뜻이다. 한자로는 넘을 유(逾)에 넘을 월(越)을 쓰고, 영어로도 넘기다는 뜻의 Passover를 쓴다. 그러니 이집트인들에게 유월절은 그 얼마나 가증스럽고 공포스러운 날이었겠는가. 따라서 마가는 유월절에 대한 현지 이집트인들의 거부감을 희석시킬 필요가 있었다. 그리고 더 나아가, 출애굽 때 구원받지 못했던 이집트인들에게 당시의 비극을 반면교사 삼아 이번에는 반드시 어린 양의 피로 구원받아야 한다는 점을 분명히 각성시킴으로서 그들의 거부감을 오히려 복음화의 디딤돌로 승화시킬 필요도 있었다. 그러자면 예수님이 유월절에 희생되는 어린 양으로 묘사되어야 했다. 그렇게 되면 자연스럽게 예수님의 피를 받아들이는 것이 곧 어린 양의 피를 받아들이는 것과 같은 상징이 되는 것이다.

그런데 어린 양은 유월절 음식을 먹기 전에 희생된다. 유월절 음식을 먹은 후에는 어린 양을 잡지 않는 법이다. 유월절 음식을 먹기 전(前)과 후(後)의 차이는 이렇게 큰 것이다. 따라서 예수님의 죽음은 어린 양으로 묘사되기 위해서라도 반드시 유월절 음식을 먹기 전에 이루어져야 했다. 이것은 마가가 요한복음을 기록한 장소가 이집트였기 때문에 현지 이집트인들의 거부감을 해소하고, 나아가 이 거부감을 복음화의 디딤돌로 반전시키기 위해선 어쩌면 너무나 필요한 선택이었다고 나는 이해한다. 그런데 여기에 또 하나의 반전이 추가되었다. 이집트인들에게도 어린 양은 대단히 신성스러운 동물로 숭배의 대상이었다고 한다. 요즘도 일각에서는 어린 양을 이집트의 헤리샤프 신과 동일시하는 주장이 계속 제기되고 있을 정도이다. 그렇다면, 이로 미루어 보건대, 이집트인들 자신에게도 예수님을 구세주로 받아들일 수 있는 기본 유전자가 이미 오래전부터 내장되어 있었다는 이야기가 된다. 그리고 어쨌든 그 결과, 이 모든 것이 합력하여 유월절과 유월절의 어린 양이신 예수님은 이제 이집트에서도 배척의 대상이 아닌 숭배의 대상이 되는 선(善)을 이룰 수 있었던 것이다. 끝으로 결론을 한 번 더 정리하면, 요한복음은 4복음서 중에서 유일하게 예수님을 유월절의 어린 양으로 묘사하였고, 이러한 이례적 묘사는 요한복음의 기록장소가 바로 이집트였다는 사실을 고려할 때 비로소 이해할 수 있는 문제가 된다.

"이튿날 요한이 예수께서 자기에게 나아오심을 보고 이르되 보라 세상 죄를 지고 가는 하나님의 어린 양이로다 (요 1:29)"

3. 또 다른 익명의 제자들

요한복음에는 〈예수께서 사랑하시는 제자〉 외에도 정체를 알 수 없는 익명의 제자가 몇 명 더 등장한다.

어떤 사람들은 이들이 익명으로 등장한다는 측면에서 〈예수께서 사랑하시는 제자〉와 한 묶음으로 보고 그냥 동일인이라고 쉽게 단정하기도 한다. 그러나 복음서의 저자는 〈예수께서 사랑하시는 제자〉와 또 다른 익명의 제자들을 혼동하지 않고 항상 구분해서 서술하고 있다. 따라서 이들을 그저 익명이라는 이유 하나로 〈예수께서 사랑하시는 제자〉와 모두 동일시하는 것은 합리적이지도, 성경적이지도 않다고 생각한다. 이들은 다음과 같이 모두 3번 등장하는데, 한 명이 3번 등장하는 것인지 아니면 3명이 번갈아 1번씩 등장하는 것인지 우선 그조차 확실치 않다.

(a) 세례 요한의 말을 듣고 안드레와 함께 예수님을 따랐던 제자 (요 1:37)

(b) 잡혀가시는 예수님의 뒤를 따라 대제사장의 집에 들어갈 때 시몬 베드로와 동행했던 제자 (요 18:15)

(c) 도마, 나다나엘, 세베대의 아들들, 〈예수께서 사랑하시는 제자〉 등과 함께 베드로를 따라 디베랴 호수에 물고기 잡으러 갔던 제자 (요 21:2)

그런데 대부분의 주석서들을 보면, (a)와 (b)의 제자는 사도 요한이 맞고 (c)의 제자는 사도 요한이 아니라고 한다. 그런데 그 이유에 전혀 일관성이 없다. 코에 걸면 코걸이고, 귀에 걸면 귀걸이 식이다.

익명이기 때문에 (a)와 (b)의 제자는 [24]사도 요한이고, 익명이라는 똑같은 이유 때문에 또 (c)의 제자는 사도 요한이 아니라는 것이다. (c)에는 이미 사도 요한이 "세베대의 아들들"이라는 실명으로 등장하기 때문에 익명 속에 숨은 제자는 더 이상 사도 요한일 수 없다는 뜻이다. (c)만 미시적으로 보면, 전혀 틀린 말이 아니다. 그러나 (a),(b),(c)를 함께 놓고 거시적으로 보면, 분명히 틀린 말이다. 기준이 조금씩 다를 수야 있지만, 어떻게 (a),(b)의 기준과 (c)의 기준이 이토록 상반될 수 있다는 말인가? 요즘 언론에 자주 회자되는 내로남불(내가 하면 로맨스, 남이 하면 불륜)의 전형이 바로 이런 것이리라.

물론, 주석서에는 대놓고 이런 이유를 적시하지는 않았다. 차마 그럴 수는 없었을 것이다. 하지만 결론만 보면, 결국 이런 식이다. 왜 이런 결과가 나왔는가를 생각해보면, 일의 선후가 바뀌었기 때문이다. 일관되고 명확한 판단기준을 먼저 세우고, 이 기준에 따라 엄격히 판단했어야 했다. 그런데 이런 절차는 생략하고, 결론부터 먼저 (사도 요한으로) 정한 다음에 그 결론을 억지로 합리화하려다 보니 앞뒤가 맞지 않는 것이다. 그러니 당장 순서부터 바꾸어야 한다. 판단기준을 먼저 정립하고, 결론은 그 판단기준에 맞게 도출해야 한다. 예를 들어, 다음과 같은 판단기준은 어

---

24) 주석서의 저자들 역시 교회의 전통에 따라 〈예수께서 사랑하시는 제자〉의 정체를 사도 요한으로 보고 있다. 따라서 다른 익명의 제자를 익명이라는 이유 하나로 〈예수께서 사랑하시는 제자〉와 동일시할 경우, 이 익명의 제자 정체 역시 사도 요한으로 당연히 귀결될 수밖에 없다.

떨까 싶다. 가장 단순하고 간단한 예다.

첫째. "예수께서 사랑하시는"이라는 수식어가 있느냐, 없느냐를 반드시 구분해야 한다.

둘째. 일관성이 있어야 한다.

이제 이러한 판단기준에 입각해서 한번 생각해보자.

위 (a),(b),(c)의 제자는 모두 "예수께서 사랑하시는"이라는 수식어가 없다. 그렇다면 당연히 '무죄 추정의 원칙'을 준용하여야 한다. 확실한 증거가 새로 나오기 전까지는 일단 이 제자와 〈예수께서 사랑하시는 제자〉는 동일인이 아니라고 추정해야 한다는 뜻이다. 그리고 이 제자는 존재감도 거의 없어 보인다. (a)에서는 안드레가, (b)에서는 베드로가, (c)에서는 베드로와 〈예수께서 사랑하시는 제자〉가 전적으로 스포트라이트를 받고 있다. 더욱이 이 제자는 (a)와 (c)에서는 변변한 대사나 역할조차 없이 그냥 그림자처럼 등장했다가 연기처럼 사라지고 없다. 이 제자는 〈예수께서 사랑하시는 제자〉와 동일한 인물일 수도 없지만, 동일한 위치에서 비교할 만한 위상 자체도 되지 못하는 것이다.

그럼에도 복음서의 저자는 왜 이 제자의 정체를 굳이 익명으로 기록해야 했을까? 저자 자신도 그 정체를 몰라서? 아니면 이 제자의 신변을 보호하기 위해서? 그도 아니면 어떤 극적 효과를 노리고? 그러나 이런 것들이 그 이유가 되지는 못한다.

그 정체를 몰랐다면, 베드로 형제에게 직접 물어보면 될 일이었다. (a),

(b),(c)에서 이 제자는 공교롭게도 항상 베드로 형제 중 하나와 같이 등장하고 있다((a)에는 베드로의 형인 안드레가, (b)와 (c)에서는 베드로 본인이 등장하고 있다). 그러니 이 제자의 정체는 베드로 형제가 가장 잘 알고 있었고, 요한복음의 저자이자 〈예수께서 사랑하시는 제자〉인 마가는 베드로에게 아들과 같은 존재였으니 마음만 먹으면 얼마든지 베드로에게 이 제자의 정체를 확인할 수도 있었을 것이다. 그리고 이 제자의 신변을 보호할 필요성 또한 없었다. 이 복음서가 집필될 쯤에는 이미 수많은 시간이 흘러 당사자들 대부분이 사망한 후이고, 더구나 예수님을 죽음으로 내몰았던 예루살렘의 기득권 세력 자체가 로마군에 의해 초토화되어 전멸한 후이기 때문이다. 보호할 사람도, 경계할 대상도 이젠 없는 것이다. 또한 이 제자는 앞에서 말한 바와 같이 그 위상이 조연급도 못 되는 존재라서 굳이 이 제자의 정체를 비밀로 함으로써 얻어지는 극적 효과도 별반 기대할 것이 없었다.

그렇다면 이제 더 이상 이 제자 한 사람에게서만 그 이유를 찾아서는 안 될 것 같다. 그보다는 오히려 〈예수께서 사랑하시는 제자〉와의 관계에서 그 실마리를 찾아볼 필요가 있다. 독은 독으로 풀듯이, 익명도 익명으로 풀어야 한다. 예를 들어, 이 제자의 정체가 특정될 경우 〈예수께서 사랑하시는 제자〉의 정체도 함께 드러날 것을 우려해서 이 제자의 정체를 숨겼을 가능성을 한번 생각해볼 수 있다. 이 제자의 정체가 마가와 지극히 가까운 사람이라면, 이 제자의 존재만으로도 〈예수께서 사랑하시는 제자〉가 마가라는 사실이 금방 드러날 수 있다. 이것을 방지하려면 이 제자의 정체 또한 익명으로 숨길 필요가 있었던 것이다. 거짓말은 거짓말로 덮고, 익명은 익명으로 덮는 법이다.

그리고 또 둘째 기준에 의하면, 요한복음 본문 내에서 한번 실명으로 언급된 인물은 모두 이 또 다른 제자의 정체가 될 자격은 없다고 보아야 한다. 동일한 본문 내에서 동일인이 어떤 경우는 익명이고, 또 어떤 경우는 실명일 리가 없기 때문이다. 대표적인 사람들이 니고데모나 아리마대 요셉과 같은 사람들이다. 물론 열두 사도 중에서도 그 이름이 한 번씩 이미 언급된 사람은 모두 그 자격을 상실하게 된다. 세베대의 아들들이란 이름으로 이미 한 번 등장한 사도 요한과 그의 형제 야고보도 마찬가지다. 당연히 탈락이다. 그러고 나서, 개별적으로 주어진 힌트까지 찾아서 여기에 합치면 이제 더할 나위가 없게 된다.

(a)에는 솔직히 힌트라고 할 만한 것이 없다. (a)의 제자가 열두 사도에 포함되었는지는커녕 그 이후에도 계속 예수님의 제자로 남았는지조차 확인할 길이 없다. (a)에서는 제자라는 표현 자체가 예수님의 제자라기보다는 세례 요한의 제자라는 뜻이 더 강하다.

그러나 (b)에는 대단한 힌트가 하나 주어지고 있다. 이 제자가 대제사장과 아는 사람이라는 것이다. 그뿐만 아니라 대제사장 집의 문 지키는 여종 또한 이 제자를 알아보고 그의 통과를 허용했다는 것이다. 문 지키는 여종이 알아볼 정도이면, 이 제자의 대제사장 집 출입은 그만큼 빈번했다는 의미가 된다. 이 제자가 열두 사도 중의 하나라면 과연 대제사장의 집을 이처럼 빈번하게 출입할 수 있었을까? 더욱이 이 여종은 베드로에게는 예수님의 제자가 아니냐고 물으면서, 이 또 다른 제자에게는 그런 질문을 아예 생략하고 있다(요 18:16~17). 예수님의 제자에 대해서 제법 잘 아는 듯한 이 여종이 보건대, 베드로는 예수님의 제자가 맞지만, 이 또 다른 제자는 전혀 그렇지 않다는 어감이 그 질문 안에 강하게 녹아 있는 것이다.

그리고 너무 정확한 타이밍에 나타나 베드로와 동행했다는 점도 그냥 지나칠 수 없는 힌트다. 예수님이 잡히시고 베드로가 이를 뒤따른다는 사실을 어떻게 알고 이 기막힌 시점에 나타나 베드로를 도와줄 수 있었을까? 예수님이 잡히셨다는 소식을 금방 접할 수 있는 곳은 대략 2군데이다. 열두 사도와 같은 예수님의 제자 그룹과 예수님을 잡아들인 대제사장 측의 무리이다. 그러니까 잡거나 잡힌 당사자들 중 하나라는 것이다. 따라서 이 제자는 이 날벼락 같은 소식을 열두 제자로부터 들었을 가능성도 있고, 대제사장 측으로부터 들었을 가능성도 있다. 이도 저도 아니면, 양쪽 모두로부터 동시에 전달받았을 가능성도 배제할 수 없다.

일단, 이 제자는 이때 베드로와 동행하고 있었으니 베드로로부터도 당연히 이 소식을 전해 들었을 것이다. 그런데 이 제자는 또한 대제사장 측과도 잘 아는 사이이다. 더구나 공교롭게도 그때(베드로와 동행할 때) 마침 대제사장들과 장로들과 서기관들이 다 함께 그곳으로 모이고 있었으니 (막 14:53-54), 어쩌면 이 제자는 베드로와 동행한 것이 아니라 장로나 서기관들과 동행하는 길이었을 수도 있다.

"그들이 예수를 끌고 대제사장에게로 가니 대제사장들과 장로들과 서기관들이 다 모이더라 베드로가 예수를 멀찍이 따라 대제사장의 집 뜰 안까지 들어가서 아랫사람들과 함께 앉아 불을 쬐더라 (막 14:53-54)"

그렇다면 이 제자는 대제사장 측의 전갈을 받고 공회에 급히 참석하러 오는 길이었을 것이다. 그러다가 우연히 대제사장의 집 근처에서 베드로를 만난 것인지도 모른다. 실제로 이 제자는 베드로와 함께 계속 있지 아니하고 자신만 따로 건물 안으로 들어간 것 같다. 더 이상 베드로의 옆에서 이 제자의 모습은 보이지 않기 때문이다. 이로 미루어 본다면, 이 제자는 대제사장 측으로부터 모종의 메시지를 받고 공회에 급히 참석하러 오던 장로나 서기관 중의 한 명이었을 가능성까지 점쳐질 수 있다.

(c)에 등장하는 제자에게서도 특별한 힌트는 발견되지 않는다. 단지 〈예수께서 사랑하시는 제자〉와 함께 동시에 익명으로 등장한다는 측면에서는 두 익명의 제자가 서로 친밀한 사이가 아닐까 하는 추측을 불러일으키기에 충분한 정도다. 그리고 이 (c)의 배경이 되는 시기가 요한복음이 끝나고 사도행전이 시작되는 시기의 막간인 점을 고려하면, 앞으로 이 제자가 사도행전의 시대에 아주 중요한 역할을 맡게 될 것임을 예고하는 듯한 느낌마저 받는다.

따라서 이제는 부족하나마 이 정도의 조건만이라도 정리해서, 이에 부합하는 사람들을 두루 찾아보아야 한다. 이 조건들을 일괄해서 정리하면, 대략 다음과 같다. 괄호 안에는 (a),(b),(c)의 제자 중 구체적으로 어떤 제자에게 해당되는 조건인지를 표시하였다.

(공통) 〈예수께서 사랑하시는 제자〉는 분명 아니다.
(공통) 그렇지만 〈예수께서 사랑하시는 제자〉의 정체를 눈치 채게 할 수 있을 만큼 가까운 사이이고, 요한복음 본문 내에서는 그 실명이 한 번도 언급되지 않은 인물이다.
(b) 베드로와도 안면이 있고, 대제사장과도 잘 아는 사이이다.
(b) 열두 사도에는 포함되지 않고, 상류층(특히 산헤드린 공회원)에 속하는 사람이다.

(b, c) 사도 요한은 절대 아니다.

(c) 사도행전의 시대에 본격적인 활약이 기대되는 사람이다.

(a),(b),(c)의 제자가 각각 다 다른 사람이라면, 이 정도의 조건만으로 그 해당되는 사람을 찾기란 여간 어려운 일이 아니다. 그러나 만일 (a),(b),(c)의 제자가 한 사람으로서 모두 동일인이라면 이야기가 달라진다. 이 모든 조건들을 한꺼번에 다 만족시킬 수 있는 사람은, 내 짧은 소견으로는, 아마도 바나바가 유일할 것 같다. 바나바는 마가의 외삼촌으로서 나중에 바울과 갈라서는 것까지 감수하면서 마가를 챙겼을 정도이니, 그 친밀한 관계야 두말할 필요가 없다.

더구나 바나바는 대제사장과 같은 레위 지파 출신이다(행 4:36). 혈연으로도 대제사장 측과 서로 묶인 관계지만, 예루살렘에 기반을 둔 지연으로도 서로 얽히고설킨 관계다. 그리고 열두 사도에는 포함되지 않지만, 누가 뭐래도 예수님을 따르는 신실한 제자였음은 부인할 수 없다. 단지 그 때까지는 신분상의 이유로 그 사실을 마음껏 드러내지 못했을 뿐이다. 마치 니고데모나 아리마대 요셉과 같이 말이다. 그리고 그 사실을 감추었으니 예수님이 잡히셨다는 소식도 대제사장 측의 무리로부터 아무런 의심 없이 곧바로 전해 들을 수 있었을 것이다. 이 역시 니고데모나 아리마대 요셉과 같이 말이다.

그러면서도 요한복음 본문 내에서는 한 번도 그 실명이 언급된 적이 없다. 그러나 사도행전 시대에는 바울을 이끌고, 세계 전도여행을 이끌고, 규모 면에서는 당대 최고의 교회였던 안디옥 교회를 이끌었던 사람이다. 더구나 마가의 집은 바나바의 조카 집이기도 했으니, 예수님이 잡히시는 밤에는 예수님이 잡히시기 직전까지 머물렀던 마가의 집에 함께 있다가 이리로 도망쳐 온 예수님의 제자들로부터 이 급한 소식을 제일 먼저 전해 들었을 가능성도 충분하다.

그러나 너무 아쉽다. 확증하기에 심증은 넘치고, 물증은 조금 부족하다. 이 제자가 등장하는 장면이 너무 적고, 또 짧기 때문이다. 그러나 어쨌든 바나바가 가장 유력한 것만은 확실하다. 그중에서도 특히 (b)와 (c)에서만큼은 바나바일 가능성이 가장 높다. 사도 요한은 단연코 아니다.

4. 전설 따라 삼천리

성경보다 전설 속에서 더 맹활약하는 제자가 있다. 바로 아리마대 요셉이다.

요셉과 관련된 가장 대표적인 전설은 성배와 성혈이다. 성배는 최후의 만찬에서 예수님이 직접 사용하신 포도주 잔을 말하고, 성혈은 예수님이 십자가 위에서 우리의 죗값을 대신하기 위해 흘리신 피를 말한다. 이 전설은 나중에 여러 가지 버전으로 확대 발전되어 소설이나 연극, 영화, 오페라, 그림 등 각종 예술작품의 소재로 활용되기까지 하였다. 아서왕의 전설 속에서도 이 성배 이야기가 나온다.

아서왕 전설의 후반부는 아서왕과 원탁의 기사들이 이 성배를 찾아 떠나는 여정을 그린 것이다. 그리고 〈다빈치 코드〉의 원조 격이라고 할 수 있는 소설 〈성배와 잃어버린 장미〉도 요셉과 관련된 이 전설을 모티브로 해서 만들어졌다고 한다. 그러니 〈다빈치 코드〉도 결국은 이 전설의 영향을 받은 것이나 다름없다고 봐야 한다. 그뿐만이 아니다. 어드벤처 영화의 대명사인 〈인디아나 존스〉에도 성배 이야기가 빠지지 않고 등장한다.

이상의 사례들은 모두 이 전설이 그만큼 유명하고 또 널리 퍼졌다는 방

중인데, 도대체 그 내용이 어떻기에 이토록 오랫동안 사람들로부터 폭넓은 사랑을 받아 왔는지 자못 궁금하다. 그 내용은 대략 다음과 같다.

"요셉은 자신의 처남 브론과 그의 아들 알란과 함께 성혈(예수님의 피)을 담은 성배를 가지고 잉글랜드로 건너간다. 그리고 서머싯주에 있는 글래스턴베리에 그는 작은 교회를 세웠다고 한다(이 교회는 1184년에 불탔고 대신 대규모의 수도원으로 다시 지어졌다. 그러나 이 수도원도 1539년 헨리 8세의 잉글랜드 종교개혁(English Reformation) 시기에 로마 가톨릭이 탄압받으면서 파괴되어 버린다. 오늘날에는 단지 그 폐허만이 남아있다). 전설은 이외에도 그가 글래스턴베리에 도착해서 자신의 지팡이를 땅에 꽂았을 때에 그곳에서 가시나무 덤불이 자라났다고 한다. 수백 년간 이 덤불은 그 작은 교회 안에서 성탄절 때마다 꽃을 피웠다고 하는데, 성공회에서는 이 전승이 교회사적인 근거는 없지만 잉글랜드에 기독교가 이미 초대교회 시기에 상륙했다는 증거로 이해한다. 또 다른 전설들에 따르면 요셉은 성배를 글래스턴베리의 성문 곁에 묻었다고 한다. 여기에서 철분을 많이 함유한 이른바 성배우물(Chaice Well)의 근원이 만들어졌고 그 우물 물의 붉은 기운은 예수 그리스도의 피와 연관되어 있다고 한다."

그런데 요셉과 관련된 이러한 이야기들은 사실 기독교의 초창기 문서들에는 전혀 나타나지 않는다. 따라서 이 전설이 사실에 부합할 가능성은 거의 없다고 생각된다. 후세의 어느 누군가에 의해 창작되고 각색된 내용일 것이 분명하다. 그러나 그럼에도 불구하고 나는 여전히 이 전설에 상당한 미련을 두고 있다. 왜냐하면, 이 전설이 지금 우리가 그토록 애타게 찾고 있는 〈예수께서 사랑하시는 제자〉의 진짜 정체를 말해주고 있기 때문이다. 이 전설이 알려주고 있는 <예수께서 사랑하시는 제자>의 진짜 정체는 바로 이 전설의 주인공인 아리마대 요셉이다.

  <예수께서 사랑하시는 제자>라면 최소한 최후의 만찬과 골고다 언덕에는 모두 참석했었던 사람이어야 한다. 그런데 전설에 따르면, 요셉이 바로 이 두 가지 조건을 모두 만족시킨 사람이라는 것이다. 예를 들어, 요셉이 성배를 가지고 있다는 사실은 최후의 만찬에 참석했다는 사실뿐만 아니라 예수님의 옆자리에 앉았다는 사실까지 함께 입증할 수 있는 중요한 증거가 된다. 왜냐하면, 성배의 존재를 알아보고 그 성배를 손에 넣을 수 있는 기회는 모두 예수님의 옆자리에 앉았던 제자에게 최우선적으로 주어지기 때문이다. 그 성배에 성혈을 직접 받았다는 의미 또한 마찬가지이다. 이것은 요셉이 당시 골고다 현장에 있었다는 사실을 가장 웅변적으로 보여주는 증거가 된다.

  그러므로 성경을 덮고, 전설만 보면 요셉이 유일하게 <예수께서 사랑하시는 제자>의 자격을 두루 갖추고 있다. 적어도 전설상으로는 요셉이 그 제자일 가능성이 가장 높다. 적어도 전설상으로는…

5. 죄지은 여인

<예수께서 사랑하시는 제자>만큼이나 오랫동안 그 정체가 논란이 되어 온 화제의 인물이 있다. 누가복음 7장에 등장하는 여자로, 이른바 <죄지은 여인>으로 널리 알려진 한 여자가 그 주인공이다.

"한 바리새인이 예수께 자기와 함께 잡수시기를 청하니 이에 바리새인의 집에 들어가 앉으셨을 때에 그 동네에 죄를 지은 한 여자가 있어 예수께서 바리새인의 집에 앉아 계심을 알고 향유 담은 옥합을 가지고 와서 예수의 뒤로… (중략) 예수께서 대답하여 이르시되 시몬아 내가 네게 이를 말이 있다 하시니 그가 이르되 선생님 말씀하소서… (중략) 이에 여자에게 이르시되 네 죄 사함을 받았느니라 하시니 함께 앉아 있는 자들이 속으로 말하되 이가 누구이기에 죄도 사하는가 하더라 예수께서 여자에게 이르시되 네 믿음이 너를 구원하였으니 평안히 가라 하시니라 (눅 7:36-50)"

그런데 가톨릭에서는 죄를 지었다고 하는 이 여자를 어떤 이유에선지 막달라 마리아와 동일시하는 경향이 있다. 그 때문에 막달라 마리아는 너무 억울하고 속상하다. 소설이나 연극, 영화, 그림, 조각 등 각종 예술작품 속에서 그녀는 느닷없이 창녀나 행실이 나쁜 여자로 묘사되기 시작한 것이다. 막달라 마리아와 동일시되는 이 여인이 아마도 성(性)적인 문제와 관련되는 죄를 범했을 것이라고 사람들이 단정한 까닭이다. 이와 비슷한 맥락의 이야기는 심지어 찬송가에도 등장한다. 찬송가 211장을 보면, 값비싼 향유를 예수님께 부어드린 여자가 막달라 마리아라는 가사가 버젓이 나오고 있다. 이 역시 막달라 마리아와 누가복음 7장의 여인을 동일시했기 때문에 가능한 일이다.

그러나 가톨릭의 이러한 인식은 사실 성경의 내용과는 아무런 관련이 없다. 죄지은 여인이 막달라 마리아라고 하는 기록은 성경 그 어디에도 없는 것이다. 그렇다면 가톨릭은 왜 이런 엉뚱하고 생뚱맞은 인식을 하게 된 것일까? 그것은 아무래도 6세기 경의 교황 그레고리오 1세에게 그 대부분의 책임을 돌려야 할 것 같다. 그레고리오 1세는 대(大)교황이라고 불릴 정도로 가톨릭 내에서 차지하는 비중이 막강한 인물이다. 그런데 이렇게 막강한 그레고리오 1세 교황이 누가복음 7장의 해당 구절에 대해 다음과 같이 강론했다고 한다.

"누가는 죄인이라고 부르고, 요한은 마리아라고 부른 이 여자는 바로 마가가 예수님께서 일곱 마귀를 쫓아 주신 여자라고 말한 마리아 막달레나로 여겨진다."

그레고리오 1세의 강론은 그 내용의 옳고 그름을 떠나 중세시대 절대적인 영향력을 갖고 있던 교황의 말씀이라는 그 자체의 권위로 인해 당시 종교계는 물론이고, 사회문화계에도 엄청난 영향을 끼쳤을 것이 틀림없다. 더구나 그 교황이 대(大)교황이라고 불릴 정도로 추앙받는 인물이었기에, 더더욱 그 영향력은 컸을 것이다. 그러나 그레고리오 1세의 이러한 강론은 성경적 근거가 전혀 없을 뿐만 아니라, 성경적 진실에도 명백히 위배된다. 죄지은 여인의 진짜 정체가 따로 있기 때문이다. 이 여인의 정체는 바로 베다니 마을에 살았던 나사로의 누이 마리아이다. 그 증거는 다음과 같다.

구분	나사로의 누이 마리아의 이야기				죄지은 여인의 이야기
	마가복음 (a)	마태복음 (b)	요한복음 (c)	종합 (d)=(a)+(b)+(c)	누가복음 (e)
구절	14:3-9	26:6-13	12:1-8		7:36-50
사건 장소	베다니 나병환자 시몬의 집	베다니 나병환자 시몬의 집	베다니	베다니 나병환자 시몬의 집	바리새인 시몬의 집
등장 인물	한 여자	한 여자	같은 동네에 사는 마리아	같은 동네에 사는 마리아라고 하는 한 여자	같은 동네에 사는 한 여자
사건 내용	향유 옥합을 깨뜨려 예수의 머리에 부음	향유를 예수의 머리에 부음	향유를 예수의 발에 붓고 머리털로 닦음	향유를 예수님께 부어드림	예수님의 발을 머리털로 닦고 향유를 부음

< 첫 번째 증거 >

(a),(b),(c)는 같은 사건을 다루고 있는 평행 본문이다. 그리고 (a),(b),(c) 사이에 존재하는 표현상의 미세한 차이를 정리한 것이 (d)이다. 그런데 이 (d)와 (e)의 기록이 대체로 일치하고 있다. 사건장소는 모두 시몬의 집이고, 등장인물은 시몬과 같은 동네에 살고 있는 한 여자이다(절대로 시몬

의 집에 같이 사는 사람이 아니다. 같은 동네에 사는 사람이다). 사건내용 또한 예수님께 향유를 부은 일과 관련되어 있다. 다만 사건의 발생시기는 좀 다른 것 같다. 사건의 구체적인 내용이 서로 다르기 때문인데, 내 소견에는 아마도 (e)의 사건이 더 앞서는 것으로 판단된다. 왜냐하면 (a),(b),(c)의 사건은 예수님의 공생애 마지막 주간에 발생되었는데 (e)의 사건이 이보다 더 늦을 수는 없기 때문이다. 어쨌든, 사건의 발생시기가 다르다는 사실을 분명히 감안하더라도, 예수님의 공생애 기간 3년 사이에 싱크로율이 이 정도로 높은 사건이 각각 다른 사람에 의해 또 발생할 수 있는 확률은 현실적으로 너무 희박하다고 할 수 있다. 따라서 (e)에 등장하는 죄지은 여인과 (a),(b),(c)에 등장하는 베다니 마을의 마리아라고 하는 한 여자는 동일 인물일 확률이 당연히 높게 된다. 그리고 베다니 마을의 마리아라고 하는 한 여자는 요한복음에 의해 나사로의 둘째 누이 마리아라는 사실이 충분히 설명되고 있다(요 12:1-3).

< 두 번째 증거 >

이번에는 성경 스스로의 증언이자 위 첫 번째 증거에서 잠시 묻어 두었던 사건의 발생시기와 관련된 증거다. 첫 번째 증거를 다루면서 사건의 발생시기가 달라 조금 아쉬웠지만, 사실은 이런 특성이 오히려 더 완벽한 증거로 작용하고 있다. 우선 요한복음 11:2를 보자. 이 말씀 속에 나사로의 누이 마리아를 증언하는 글이 나온다. 이 마리아는 "향유를 예수님께 붓고 머리털로 예수님의 발을 닦던 자"라는 것이 증언의 핵심 요지이다. 그런데 이 구절에서 증언하는 내용과 정확히 일치하는 사건은 4복음서를 통틀어 오직 (c)와 (e) 밖에 없다. (a)와 (b)는 향유를 부은 부위가 발이 아니라 머리이고, 더욱이 머리털로 예수님의 발을 닦는 장면은 아예 나오지도 않기 때문에 요한복음 11:2와는 처음부터 무관한 사건이 된다. 그런데

요한복음 11:2와 무관하기로는 어차피 (c)도 마찬가지다.

(c)도 결국은 (a),(b)와 같은 사건을 다루고 있는 (a),(b)의 평행 본문인 탓도 있지만, 그보다는 요한복음 11:2보다 더 후반부인 요한복음 12장에 기록된 사건이기 때문이다. 요한복음 11:2는 앞서 기록된 그 이전의 어떤 사건을 증언하고 있다. 복음서의 기록순으로도 그렇고, 사건의 발생순으로도 그렇다. 그런데 (c)는 요한복음 12장에 기록되어 있기 때문에 기록순으로도 요한복음 11:2보다 더 나중이지만, 사건이 실제 일어난 발생순으로도 더 나중의 일이다(왜 더 나중의 일인지는 위 첫 번째 증거에서 이미 다루었다). 오직 (e)만이 요한복음 11:2보다 기록순으로나 발생순으로도 앞선 그 이전의 사건이 된다(복음서의 기록순서는 마가복음이 가장 앞서고 요한복음이 가장 늦다. 반면 사건의 발생순서는 누가복음의 (e)가 가장 앞서고 동일 사건인 (a),(b),(c)가 가장 늦다. 따라서 (a)와 (b)는 기록순으로는 요한복음 11:2보다 앞서지만 발생순으로는 더 나중의 일이 된다). 따라서 요한복음 11:2보다 앞서 기록된 글로 그 범위를 좁혀서 살펴보면 (e)만이 유일하게 사건의 발생순서도 요한복음 11:2보다 앞서고 증언의 내용도 가장 일치한다는 사실을 알 수 있다. 그러므로 (e)에 등장하는 죄지은 여인을 요한복음 11:2의 증언에 따라 나사로의 누이 마리아로 확증해도 무방한 것이다.

"이 마리아는 향유를 주께 붓고 머리털로 주의 발을 닦던 자요 병든 나사로는 그의 오라버니더라 (요 11:2)"

누가복음 7장에 등장하는 죄지은 여인을 나사로의 누이 마리아로 인정할 때 비로소 누가복음 10장의 〈마르다와 마리아〉의 이야기도 이해될 수 있다. 앞장에서 이미 여러 차례 설명했다시피, 마리아는 예수님을 대접하기 위해 홀로 고군분투하고 있는 언니 마르다를 돕지 않고 예수님의 발치에 앉아 오로지 예수님의 말씀에만 집중했다. 마리아의 이러한 태도는 예수님과의 관계를 중심으로 살펴보면 분명 믿음이 충만한 행위로 이해될 수 있지만, 언니인 마르다와의 관계를 중심으로 살펴보면 이기적이고 독선적인 행위로 간주될 여지도 충분한 것이다.

그런데 만일 마리아가 누가복음 10장에서 예수님을 처음 만난 것이 아니라, 누가복음 7장에서 이미 한차례 예수님을 뵙고 죄 사함까지 받은 전력이 있다면 얘기가 달라질 수 있다.

마르다와 달리 마리아는 예수님을 찾아뵙고 감사 인사를 꼭 드려야 할 명확한 이유가 있었고, 다른 가족들을 예수님께 소개하거나 인사시켜야 할 의무가 있었으며, 음식이 나올 동안 예수님과 담소하거나 응대를 할 수 있는 최고의 적임자였다. 따라서 동생 마리아는 언니 마르다와 함께 주방에 있지 아니하고 예수님의 발치에 있어야 할 충분한 이유가 따로 있었던 것이다. 그리고 예수님에 대한 마리아의 믿음도 이때는 이미 상당한 수준에 이르렀을 것이므로, 마리아는 그 어떤 경우에도 예수님의 말씀 듣는 것보다 마르다의 주방일 돕는 것을 더 우선할 수는 결코 없었던 것이다.

만시지탄의 감은 있지만, 가톨릭에서도 결국은 제2차 바티칸 공의회를 통해 막달라 마리아와 죄지은 여인을 동일 인물로 보지 않고 별개의 다른 인물로 인정했다고 한다. 나로서는 너무나 당연한 일이라고 생각될 뿐이다.

6. 소리 없는 질문과 메아리 없는 대답

　공관복음을 보면 이해되지 않고, 요한복음을 보아야 비로소 이해되는 대목이 있다. 최후의 만찬 때 예수님이 자신을 배신하고 팔 자가 가룟 유다라는 사실을 드디어 공개하는 대목이 바로 그것이다.

　성경을 읽다 보면, 예수님의 말씀을 제자들이 제대로 알아듣지 못해 답답한 경우가 더러 있는데, 대부분은 예수님이 비유로 설명했을 경우다. 그런데 최후의 만찬에서는 예수님이 가룟 유다의 정체에 대해 직설적으로 말씀하셨는데도 제자들이 이상하게 그 말뜻을 전혀 알아듣지 못하고 있다. 왜 그랬을까? 제자들이 집단 최면에 걸리기라도 한 것일까? 아니면 달콤한 포도주 맛에 흠뻑 취해 정신줄을 놓아버린 것일까? 그도 아니면 복음서의 저자가 뭔가 숨기는 것이 따로 있었던 게 아닐까?

　공관복음은 이러한 의문에 아무런 답도 주지 않는다. 답은커녕 의문거리만 잔뜩 남겨 놓았다. 열두 제자 중의 하나가 예수님을 배신하고 팔 것이라고 분명히 경고하셨는데도, 제자들은 말로만 걱정하고 이를 막아보려는 그 어떤 실질적인 행동은 전혀 취하지 않고 있다. 심지어 제자들은 그 배신자가 가룟 유다임이 공개되었을 때에는 반응이라는 것 자체를 아예 보이지 않았다. 반응이 없는 것도 이상하지만, 더 이상한 것은 왜 반응이 없었는지에 대한 최소한의 설명이나 암시조차 없다는 사실이다. 뭔가 숨기거나 생략된 이야기가 있지 않고는 도저히 이럴 수가 없다.

이런 점에서 요한복음은 다르다. 설명이 있고, 답이 있다. 그리고 공관복음에서는 숨겨지고 생략된 마가라는 존재가 있다. 그리고 또 있다. 소리 없는 질문과 메아리 없는 대답이 있다. 모두가 마가와 관련되는 이야기이다. 먼저 소리 없는 질문을 들어보자.

베드로는 예수님을 배신하고 팔 자가 누구인지 마가를 통해 예수님께 물었다. 그러나 소리 내어 묻지 않고 단지 머릿짓으로만 마가에게 신호를 보내 물었다(요 13:24). 그러니 베드로의 질문은 마가 이외에는 그 누구도 들을 수가 없었을 것이다. 어쨌든 마가는 베드로의 질문을 받아 예수님께 전달했다. 그리고 예수님도 그 질문에 즉각 답을 주셨다. 그런데 이 질문과 대답은 마가와 예수님 사이에서만 이루어졌다. 그마저도 예수님의 품 속에서 조용조용 이루어졌으니 다른 제자들은 역시 들을 수가 없었을 것이다. 실제로 요한복음 13:28을 보면, 제자들이 가룟 유다에게 하신 예수님의 27절 말씀만 알아듣고 그 앞서 마가에게 했던 진짜 중요한 26절의 말씀에 대해서는 아무런 반응이 없는 것을 확인할 수 있다.

"예수께서 대답하시되 내가 떡 한 조각을 적셔다 주는 자가 그니라 하시고 곧 한 조각을 적셔서 가룟 시몬의 아들 유다에게 주시니 (요 13:26)"

"조각을 받은 후 곧 사탄이 그 속에 들어간지라 이에 예수께서 유다에게 이르시되 네가 하는 일을 속히 하라 하시니 (요 13:27)"

"이 말씀을 무슨 뜻으로 하셨는지 그 앉은 자 중에 아는 자가 없고 (요 13:28)"

요한복음 13:28에 나오는 '말씀'이 왜 가룟 유다에게 하신 27절의 말씀만을 가리킨다는 것인지 그 이유는 이어지는 29절에서 추가로 설명된다. 29절에서는 예수님이 가룟 유다에게 하신 27절 말씀의 의미가 무엇인지 제자들끼리 서로 갑론을박하는 장면이 나온다. 그런데 예수님을 배신하고 팔 자가 가룟 유다임을 밝히신 26절의 그 중요한 말씀에 대해서는 일언반구 반응이 없다. 들었다면 반응이 없을 수가 없는데, 아무런 반응이 없다는 것은 듣지 못했다는 의미로밖에 해석되지 않는 것이다.

"어떤 이들은 유다가 돈궤를 맡았으므로 명절에 우리가 쓸 물건을 사라 하시는지 혹은 가난한 자들에게 무엇을 주라 하시는 줄로 생각하더라 (요 13:29)"

예수님이 가룟 유다에게 하신 27절의 말씀은 그보다 선행되는 26절의 말씀을 들은 후에라야 비로소 이해될 수 있다. 가룟 유다에게 하신 27절의 말씀은 예수님이 마가에게 하신 26절 말씀의 연장선상에 있기 때문이다. 그런데 26절의 말씀은 예수님이 자신의 품 속에 있는 마가에게만 조용히 하신 말씀이고, 베드로나 다른 제자들에게는 전달되지 못했다. 마가가 전달하지 않았기 때문이다. 그래서 예수님의 대답은 끝내 다른 제자들에게 전파되지 못하고 마가에 막혀 사그라지고 마는 운명이 된다. 예수님의 대답은 결국 메아리 없는 대답이 된 것이다. 이것이 비극을 초래했다.

결론을 정리하면 이렇다.

베드로가 마가에게 보낸 질문은 소리 없이 오직 머릿짓으로만 한 소리 없는 질문이었다. 그래서 다른 제자들은 그 질문을 들을 수가 없었다. 마가와 예수님 사이에 오간 대화 또한 예수님의 품 속에서 조용히 오간 둘만의 대화였다. 따라서 이 대화도 다른 제자들은 들을 수가 없었다. 그리고 마가는 예수님의 대답을 끝내 다른 제자들에게 전파하지 않았다. 당시 마가는 어리고 미숙한데다가 예수님의 일행과는 처음 만나는 관계였기 때문에 예수님의 대답이 뜻하는 깊은 의미를 제대로 이해하지 못했던 것이다. 따라서 예수님의 대답은 마가에게 막혀 메아리 없는 대답처럼 사그라지고 말았다. 그러니 그날 열두 제자들은 당연히 반응이 없을 수밖에 없었다. 아무것도 듣지를 못했기 때문이다.

7. 도망친 마가에 대한 또 하나의 가설.

마가의 인생 이력에서 가장 부끄러운 기억을 하나 꼽자면 바로 제1차 전도여행을 도중에 포기하고 예루살렘으로 도망간 일이 될 것이다(행 13:13).

이 일은 나중에 바나바와 바울이 갈라서는 빌미가 되는 등 엄청난 후유증을 낳았다(행 15:39). 그래서 어떤 사람들은 마가를 가리켜 겁쟁이라고도 하고 상습범이라고도 하는데, 그 이유는 마가가 예수님이 잡히시는 밤에 예수님을 따라가다가 베 홑이불까지 버리고 벗은 몸으로 도망갔던 부끄러운 전력이 이미 한차례 더 있었기 때문이다(막 14:51~52).

그러나 나는 마가가 겁쟁이라는 해석에는 좀처럼 동의하기가 힘들다. 마가는 유대인들의 서슬이 시퍼렇던 시절에도 자신의 집을 예루살렘 교회로 당당히 제공한 사람이다. 그뿐만 아니라 마가는 초대교회의 성장에 기여한 공로가 남다르다. 세상 모든 교회의 모형인 예루살렘 교회는 앞에서도 말했듯이 마가의 다락방을 중심으로 성장하였고, 세계 최대의 도시인 로마에서는 바울이나 베드로를 도와 복음을 전파하면서 특히 자신의 로마식 이름을 딴 마가복음까지 저술하였다.

두 번째로 큰 도시인 이집트의 알렉산드리아에는 마가가 최초로 복음을 전파하고 교회를 직접 세우기까지 했으며, 자신의 유대식 이름을 딴 요한복음을 또 저술하였다. 마태복음이나 누가복음이 세계 최초의 복음서인 마가복음을 대부분 벤치마킹한 사실을 감안하면 4복음서는 사실상 마가 혼자 다 쓴 것이라고 해도 과언이 아닌 것이다. 그리고 세 번째로 큰 도시인 안디옥의 교회는 마가의 외삼촌인 바나바의 공로에 크게 힘입어 성장하였는데, 마가도 미력이나마 분명히 일익을 담당하였을 것이다.

초대교회에서 차지하는 마가의 인간적인 위상은 더욱 남다르다. 예수님께는 〈사랑하시는 제자〉, 마리아에게는 아들, 바나바에게는 생질, 바울에게는 동역자, 베드로에게서도 아들이라는 칭함을 받았다. 그리고 결정적으로 또 그는 순교를 마다하지 않았다. 마가는 이집트에서 순교했는데, 그가 자신의 피로서 개척한 이집트 교회는 현재 이슬람의 극심한 탄압 속에서도 그 명맥을 꿋꿋이 유지하는 등 그리스도인으로서의 정체성이나 자부심은 타 지역의 교회와는 비교도 할 수 없을 정도로 분명 남다른 면이 있다.

그런데 이렇게 대단한 마가를 전도여행 도중에 한번 하차했다고 해서 그 이유를 묻지도 따지지도 않은 채 무조건 겁쟁이로 치부하는 것은 너무 성급한 처사가 아닐까 생각한다. 설사 마가가 부잣집에서 곱게만 자라 세상 물정을 모르고 마음도 약한 진짜 겁쟁이라고 가정하더라도 마찬가지다. 왜냐하면, 마가의 하차에는 다음과 같은 몇 가지 석연치 않은 부분이 객관적으로 존재하기 때문이다.

(a) 천하의 바울 및 바나바가 마가와 동행했는데, 그들은 이교도 인과 이방인들의 마음은 잘도 회심시키면서 전도여행을 중도 포기하려 하는 마가의 마음은 왜 되돌리지 못했을까?

(b) 교회의 전통적인 주장대로 오순절 성령강림이 마가의 다락방에서 일어난 사건이라면, 그 집의 주인인 마가도 당연히 성령체험을 했을 텐데, 성령체험을 한 사람이 어찌 그만한 일을 감당하지 못하고 도중에 도망칠 수밖에 없었을까?

(c) 도망갔다면, 왜 출발지인 안디옥으로 가지 않고 예루살렘으로 돌아갔을까?

성경을 보면, 마가의 하차는 거의 충동적으로, 느닷없이 이루어진 것 같다. 그 이전까지만 해도 전도여행의 성과는 눈부셨다. 총독 서기오 바울의 믿음을 이끌어내고, 유대인 거짓 선지자를 혼내주는 등 젊고 혈기 넘치는 마가의 입장에서는 오히려 앞으로의 여정이 더 기대될 수밖에 없는 흥미진진한 상황이었다. 그런데도 하차를 결정했으니, 무엇인가가 마가의 마음을 급격히 충동질한 것이 틀림없어 보인다.

이 충동을 천하의 바울과 바나바조차 결과적으로는 어찌하지 못했다는 것이다. 그런데 바울과 바나바조차 어찌하지 못한 것이라면, 그 충동은 성령께서 주신 내적 충동일 가능성이 높다. 어차피 제1차 전도여행 자체가 성령께서 세우시고 이끈 사업이었다(행 13:2-3). 그리고 마가 역시 오순절 성령강림을 자신의 집에서 직접 체험한 성령의 인물인 것이다. 따라서 마가의 하차도 성령께서 원하시지 않았다면 분명히 막을 수 있는 일이었다고 생각한다. 그런데도 마가의 하차를 막지 않으신 것을 보면, 성령께서 오히려 마가의 하차를 적극적으로 원하신 것이 아닌가 하는 합리적 의심이 든다.

만약 진짜로 성령께서 마가의 하차를 원하셨다면, 그 이유는 무엇일까? 성경에는 아무런 언급이 없지만 딱 하나 짐작 가는 대목이 있다. 그것은 바로 성모 마리아의 죽음이 임박했기 때문일 수가 있다. 마가의 마음을 급격히 움직이게 하고, 성령께서도 원하시는 일이며, 천하의 바울 및 바나바조차도 어찌하지 못한 이유였다면, 그것은 분명 성모 마리아와 관련된 일 밖에는 없는 것이다. 더욱이 마가는 제1차 전도여행의 출발지인 안디옥으로 돌아가지 않고 성모 마리아가 계신 예루살렘으로 곧장 돌아갔다고 하니(행 13:13), 그 가능성은 더욱 신빙성을 띠게 된다.

실제로 가톨릭의 전승에 따르면, 복음 전파를 위해 전 세계에 흩어져 있던 사도들이 도마를 제외하고는 모두 성모 마리아가 임종하시기 3일 전에 [25]마가의 다락방으로 다시 모였다고 한다. 그런데 이때 어떤 이는 천사에 의해 부름을 받았고, 또 어떤 이는 내적 충동에 의한 부름을 받고서 모였다는 것이다.

물론, 이 전설 속에 마가의 이름은 등장하지 않는다. 그러나 사람들이 마가의 존재를 알았다면, 마가 역시 천사나 내적 충동에 의한 부름을 받고 모인 제자들의 명단에 반드시 포함시켜 주었을 것이다. 아무리 그래도 어머니의 장례를 앞두고 상주(喪主)를 안 부를 수는 없는 노릇이기 때문이다. 그리고 무엇보다 사도행전에 기록된 마가의 이 이해 못 할 행동 자체가 그 방증이 될 수 있다.

---

25) 17세기 스페인의 수녀 아그레다의 가경자 마리아가 탈혼상태에서 기록했다는 〈하느님의 신비의 도성〉에도 이와 관련된 유사한 내용이 있다. 이 책의 내용에 따르면, 성모 마리아께서는 예수님의 제자들이 지켜보는 가운데 평소 머무시던 마가의 다락방에서 임종을 맞이하셨다고 한다.

8. 마가의 다락방

　모든 일에는 반드시 시작이 있는 것처럼 마가의 다락방에도 사람들이 모여 기도하기 시작한 최초의 발단이 있었을 것이다.

　마가의 집이 언제나 그리고 누구에게나 개방되는 공공장소도 아닐뿐더러 예수님의 제자들에 한해 특별히 개방되었다 하더라도 그들에게 아무런 이유도 없이 처음부터 개방되었을 리는 만무하기 때문에, 제자들이 도대체 어떠한 배경과 이유로 이 집에 모이기 시작했는지 그 까닭이 나는 너무나 궁금하다. 더구나 그 발단이 되는 사건이 무엇이고 또 언제인지에 따라 이 집의 주인인 마가의 정체도 완전히 달라질 수 있어 그 궁금증은 더욱 증폭될 수밖에 없다.

　따라서 나는 너무나 궁금한 그 발단을 찾기 위해 성경의 기록을 무수히 거슬러 올라가 보았고, 결국 4개의 유의미한 사건과 마주치게 되었다. 그런데 이 4개의 유의미한 사건은 사도행전과 요한복음의 경계를 넘나들며 이어지는 일련의 연속되는 사건이기 때문에, 성경의 기록을 거슬러 올라가야 하는 우리들의 입장에서는 당연히 26)제일 마지막 사건인 ④번째 사

---

26) 사실, 성경에 기록된 제일 마지막 사건은 ⑤번째 사건이라고 할 수 있는 사도행전 12:12
　　이다. 이 말씀 속에는 예수님의 제자들이 마가의 집에 모여 기도하는 모습이 가장 뚜렷하
　　게 묘사되어 있다. 그러나 ⑤번째 사건까지 언급하는 것은 비슷한 이야기를 너무 중언부
　　언하는 느낌이 있어 이를 피하기 위해 부득이 이 글에서는 생략하기로 하였다.

건부터 만나볼 수밖에 없을 것 같다. 그럼, 먼저 ④번째 사건부터 역순으로 살펴보겠다. ④번째 사건은 사도행전 1장 13절과 14절이다.

"들어가 그들이 유하는 다락방으로 올라가니 베드로, 요한, 야고보, 안드레와 빌립, 도마와 바돌로매, 마태와 및 알패오의 아들 야고보, 셀롯인 시몬, 야고보의 아들 유다가 다 거기 있어 여자들과 예수의 어머니 마리아와 예수의 아우들과 더불어 마음을 같이하여 오로지 기도에 힘쓰더라 (행 1:13-14)"

이때는 예수님이 승천하신 직후가 된다. 그리고 이곳은 <예수께서 사랑하시는 제자>의 집, 즉 마가의 다락방이다. 이 시기에 예수님의 어머니 마리아가 유하는 다락방이라면 요한복음 19:27에 의거 당연히 <예수께서 사랑하시는 제자>인 마가의 다락방일 수밖에 없는 것이다. 그런데 이때 벌써 여러 사람이 마가의 집에 모여 기도에 힘쓰고 있다는 기록이 발견되는 것으로 보아 사람들이 이 집에 모이기 시작한 것은 최소한 예수님의 승천 직후까지로는 그 기원이 올라갈 수 있을 것 같다. 그런데 물론 여기가 발단은 아니다. 만일 여기가 발단이라면, 예수님이 승천하시기 이전엔 또 어디에서 예수님의 제자들이 모여 살았다는 것인지 의문이 해소되지 않는다. 의문이 해소되기는커녕 도리어 새로운 의문만 하나 더 추가될 뿐이다. 설마 거리에서 단체로 노숙하며 지내지는 않았을 것이 아닌가?

그래서 그 기원을 찾아 다시 그 위로 좀 더 거슬러 올라가 보면, ③번째 사건인 사도행전 1:4의 말씀과 만나게 된다. 이때는 예수님이 부활해서 40일간 제자들에게 보이시며 하나님 나라의 일을 말씀하실 때이다. 그런데 이 말씀 속에서 예수님은 제자들에게 한 가지 아주 특별한 분부를 하고 계신다.

"사도와 함께 모이사 그들에게 분부하여 이르시되 예루살렘을 떠나지 말고 내게서 들은 바 아버지께서 약속하신 것을 기다리라 (행 1:4)"

예수님께서는 제자들이 예루살렘을 떠나지 않고 계속 머물기를 원하신 것이다. 그렇다면 제자들이 예루살렘에 머물 수 있는 곳부터 먼저 마련해 주시고 이런 분부를 하시는 것이 순서일 텐데, 사도행전에는 이와 관련된 그 어떤 말씀도 찾을 수 없다. 혹시 아무 대책도 없이 이런 분부를 하신 것은 아닐까? 물론, 그럴 가능성도 있다. 하지만 예수님이 그렇게 무책임한 분은 아니시라는 믿음을 갖고 생각해보면, ③번째 사건 당시에 이미 제자들이 머물 곳은 완벽히 마련되어 있고, 따라서 별도의 대책은 더 이상 필요 없는 상태라는 것을 깨닫게 된다.

실제로 ④번째 사건인 사도행전 1:13절까지 되돌아가 보면 "그들이 유하는 다락방"이라는 표현이 있는데, 여기에서 '유하는'이 내포하는 진정한 의미는 그때 처음으로 유하기 시작했다는 것이 아니라 그 이전부터 이 다락방에 계속 유하여 왔음을 나타내는 계속 진행형의 표현이라고 할 수 있다.

그런데 ③번째 사건과 ④번째 사건은 간극이 짧다. 시간 차이가 거의 없다는 뜻이다. 예수님의 승천을 기준으로 하면, 승천하시기 직전과 직후의 차이다. 그렇다면 ④번째 사건에서 쓰인 유하는 이란 표현은 특별한 언급이 없는 한 ③번째 사건에서도 여전히 적용 가능한 표현이라고 하겠다. 그리고 ④번째 사건 때처럼 ③번째 사건 역시 이때가 발단이라면, 예수님이 고난을 받으셨을 때와 부활하셨을 때는 또 어디에서 제자들이 모여 살았다는 것인지 설명이 되지 않는다. 따라서 ③번째 사건도 ④번째 사건 때처럼 제자들이 이 집에 모인 최초의 발단은 되지 못하고, 단지 그 이전부터 계속 이 집에 유하여 온 상태에 불과하다고 보는 것이 옳을 것 같다.

그래서 번거롭지만 다시 한 번 더 힘을 내서 성경의 기록을 거슬러 올라가면, 이제 ②번째 사건인 요한복음 20:2의 사건과 만나게 된다. ②번째 사건은 안식 후 첫날 예수님의 무덤에 갔던 막달라 마리아가 무덤의 돌이 옮겨진 것을 보고 시몬 베드로와 예수께서 사랑하시던 그 다른 제자에게 달려가서 자신이 목격한 것을 말하는 장면이다.

"시몬 베드로와 예수께서 사랑하시던 그 다른 제자에게 달려가서 말하되 사람들이 주님을 무덤에서 가져다가 어디 두었는지 우리가 알지 못하겠다 하니 (요 20:2)"

이 말씀의 행간을 보면, 이때에도 이미 예수님의 제자들은 마가의 집에 함께 모여 공동체 생활을 영위하고 있었음을 알 수 있다. 무슨 근거로 이런 말을 하냐 하면, 이 말씀의 배경 시각이 새벽이기 때문이다. 새벽, 남들은 아직 잠자리에서 일어나지도 않았을 이 미명의 시각에 예수님의 제자들이 벌써 이렇게 여럿 모여 있었다는 사실은 그 자체만으로 그곳이 그들의 숙소라는 증거가 된다.

그렇지 않다면 날도 채 밝지 않은 이 이른 시각에 도대체 그들은 무엇을 하기 위해 그곳에 모여 있었다는 말인가? 아마도 조금 전까지 잠을 자다가 무덤에서 막 돌아온 막달라 마리아의 호들갑과 소란 소리에 놀라 모두 급하게 잠에서 깬 상태였을 가능성이 높다.

그리고 〈베드로〉와 〈막달라 마리아〉 그리고 〈예수께서 사랑하시는 제자〉 등 이 3명이 이 짧은 말씀 속에 나란히 함께 등장하고 있다는 사실은 또한 그곳이 〈예수께서 사랑하시는 제자〉의 집이라는 사실도 아울러 의미한다. 즉, "말씀의 배경장소 = 갈릴리 제자들의 숙소 = 예수께서 사랑하시는 제자의 집"인 것이다. 이곳에 이 익명의 제자가 함께 거하고 있다면 이 집의 주인이 바로 이 익명의 제자라는 해석은 너무나 당연하고 자연스러운 귀결이며, 이외에 달리 해석할 여지가 전혀 없다.

그럼에도 굳이 다른 해석(갈릴리 제자들의 숙소 ≠ 예수께서 사랑하시는 제자의 집인 경우)을 시도해 보자면, 성모 마리아는 이 익명의 제자 집에 거하고(요 19:27), 이 익명의 제자는 또 자신의 집이 아닌 갈릴리 출신의 제자들 숙소에 거한다는 이상한 결론에 도달할 뿐이다. 그러면 결국 이 익명의 제자는 성모 마리아를 자기 집에 모셔놓고 나서 정작 자신은 그 집을 나와 다른 곳(갈릴리 제자들의 숙소)에 얹혀산다는 막장 드라마로 비화되는 것이다.

따라서 다른 해석은 굳이 불필요하고, 성립되지도 않는다. 이 익명의 제자가 자기 집에서 성모 마리아를 모시고 함께 산다는 요한복음 19:27의 말씀은 요한복음 20:2의 배경 장소가 오로지 이 익명의 제자 집일 때에만 아무런 모순 없이 자연스럽게 부합될 수 있다. 즉, "말씀의 배경장소 = 갈릴리 제자들의 숙소 = 예수께서 사랑하시는 제자의 집 = 성모 마리아가 거하는 곳"인 것이다. 그러니 이 집에 성모 마리아가 거하고 계셨다는 증거를 하나 더 보탤 수만 있다면 이보다 완벽한 검증은 또 없을 것이다.

그런데 다행히도 그 증거가 공관복음 곳곳에 널려 있다. 공관복음에는 안식 후 첫날 예수님의 무덤을 찾아간 여자들의 이름이 막달라 마리아 외에 몇 명 더 발견되는데, 그 명단에 예수님의 어머니로 추정되는 한 인물이 포함되어 있다. 그 이름은 야고보의 어머니 마리아(막 16:1) 또는 야고보의 모친 마리아(눅 24:10) 또는 다른 마리아(마 28:1)라고 명시되어 있는데, 이 모두가 예수님의 어머니를 지칭하는 표현임이 분명하다.

그리고 마태복음 27:56에서는 이 마리아에 대해 좀 더 상세한 표현을 덧붙이고 있는데, 요셉의 이름을 하나 더 추가해서 야고보와 요셉의 어머니 마리아라고 부르고 있다. 그런데 이 야고보와 요셉은 모두 예수님의 동생들이다. 그 증거는 또 마태복음 13:55에 있다. 마태복음 13:55에 기록된 예수님의 동생들 이름을 성경의 기록 순(順)대로 열거하면, 야고보와 요셉과 시몬과 유다로서 총 4명이다. 그러니 이 다른 마리아는 예수님의 어머니 마리아이면서 또한 야고보와 요셉의 어머니 마리아이고, 또는 야고보의 어머니 마리아 또는 시몬과 유다의 어머니 마리아이기도 한 분이다.

이것은 마치 3남매의 어머니인 나의 아내가 소담이 엄마이자 동시에 진명이 엄마이고 또 때로는 도건이 엄마이기도 한 것과 같은 이치다. 따라서 이런 이치를 공관복음에 그대로 적용해 보면, 그날 그 시각 그곳에는 틀림없이 성모 마리아도 함께 계셨던 것이 분명하고, 이는 요한복음 20:2의 배경과도 그 의미가 일맥상통한다. 즉, 성모 마리아가 그날 사건 현장에 있었다는 것은 공관복음이 증언하고, 요한복음이 보증하는 성경적 진실이라는 뜻이다.

그런데 사실 이 문제는 애당초 이렇게까지 깊숙이 따지고 들어갈 문제가 아니었다. 증거 따위는 접어두고, 상식선에서 한번 간단히 생각해봐도 충분한 일이었다. 그러니 한번 생각해보시라. 그날 아침 제일 먼저 무덤을 찾은 이가 그 무덤 속 주인의 혈육이나 가족이 아니라면 그것이 더 이상하지 않은가? 혈육이나 가족도 아니고 열두 사도의 일원도 아닌 막달라 마리아가 새벽부터 향품을 준비해서 예수님의 무덤을 이토록 애타게 찾을 동안, 정작 그 어머니 되시는 마리아는 이 일을 모두 막달라 마리아에게 미뤄두고 자신은 뒤로 물러나서 구경만 하고 있었다면 솔직히 이게 말이 된다고 생각하는가?

더구나 성모 마리아는 예수님의 죽음을 모르시는 것도 아니고, 오히려 예수님의 임종을 막달라 마리아와 함께 현장에서 직접 두 눈으로 지켜본 분이시다(요 19:25~27). 그러니 그 마음이 얼마나 황망했을까? 그리고 그때는 자식의 시체를 수습도 하지 못하고 그냥 멀리서 바라보기만 하다가 물러났으니(막 15:47), 자식의 몸 상태를 하루빨리 직접 확인하고픈 마음은 또 얼마나 간절했을까? 따라서 안식 후 첫날 새벽을 그 누구보다 손꼽아 기다렸을 것이고, 마침내 그날이 되었을 때에는 날이 채 밝기도 전에 벌써 무덤으로 부리나케 출발했을 것은 사실 보지 않아도 충분히 알 수 있는 일이다.

그러므로 성모 마리아가 이 말씀의 배경이 되는 시각과 장소에 제자들과 함께 있었다는 것은 굳이 증거를 들먹일 필요조차 없는 사실이고 상식인 것이다. 따라서 이와 같은 여러 근거와 정황을 종합해 봤을 때 ②번째 사건의 배경 장소는 제자들의 숙소이자, 〈예수께서 사랑하시는 제자〉의 집이고, 또한 성모 마리아의 거처인 것은 더더욱 의심할 여지가 없게 된다.

그러나 ②번째 사건에서도 제자들이 마가의 집에 모여 살고 있는 모습만 확인될 뿐, 그런 식으로 살게 된 계기나 이유는 발견되지 않는다. 그래서 부득이 다시 한 번 더 성경을 거슬러 올라가 보면, 결국 ①번째 사건인 요한복음 19:27의 말씀과 운명적으로 만나게 되는 것이다. ①번째 사건은 십자가 위에 매달리신 예수님이 마가에게 예수님의 어머니를 부탁하시는 장면이다. 그래서 마가가 그때부터 자신의 집에 예수님의 어머니를 모시게 되는 발단이 되는 사건이다.

그런데 여기서 한 가지 의문이 든다. 예수님은 정말로 성모 마리아 한 분만의 봉양을 부탁하신 것일까? 예수님의 속마음은 과연 이것뿐이었을까? 다른 암시는 진정 없었던 것일까? 그렇다면 이상한 점이 한둘이 아니다. 성모 마리아의 안위나 봉양만을 걱정했다면, 굳이 이런 부탁을 마가에게 할 필요가 없었다. 왜냐하면, 성모 마리아의 봉양을 책임질 사람은 주변에 차고도 넘쳤기 때문이다.

우선, 마리아에게는 핏줄로 이어진 자식들이 여럿 있었다. 마태복음 13:55에 나오는 야고보, 요셉, 시몬, 유다가 그들이다. 예수님을 제외하더라도 마리아에게는 이렇게 든든한 아들이 4명이나 더 있었던 것이다. 이 중에서 야고보는 나중에 '의인 야고보' 또는 '주의 형제 야고보'로도 불리며 예루살렘 교회의 실질적인 리더로 성장하는 사람이다. 그러니 야고보 한 사람만으로도 성모 마리아의 여생은 너끈히 책임지고도 남았던 것이다.

또 한편으로 마리아에게는 믿음으로 맺어진 자녀들도 헤아릴 수 없이 많았다. 대표적인 사람들이 베드로, 요한, 야고보 같은 열두 사도들이다. 교회에 전해 내려오는 전설에 따르면, 성모 마리아가 돌아가셨을 때에도 그녀의 임종을 지킨 사람은 복음 전파를 위해 전 세계에 흩어져 있다가 성령의 부르심으로 긴급히 모인 열두 사도들이었다고 한다. 그러니 예수님이 안 계신다고 한들 도대체 무엇이 걱정이겠는가? 성모 마리아를 돌봐줄 사람들이 주변에 이렇게 차고도 넘치는데 말이다.

이것은 최악의 사태를 상정해보더라도 또한 마찬가지다. 만일 예수님의 형제들과 제자들이 전원 다 순교해서 성모 마리아를 모실 사람이 이 세상에 단 한 명도 남지 않았다고 가정해보자. 자, 그럼 어떻게 될까? 내가 생각하는 결론은, 그럼에도 불구하고 "아무 걱정 할 필요가 없다"이다. 왜냐하면, 그때는 예수님이 하늘나라에서 지상에 계신 성모 마리아를 직접 돌보시면 되기 때문이다. 마치 하나님이 천사를 통해 엘리야를 직접 돌보셨듯이 말이다.

그러므로 그 어떠한 경우에도 성모 마리아에 대한 걱정은 불필요하고 공연한 일일뿐인 것이다. 그런데도 예수님이 마가에게 뭔가를 굳이 부탁해야 했다면, 그것은 일반적으로 알려진 것처럼 성모 마리아 한 분만을 위한 부탁은 결코 아닐 것이라고 생각한다. 보다 깊은 속뜻이 분명 따로 계셨을 것이 틀림없다.

예를 들면, 예수님이 아니라면 도저히 해결할 수 없는 일이나 예수님이 마지막으로 꼭 해결하셔야 되는 일 등을 유언 삼아 마가에게 말씀하신 것이 아닌가 하는 추측이 든다. 따라서 보다 정확한 예수님의 속내를 알기 위해서는 접근 방식을 조금 바꾸어 볼 필요가 있다. 기존에는 예수님의 말씀에 보다 많은 중점을 두었다면, 이젠 마가의 반응 쪽으로 무게중심을 살짝 옮겨보아야 한다. 왜냐하면, 예수님의 말씀은 너무 함축적이고 포괄적이라 사실 정확한 속내를 알기 어렵기 때문이다.

그런데 이에 비해 마가의 반응은 대단히 단순하고 구체적이다. 마가는 예수님의 말씀을 듣자마자 그때부터 곧바로 성모 마리아를 자기 집에 모시고 살았다고 한다. 그렇다면 그때 마가는 우리가 미처 예상하지 못했던 다음과 같은 또 하나의 문제에 반드시 봉착하고야 말았을 것이다. 그것은 바로 성모 마리아와 함께 골고다에 같이 있었던 수많은 여자들의 무리에 대한 처리 문제이다.

ⓐ 성모 마리아만 모시고 간다.
ⓑ 막달라 마리아를 비롯한 다른 모든 여성 제자들을 다 데리고 간다.

ⓐ를 선택할 경우, 성모 마리아는 그동안 자신과 동고동락을 같이 해온 교회 공동체라는 집단과 강제로 분리되는 아픔을 감수해야 한다. 그리고 자식마저 죽은 그 슬프고 잔인한 밤을 오로지 홀로 지새우며 견뎌야 한다. 위로해 줄 친구나 친척 하나 없이 말이다. 그런데 막달라 마리아를 비롯한 다른 여자들의 상황은 이보다 더 심각하다. 특별히 갈 곳도 없는 처지이다 보니 길거리를 방황하다 노숙을 해야만 할 수도 있고, 지켜줄 보호자가 없다 보니 길거리에서 돌을 맞거나 행패를 당할 수도 있는 상황이다. 따라서 ⓐ는 그 누구에게도 바람직한 선택이 되지 못한다. 그리고 이것은 사실상 납치이지 봉양이라 할 수도 없다.

반면에 ⓑ를 선택할 경우에는 많은 것이 달라진다. 일단 ⓐ를 선택할 때 발생되는 여러 부작용과 모순이 미연에 방지된다. 그리고 교회 공동체가 정식으로 마가의 집에 터전을 잡는 역사적인 계기가 이루어진다. 예수 님을 잃은 대신에 교회를 얻게 되는 것이다.

또한 그 덕분에, 뿔뿔이 흩어졌던 남성 제자들이 다시 돌아와 모일 수 있는 근거지도 마련됐다. 제자들이 도망갈 것도 미리 아셨던 예수님(요 16:32)이 그들이 다시 돌아올 것도 미리 아시고 그 장소를 준비하신 것이 다. 아마도 베드로가 가장 먼저 돌아오고, 도마가 가장 늦게 돌아왔을 것 이다. 남성 제자들이 돌아오게 되면, 그다음에는 부활하신 예수님이 이 집을 방문하게 된다. 제자들을 만나기 위해서인데, 도마가 없을 때 한 번 (요 20:24), 도마가 있을 때 또 한 번(요 20:26), 총 2번을 방문하셨다. 예수님이 떠나시면 그다음에는 또 성령님의 방문이 예정되어 있다. 오순 절 성령강림이 실제 그렇게 이루어졌다.

그런데 이 모든 일련의 사건들이 마치 누군가가 일부러 계획한 것처럼 너무나 질서 정연하고 순서가 정확하다. 성모 마리아가 제일 먼저 자리를 잡으면, 그다음에는 막달라 마리아를 비롯한 다른 여자들이 그 뒤를 따르 고, 또 그다음에는 도망갔던 남성 제자들이 돌아오고, 또 그다음에는 이 제자들을 만나시러 부활하신 예수님이 찾아오고, 또 그다음에는 성령님이 예수님의 말씀을 실현시키기 위해 강림하신다. 이 모두가 마치 무슨 시나 리오가 있는 것처럼 완벽하다. 예수님이 마가에게 부탁하시면서 의도했던 것이 바로 이런 것이었겠구나 하는 감탄이 이제야 비로소 터져 나오는 것이다.

그러나 외형상으로는 어쨌든 이 모든 것의 일등공신은 마가다. 一次的 으로는 마가가 예수님의 말씀에 철저히 순종한 덕분이며, 二次的으로는 마가가 플랜 ⓑ를 선택한 덕분이다. 만약 그때 마가가 ⓑ를 선택하지 않고 ⓐ를 선택했다면, 요한복음의 결말과 사도행전의 서두는 지금 우리가 알고 있는 내용과는 많은 차이가 있을 수밖에 없다. 일단 ⓑ가 없다면 ②, ③, ④번째 사건도 없다. 또한 ⓑ가 없다면, 도망갔던 제자들이 다시 돌아올 곳도, 다시 돌아올 방법도 없다. 결정적으로 ⓑ가 없다면, 이 글의 3부에서 내가 제시한 〈결정적인 증거〉 2가지도 존재할 수 없다.

결론을 정리하면, 예수님의 제자들이 마가의 집에 모여 기도하거나 공동체 생활을 영위할 수 있었던 것은 오로지 ①번째 사건에 등장하는 〈예수께서 사랑하시는 제자〉가 예수님의 말씀에 철저히 순종하여 플랜 ⓑ를 선택한 덕분이다. 그런데 이 결론을 가만히 뒤집어서 생각해보면, 예수께서 사랑하시는 그 익명의 제자가 곧 마가이고, 마가가 곧 그 익명의 제자라는 사실이 다시 한 번 입증된다. 그 익명의 제자가 플랜 ⓑ를 선택했고, 그 선택이 결국 성모 마리아와 예수님의 제자들이 마가의 집에 모여 기도하기 시작한 발단이 되었다면, 그 익명의 제자 정체는 바로 그 집의 주인인 마가라는 사실이 당연히 내포되기 때문이다. 마지막으로 이번 장 전체의 내용을 다시 한 번 요약해서 재구성하면 이러하다.

㉠ 〈예수께서 사랑하시는 제자〉가 예수님의 말씀에 순종하여 성모 마리아를 자기 집에 모심

㉡ 성모 마리아를 따라 예수님의 제자들도 하나 둘 마가의 집으로 모여들면서 마가의 집이 지상 최초의 교회인 예루살렘 교회로 성장할 수 있게 됨

㉢ 그 증거가 사도행전 1장 13절과 14절, 그리고 사도행전 12장 12절임

ㄹ 그렇다면, 〈예수께서 사랑하시는 제자〉와 마가는 동일 인물인 것이 다시 한 번 입증되는 것임.

9. 잘못 알고 있는 성경상식들

　초등학교 교사로 재직 중인 큰딸이 가끔씩 자기 반 학생들에게 내던 돌발퀴즈를 내게도 돌발적으로 냈다. <우리가 잘못 알고 있는 성경상식 Top 3>를 작성해서 그 다음날까지 기일 엄수하여 이메일로 제출하라는 것이다. 아빠에게 뭔가를 요구할 때 큰딸과 작은딸의 스타일은 극히 다른데, 작은딸의 경우는 애교가 필살기다. 그래서 작은딸에게는 뭔가를 요구받기 전이 가장 기대된다. 그런데 큰딸은 주로 미션을 부과한다. 어떤 때는 '숙제'라는 이름으로, 또 어떤 때는 '아빠의 역할'이라는 제목으로 요구사항을 무슨 상황극처럼 포장해서 너무나도 당당히 전달한다. 대신에 큰딸은 항상 대가를 지불하는 편이다. 설거지라든가, 마사지라든가, 동생들 공부 봐주기라든가 그에 상응하는 보상이 꼭 있다. 그래서 큰딸에게는 요구받은 후가 더 기대되는 것이다. 어쨌든 나는 부과받은 숙제를 다음과 같이 완수하고 이메일을 발송했다.

〈 아빠가 임의로 정한 Top 3 〉

① 예수님은 그리스도 탄생 이전(Before Christ)에 탄생하셨다.
　세상은 그리스도 탄생 이전(BC)과 이후(AD)로 나뉜다. 따라서 예수님은 AD 원년에 탄생하셨어야 앞뒤가 맞는다. 그러나 이것은 우리의 희망사항일 뿐 역사와 성경의 증언과는 일치하지 않는다. 성경은 예수님이 헤

롯 대왕 치세에 탄생하셨다고 기록하고 있고, 역사는 또한 그 헤롯 대왕
이 BC 4년에 죽었다고 기록하고 있다. 그러므로 역사와 성경의 증언을
모두 만족시키기 위해서는 예수님이 최소한 BC 4년 이전에 탄생하셨어야
한다. 아마도 예수님께서는 그리스도 탄생 4~8년 이전, 즉 BC 4~8년 쯤
에 탄생하셨을 것이다.

② 이집트에 시내산은 없고, 바벨론은 있다.

세상에 알려진 시내산의 공식적인 위치는 이집트령(領) 시나이 반도의
남단 지역이다. 실제로 이곳은 사람들이 가장 많이 찾는 성지순례 장소
중 하나다. 그러나 성경에서 사도 바울이 밝힌 위치는 이곳이 아니다. 뜻
밖에도 진짜 위치는 아라비아(반도)라고 기록되어 있다. 그래서 나는 시
내산이 이집트에 있는 것이 아니라 아라비아에 있는 줄로 안다. 사람의
말보다는 성경의 말씀을 더 믿기 때문이다.

"이 하갈은 아라비아에 있는 시내산으로서 지금 있는 예루살렘과 같은
곳이니 그가 그 자녀들과 더불어 종노릇 하고 (갈 4:25)"

베드로전서 5:13에 언급된 바벨론은 정반대의 경우다. 엄연히 이집트에
있는 도시인데, 사람들은 이탈리아 로마에 있는 도시로 오해하고 있다.
성경은 바벨론이라고 쓰고, 사람들은 로마라고 읽는 기현상이 계속 진행
중인 것이다. 그런데 베드로전서는 소식을 전하는 편지 형식의 글이고,
이런 종류의 글은 정확한 소통이 생명이므로 베드로가 편지 안에 특정
지명을 비유로 표시하거나 다른 지명과 혼동되게 썼을 가능성은 없다. 그
렇게 되면 편지를 쓰는 사람과 편지를 받는 사람 사이에 소통 자체가 불
가능해지는 것이다. 그럼에도 사람들은 특별한 이유도 없이 베드로의 말
(또는 성경의 말씀)을 믿지 않는다. 베드로 생존 당시 이집트에 바벨론이

라는 도시가 실재했고, 지금도 그곳에는 '바벨론 성벽'이라고 칭해지는 유적이 고스란히 남아있어 베드로의 말을 강력히 증거하고 있는데도 말이다. 우리는 사람의 말보다는 성경의 말씀을 더 믿어야 할 줄로 안다.

"택하심을 함께 받은 바벨론에 있는 교회가 너희에게 문안하고 내 아들 마가도 그리하느니라 (벧전 5:13)"

③ 바울이 말한 '모든 성경'에는 신약이 포함되지 않는다.

세상은 신약을 포함한 모든 성경이 다 하나님의 감동으로 되었다고 믿고 있다. 나 또한 분명히 그렇게 믿는 사람 중 하나다. 그런데 사람들은 그 믿음의 근거를 굳이 찾아서 제시하곤 하는데, 그 제시 근거는 바로 디모데후서 3:16이다. 바울이 이 말씀 속에서 "모든 성경은 하나님의 감동으로 된 것"이라고 보증했기 때문이다. 그러나 엄밀히 말해서 이 '모든 성경'에 신약은 포함되지 않는다. 아니, 포함될 수가 없다. 왜냐하면, 바울 생존 당시에 신약은 존재하지도 않았기 때문이다. 존재하기는커녕 신약이라는 개념조차 형성되지 못했을 것이다. 따라서 존재하지 않은 신약까지 포함해서 모든 성경이 다 하나님의 감동으로 되었다고 바울이 얘기했을 가능성은 없다. 바울은 단지 구약에 속하는 성경들만 염두에 두고 이런 말을 했을 것이다. 그리고 사실 성경의 진리는 다른 누군가가 대신 보증해줄 필요도 없다고 생각한다. 스스로 느끼고 깨달아 확신이 들면 그것으로 족하지 않을까.

"모든 성경은 하나님의 감동으로 된 것으로 교훈과 책망과 바르게 함과 의로 교육하기에 유익하니 (딤후 3:16)"

10. 오직 믿음과 진짜 믿음

우리가 즐겨 암송하는 성경의 명구 '오직 의인은 믿음으로 말미암아 살리라' 는 도대체 누가 한 말씀일까? 다음 보기 중에 정답이 있는지 한번 살펴보자.

① 사도 바울 ② 선지자 하박국

아마도 대부분의 사람들은 ①번을 선택할 것 같다. 바울이 기록한 로마서 1:17의 말씀이 가장 유명하기 때문이다. 실제로 바울의 이 말씀은 너무나 유명해서 인류 역사에도 많은 영향을 끼쳤다. 대표적인 예가 종교개혁이다. 마르틴 루터를 비롯한 많은 종교개혁가들이 이 말씀에 영감을 받아 종교개혁에 과감히 나설 수 있었다고 할 정도다. 그러니 바울은 이 말씀의 상징과도 같은 존재가 된다. 아마도 이 말씀에 상표권이 있다면, 그 권리는 단연 바울에게 주어질 것이다. 그러나 ②번을 선택하는 사람들도 적지는 않을 것 같다. 하박국 2:4의 말씀 때문인데, 구약에 속하는 〈하박국〉은 신약의 〈로마서〉에 비해 시기적으로도 당연히 앞서는 기록이므로 이 말씀에 관한한 진짜 원조는 단연 하박국이라고 할 수 있다. 그러므로 이 말씀의 저작권 자체는 선지자 하박국에게 주어 마땅할 것이다.

 "복음에는 하나님의 의가 나타나서 믿음으로 믿음에 이르게 하나니 기

록된 바 오직 의인은 믿음으로 말미암아 살리라 함과 같으니라 (롬 1:17)"

"보라 그의 마음은 교만하며 그 속에서 정직하지 못하나 의인은 그의 믿음으로 말미암아 살리라 (합 2:4)"

그러나 나는 위와 같은 사정에도 불구하고 아직까지 정답이 무엇인지 솔직히 잘 모르겠다. 이 말씀은 도대체 누가 한 것일까? 실제로 이렇게 말한 분이 있기는 있는 걸까? 그리고 이러한 말씀이 성경의 진리와 양립은 가능한 것일까? 나는 우선 '오직 믿음'이라는 말씀의 실존 여부부터가 의심스러웠다. 너무 맥락이 없고, 출처가 불분명하다고 생각되기 때문인데, 내가 의심할 수밖에 없는 이유 몇 가지를 열거하면 대략 다음과 같다.

① 원문에 없는 말이기 때문이다. 로마서의 관련 구절은 바울이 [27]스스로 밝혔듯이 하박국의 말씀을 인용한 것이다. 따라서 하박국이 원문이고, 로마서는 인용문에 해당한다. 그런데 원문에 해당하는 하박국 2:4에는 '오직'이라는 단어가 정작 없다(믿기지 않는다면 지금 당장 성경을 확인해보기 바란다). 그렇다면 원문이 인용되는 과정에서 원문에 없는 단어가 착오나 고의에 의해 인위적으로 추가되었다는 말이 된다. 그러니 이 얼마나 이상한 일인가. 실체는 없는데 그림자는 존재한다는 꼴이니 말이다.

② 영어 성경이나 헬라어 성경 원문에도 없는 말이기 때문이다. 영어로

---

27) 로마서 1:17은 이 구절이 구약에서 인용된 것임을 분명히 하기 위해 '기록된 바' 라는 표현을 본문에 명시하고 있다.

는 only나 alone이 우리말의 '오직' 에 해당하는 단어다. 그런데 영어 성경에는 그냥 by his faith(믿음으로 말미암아)로만 되어 있다. by his faith alone(오직 믿음으로 말미암아)이 아니다. 헬라어 원문도 마찬가지라고 한다. [28]전문가들에 의하면, 헬라어 성경 원문에도 해당 구절에 '오직 믿음' 이라는 말은 없다고 한다. 그냥 '믿음' 으로만 되어 있다는 것이다. 이것은 하박국이나 로마서에 공히 모두 적용되는 엄연한 사실이라고 한다.

"For in the gospel a righteousness from God is revealed, a righteousness that is by faith from first to last, just as it is written : "The righteous will live by faith." (롬 1:17)"

"See, he is puffed up ; his desires are not upright - but the righteous will live by his faith - (합 2:4)"

③ 성경, 특히 야고보서의 내용과 정면으로 충돌하기 때문이다. 예수님의 형제 야고보는 이러한 문제를 마치 예견이나 한 듯이, 오직 믿음만으로는 안 되고 행위가 반드시 수반되어야 한다는 점을 콕 집어 지적하고 있다. 야고보서 2:24가 그 증거인데, '오직 믿음' 이란 표현은 성경 본문에서 이것이 긍정될 때가 아니라 오히려 부정될 때에 유일하게 사용되고 있는 것이다. 따라서 야고보서로 대표되는 성경과 '오직 믿음' 은 사실상 양립이 불가능한 지경에 이른다.

"이로 보건대 사람이 행함으로 의롭다 하심을 받고 믿음만으로는 아니

---

28) 기독교 인터넷 신문인 당당뉴스에 2015. 11. 19일 게재된 박경은 님의 <바울도 '오직 믿음'을 말한 적 없다>란 글을 참조하였다.

니라 (You see that a person is justified by what he does and not by faith alone) (약 2:24)"

   이와 같이 '오직 믿음' 은 바울 당시의 〈로마서〉에도 없었고, 바울이 인용했다는 〈하박국〉 원문에도 없으며, 현대의 영어 성경 등에도 없는 그야말로 출처불명의 미스터리한 말씀인 것이 분명하다. 더욱이 그 내용에 있어서는 야고보서 등 성경의 다른 내용과는 양립 불가능할 정도로 명백히 상충하므로 하박국 선지자나 사도 바울이 이런 말씀을 실제로 했는지 여부가 합리적으로 의심될 수밖에 없다. 그런데 문제는 이것뿐만이 아니다. 오직 믿음이든, 그냥 믿음이든 "믿음으로 말미암아 살리라" 는 구절 전체가 이상하기는 마찬가지다. 역시 그 이유를 열거하면 다음과 같다. 하박국이 원문이므로, 일단 하박국을 기준으로 설명해보겠다. 그전에 먼저 하박국의 관련 구절을 한글과 영어 문장으로 다 한번 읽어보자.

"보라 그의 마음은 교만하며 그 속에서 정직하지 못하나 의인은 그의 믿음으로 말미암아 살리라 (See, he is puffed up; his desires are not upright, but the righteous will live by his faith) (합 2:4)"

   ① **문장구성이 이상하다.** 위 구절은 2개의 내용으로 구성되어 있다. 악인에 대한 내용과 의인에 대한 내용이 그것이다. 그리고 이 두 개의 내용은 중간 부분에서 '못하나(but)' 로 양분되어 서로 대비를 이루고 있다. 그러므로 뒷구절이 "말미암아 살리라" 는 내용으로 끝맺기 위해서는 앞 구절에 (악인이) 죽는다거나 멸망한다는 내용이 와야 당연히 대비의 효과가 발생한다. 그런데 실제로는 앞 구절에 그러한 내용은 없고, 그냥 악인의 속성만 얘기하고 있는 식이다. 그렇다면 뒷구절에서도 이에 호응하여

의인의 속성만을 이야기함이 자연스럽지 않을까? 예를 들어서, 악인은 교만하고 정직하지 못한 사람이나 의인은 그의 믿음대로(또는 그의 믿음에 맞게) 사는 사람이라는 식이 논리적으로 더 타당한 해석으로 보인다.

② **문장형태가 이상하다.** "의인은 믿음으로 말미암아 살리라" 식의 해석은 이 구절의 문장형태가 수동태일 때에만 가능한 것이다. 즉, 주어인 의인(the righteous)이 전치사 by 다음에 오는 명사(his faith)의 행위에 의해 동사(live)의 작용을 받는 목적격이어야 한다. 그러나 이 영어 문장은 보시다시피 수동태가 아니다. 더구나 동사(live) 자체가 목적격이 올 수 없는 자동사이다. 따라서 믿음으로 말미암아 의인이 살 수 있다는 식의 수동태적 해석은 불가능하다. 그보다는 오히려 의인은 믿음생활을 잘 하면서 사는 사람이라는 식의 능동태적 해석이 더 자연스러운 것이다. 이러한 사실은 다음과 같은 관용구적인 영어 표현과 비교해보면 더욱 명확히 입증된다. faith(믿음) 대신에 wits(재치)만 바뀌고 나머지는 모두 동일하다.

(예) live by his wits :
(재치로 말미암아 살게 된다는 뜻이 아니라) 재치있게 산다는 뜻

③ **문장내용이 이상하다.** 이러한 내용은 성경, 특히 예수님이 직접 하신 말씀과도 정면으로 배치된다. 예수님은 예수님의 형제 야고보 보다 더 쉽고 자세하게 풀어서 오직 믿음만으로는 구원받을 수 없다는 점을 콕 집어 설명하고 계신다. 마태복음 7:21이 그 증거인데, 우리가 아무리 교회를 열심히 다니고 예수를 잘 믿는다고 해도 행위가 수반되지 않으면 모두가 공염불이라는 사실을 무섭게 경고하시는 내용이다.

"나더러 주여 주여 하는 자마다 다 천국에 들어갈 것이 아니요 다만 하늘에 계신 내 아버지의 뜻대로 행하는 자라야 들어가리라 (마 7:21)"

    어떤 이야기가 인용되고 번역되는 과정을 오랜 세월 거치다 보면 그 원형이 조금씩 변형될 가능성은 충분하다 못해 변형 그 자체가 오히려 더 자연스럽고 당연한 물리적 현상일 수 있다. 그리고 이러한 가능성에서 성경만 따로 예외일 수도 없는 법이다. 실제로 신약의 경우에는 지역에 따라 내용이 조금씩 다른 이본이 몇 개씩 발견되는데, 그 원인도 다 이와 같은 가능성에서 기인한 것이다. 따라서 나는 선지자 하박국이 기록하고 사도 바울이 인용한 성경의 명구 "오직 의인은 믿음으로 말미암아 살리라"도 당초의 원형이 조금은 변형되었을 가능성에 무게중심을 두고 있다. 그러나 나는 '오직 믿음'의 당초 원형이 무엇인지에 대해서까지는 솔직히 관심이 없다. '오직 믿음'이든, '그냥 믿음'이든 내가 오직 바라는 것은 '진짜 믿음' 뿐이기 때문이다. '진짜 믿음'은 행위와는 절대 분리될 수 없다고 나는 믿는다. '진짜 믿음'은 행위라는 좋은 열매를 반드시 맺게 되는데, 오직 믿음만 있고 행위라는 열매가 없다면 그 믿음이 진짜 믿음인지 나는 의심할 수밖에 없는 것이다. 남의 눈을 의식해서 억지로 선한 척 행하는 그런 믿음 말고, 믿음 속에서 사랑이 스스로 우러나 남이 보든 말든 행하게 되는 그런 믿음, 즉 '진짜 믿음'만을 나는 소망한다.

    그리고 이러한 믿음을 통해 특별히 나의 못난 성정이 고침 받기를 원한다. 나는 일상생활에서 나도 모르게 욱하는 못된 버릇을 가지고 있다. 이 때문에 주변 사람들에게 종종 상처를 준다. 그러면 나의 마음은 더욱 괴롭고 아프다. 그래서 괴물 같은 내 자아를 벗어 버리기 위해 무진 애를 써보았다. 하지만 나의 힘으로는 도저히 나를 이길 수가 없었다. 아무리

노력해도 이 버릇은 극복이 안 되는 것이다. 그래서 기도하고 있다. 예수
님께서 저에게 '진짜 믿음'을 주셔서, 이 믿음을 통해 나와 같은 죄인이
꼭 변화되고 고침받을 수 있도록 해 달라고 말이다.

"주여, 저는 죄인입니다. 사랑하는 이에게 더 이상 죄짓지 않도록 이 죄
인을 도와 주소서."

11. 부처님과 예수님

　부처님과 예수님의 말씀을 한번 비교해보자. 두 분의 말씀 사이에는 어떤 차이가 있는지 궁금하다. 일맥상통할까 아니면 물과 기름처럼 달라서 서로 겉돌까? 먼저, 부처님의 선공(先攻)이다. 불경에 기록된 일화라고 한다.

　어느 날 바라문이 부처님을 찾아와 여쭙기를
　"부처여, 당신은 주장하기를 모든 과보는 스스로 짓고 받는다고 하는데 우리 바라문교에서는 어떤 사람이 비록 죄를 짓고 살았다 하더라도 죽을 때 우리 바라문교에 귀의하여 우리들이 그가 극락세계에 태어나기를 기도하면 그는 그곳에 태어난다고 하는데 당신의 가르침과 어떻게 다릅니까?"
　하고 질문하였다.
　부처님은 조용히 일어나 바라문을 데리고 뒤뜰 연못가로 갔다. 그리고는 작은 돌멩이 하나를 주워 연못으로 던지면서 바라문에게 물었다.
　"어떤 현상이 일어나느냐?"
　"예, 돌이 연못에 가라앉고 있습니다."
　그러자 부처님께서 바라문에게 말하였다.
　"그럼, 너희 바라문들이 이 연못에 와서 '돌아, 떠올라라'라고 기도한다면 돌이 뜨겠느냐?"
　"아닙니다. 돌은 뜨지 않습니다."

"바라문이여! 그와 같다. 어떤 사람이 이 세상을 살면서 악업을 지으면 그것은 무거운 돌멩이와 같아 지옥의 불구덩이로 떨어지고 마는 것이며, 바른 생각을 하면서 착하게 살았다면 하늘을 나는 구름처럼 그는 극락에 태어날 것이다. 바라문이여! 결국 누가 어떤 종교를 믿느냐 하는 것이 중요한 게 아니라 어떻게 바르게 생각하고 바르게 살아가느냐 하는 것만이 중요한 것이다. 이것이 곧 우주의 진리이다."

부처님의 말씀은 일단 어렵지 않아서 좋다. 쉽다. 그래서 이해하기가 수월하다. 그러므로 한번 헤아려보자. 부처님이 위 일화를 통해 우리에게 주시고자 하는 교훈이 무엇인지. 생각건대, 믿음보다는 행위가 훨씬 더 중요하다는 점을 일깨워주고 있다는데 이론의 여지가 없을 것 같다. 부처님 말씀의 요지는 그냥 착하게, 바르게 살라는 것뿐이다. 악하게 살아 놓고 극락 가기를 기도하지 말라는 것이다. 기도해봐야 소용없고, 죄를 지었으면 응당 죗값을 치르라는 것이다. 그것이 위 일화의 유일한 교훈이다. 그런데 만약 부처님과 예수님이 시공간을 초월해 그때 그곳에서 서로 만나게 되면 어떤 일이 벌어질까? 위 일화의 교훈도 변하는 걸까? 이에 대해서는 2가지 상반된 시나리오를 상상해볼 수 있다. 첫 번째는 부처님의 교훈에 예수님이 맞장구를 칠 가능성이다. 그 가능성의 근거는 마태복음 7:21이다.

"나더러 주여 주여 하는 자마다 다 천국에 들어갈 것이 아니요 다만 하늘에 계신 내 아버지의 뜻대로 행하는 자라야 들어가리라 (마 7:21)"

이 말씀의 의미는 명확하다. 아무리 교회를 열심히 다니고, 아무리 예수님을 열심히 믿는다고 자처해도 행위가 수반되지 않으면 모두가 공염불이라는 뜻이다. 어쨌든 결론은 '행위'라는 것이다. 따라서 예수님도 부처님의 교훈에 이의를 제기하지는 못한다는 것이다. 그런데 사실 믿음이 진짜로 충만하다면, 선한 행위는 그 믿음에 자동으로 수반되는 것이 아닐까? 이런 믿음의 소유자에게는 행위냐 믿음이냐라는 구분 자체가 당연히 쓸모없어야 한다. 믿음 따로, 행위 따로는 애초부터 있을 수 없기 때문이다. 그러므로 행위라는 과실이 아름답게 열매 맺지 못하는 사람의 믿음은 그 열매가 가짜이므로 그 믿음도 가짜라고 볼 수밖에 없다. 결과적으로 이 시나리오 속에서는 부처님과 예수님의 가르침이 일맥상통한다. 따라서 이 경우에는 불교와 기독교가 서로 반목할 이유도 없는 것이다.

두 번째 시나리오는 당초의 교훈에 예수님이 반기를 들 가능성이다. 믿음의 내용이나 믿음의 대상이 구체적으로 무엇인지는 차치하고, 일단 믿음 그 자체에 대해서 두 분 사이에는 약간의 인식 차이가 존재하는 것처럼 보이기 때문이다. 이에 대한 근거는 마태복음 17:20이다.

"진실로 너희에게 이르노니 만일 너희에게 믿음이 겨자씨 한 알만큼만 있어도 이 산을 명하여 여기서 저리로 옮겨지라 하면 옮겨질 것이요 또 너희가 못할 것이 없으리라 (마 17:20)"

위 말씀을 근거로 유추해보면, 예수님은 이 경우 분명히 이렇게 말씀하셔야 일관성의 원칙에 부합된다.
"작은 돌멩이 하나가 아니라 설악산 울산바위가 통째로 가라앉았다 하더라도 제대로 된 믿음만 있다면 얼마든지 연못 속에서 떠오르게 할 수 있으리라."

왜 이런 유추가 가능하냐 하면, 산도 들어서 옮길 수 있는 게 믿음의 힘이므로 작은 돌멩이 하나 떠오르게 하는 일쯤은 사실 누워서 떡 먹기 보다 더 쉬운 일일 수 있기 때문이다. 따라서 이 시나리오 속에서는 부처님과 예수님이 서로 격하게 논쟁을 벌일 가능성까지 배제할 수 없게 된다. 두 분의 가르침이 믿음이라는 부분에서만큼은 물과 기름처럼 달라 섞이지 않고 겉돌기 때문이다. 그러므로 이와 같은 경우에는 불교와 기독교가 다름을 먼저 인정하고, 세상을 환히 밝히는 일에 차라리 선의의 경쟁이나 치열하게 벌였으면 좋겠다.

그렇다면 예수님은 위 두 가지 시나리오 중에서 어떤 안을 더 선호하실까? 물론, 답은 없다. 예수님은 우리들의 눈높이에서 그때그때 상황에 따라 Case By Case로 말씀하시는 경우도 많기 때문에 예수님의 생각을 우리의 수준으로 함부로 예측할 수는 없는 일이다. 그리고 어쩌면 예수님의 생각을 예측하고자 하는 그 의도 자체가 큰 불경이 될 수도 있다. 그러나 이와 관련한 일반 사람들의 생각은 얼마든지 예측할 수 있을 것 같다. 예수님을 단순히 종교적인 이유로, 성경의 인물로, 예배의 대상으로만 믿는 사람들은 아마도 '믿음'(두 번째 시나리오)을 최우선적으로 선택할 가능성이 크겠다. 그러나 우리의 삶을 주관하시는 살아계신 인격체로 예수님을 믿는 사람들은 예수님의 임재를 항상 의식하는 삶, 즉 선한 '행위'(첫 번째 시나리오)를 무엇보다 중요시할 것으로 믿는다. 그러므로 나 또한 일주일에 한번 예배시간에 잠시 예수님을 생각하는 사람이 아니라 일주일 내내, 일상의 삶 속에서, 매시간 예수님을 의식하고 만나는 사람이 되길 소망한다. 비록 그 삶이 나를 자유롭게 할지 아니면 구속할지 어떨지는 모르지만 말이다.

그런데 만일 그러한 삶이 내게 실제로 일어난다면, 맛집은커녕 부부 싸

움만 엄청 잘하는 집으로 입소문 난 우리 가게에도 정말 좋은 변화가 일어날 수 있을까? 제발 그랬으면 좋겠다.

요한복음의 저자는 누구인가

초판 1쇄 2020년 10월 5일

지은이 | 이시혁

펴낸곳 | 한국전자도서출판
발행인 | 고민정
주 소 | 서울특별시 중구 을지로 14길 20, 5층
홈페이지 | www.koreaebooks.com
이메일 | contact@koreaebooks.com
전 화 | 1600-2591
팩 스 | 0507-517-0001
원고투고 | edit@koreaebooks.com
출판등록 | 제2017-000047호

ISBN | 979-11-86799-46-8 (03230)